成惕軒先生校訂
張仁青博士編著

應用文

丙種本
實用書信
公文

楊亮功題

文史哲出版社印行

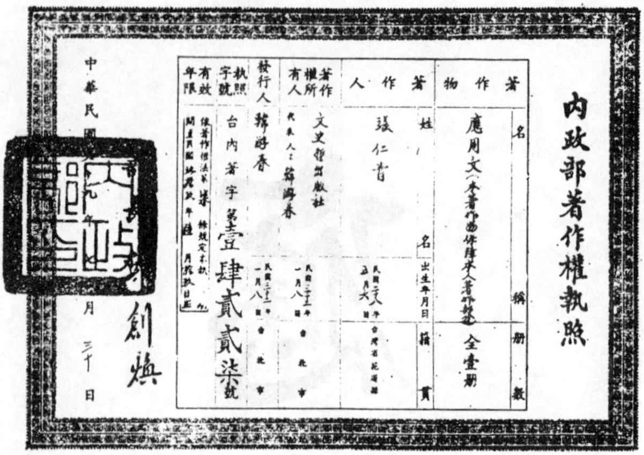
内政部著作權執照

著作物名稱	應用文
冊數	全壹冊
著作人姓名	張仁青
著作權所有人	文史哲出版社
執照字號	台內著字第壹肆貳貳柒號

大專用書　應用文（丙種本）

校訂者：成　惕　軒
編著者：張　仁　青
出版者：文　史　哲　出　版　社
登記證字號：行政院新聞局版臺業字五三三七號
發行人：彭　正　雄
發行所：文　史　哲　出　版　社
印刷者：文　史　哲　出　版　社

臺北市羅斯福路一段七十二巷四號
郵政劃撥帳號：一六一八〇一七五
電話886-2-23511028・傳真886-2-23965656

特價平裝新臺幣三〇〇元

中華民國六十八年十一月初版
中華民國九十年十一月第三次修訂一刷

ISBN 957-547-788-x（平裝）

大專用書

應用文

（實用書牘、公文）

丙種本

成惕軒委員校訂
張仁青博士編著

目次

表目錄

大學用書

應用文

成惕軒委員校訂
張仁青博士編著

第一章　導　言

第一節　應用文之界說

人類爲合羣之動物，固不能離羣而獨居，而社會係由許多人所組合之一個整體，吾人生存在社會上，每日周遭所接觸者，無非人與事。文明日進，人事益繁，欲應付此繁複之人事，必然有特種文體之產生，以爲社會大衆所共同遵循、使用，此種文體即所謂應用文。玆爲應用文立一明確之界說：

凡個人與個人之間，或機關團體與機關團體之間，或個人與機關團體之間，互相往來所使用之特定形式之文字，而爲社會大衆所共同遵循、共同使用者，謂之應用文。

第二節　應用文之由來

應用文之產生，由來甚久，遠在上古時代，文字尚未發明，先民即以結繩記載事物，表達情意，大事大結，小事小結，多事多結，少事少結，此卽最原始之應用文。旣有文字之後，以文字取代結繩之政，於是而有正式應用文之產生。惟不識之無之一般文盲，則仍以其他方式表達情意。如梁紹壬兩般秋雨盦隨筆所載故事一則（卷二圈兒詞條），略謂某地有一純情少女，不嫺文墨，以男友久無音信，思慕不已，乃畫『○◎○◌○○○○○○○○○』於箋，遣人送達，其男友不解，有好事者爲作圈兒詞解之云：

相思欲寄從何寄，畫個圈兒替。話在圈兒外，心在圈兒裏。我密密加圈，你須密密知儂意。單圈兒是我，雙圈兒是你，整圈兒是團圓，破圈兒是別離。還有那說不盡的相思，把一路圈兒圈到底。

此圈兒信卽該少女之應用文。又如曾國藩之部將鮑超，勇而無文，某次，爲太平軍所圍，情勢危急，遂命幕客作書向曾求援，詎知幕客咬文嚼字，反覆推敲，遲遲不能定稿。鮑超迫不及待，信手取軍旗一面，在『鮑』字四周畫無數圓圈，令使者飛馬送至曾處，曾一見，知爲敵兵所圍，卽派兵馳援。此軍旗卽鮑超之應用文。又如古時少女多不識字，與男子定情後，若久無消息，往往以鮮花一朶相遺，寓有『去年花裏逢君別，今日花開又一年』之意，暗示男方早日前來迎娶。蓋『美人自古如名將，不許人間見白頭』，婦女之青春有限，蹉跎歲月，終非所宜也。此鮮花卽古代少女之應用文。由此可見，無論何人，均不能自絕於應用文之外。

蓋嘗論之，文章之用途，大別有三：

一、**載道**　凡聖賢所著之書，或論立身處世之道，或述經國濟民之方，或明禮樂教化之理者屬之。如周易、三禮、春秋三傳、論語、孟子、先秦諸子是也。

二、**怡情**　文學家之作品，率以抒發性靈爲主，往往將一己之情感注入作品之中，使人讀之，爲之流連哀思、迴腸盪氣者屬之。如歷代文人之文集是也。

三、致　用　凡作品不含載道功能，不帶感情作用，上自中央政府之命令，下至販夫走卒之書函，以實際應用為目的者屬之。如尚書之堯典、舜典、大禹謨、皋陶謨、甘誓、湯誓、仲虺之誥、伊訓，左傳之呂相絕秦，樂毅之報燕王書是也。

平情而論，此三者皆各有其用，難分軒輊。惟自古以來，一般學者莫不重視載道與怡情之作，而輕忽致用之文，以為後者不得與於文章之列，諺所謂『深者不屑，淺者不能』，即指此而言。流風所扇，則有鄴下買驢之博士，書券三紙，不見驢字者。顏氏家訓勉學篇：『田里間人，音辭鄙陋，無所堪能，問一言輒酬數百，責其指歸，或無要會。鄴下諺云：「博士買驢，書券三紙，未有驢字。」使汝以此為師，令人氣塞。』亦有淹貫經史之通儒，不諳章表制誥之作法者。王應麟辭學指南：『宋神宗初即位，擢司馬光為翰林學士，光辭以不能為四六。』近今更有能作洋洋數十百萬言之學術論文，而不能寫通一紙八行書者。諸如此類，不遑悉舉。此蓋『文章不與政事同』，非必有何長短是非之可論也。

今者，吾國已由農業社會蛻變而為工商業社會，個人與個人間之酬酢，機關團體與機關團體間之業務往來，以至個人與機關團體間之交接，均較往日為頻繁，為密切。故身為現代知識分子，苟能稍悉應用文之內容，略諳應用文之作法，不特前清時代之所謂紹興師爺、刀筆墨吏，今日之所謂祕書、文書，人人可得而優為，抑且於處世、治事、應試各端，亦可獲致左右逢源之樂。

第三節　應用文之種類

時至今日，社會組織日益複雜，工商各業日益發達，交通日益便利，吾人之生活領域乃隨之而日益擴大，不復如往昔農業社會之單純。根據目前社會之需要，應用文之種類自亦不能不作大幅度的增加，其與吾人日常生活關係較密切、應用較多者，有下列十一類：

一、**公　文**　行政機關處理公務，固須用公文，而人民向行政機關表達意見、提出願望，亦須用公文。甚至民間團體、工農商場、公司行號對內對外之文書，亦趨『公文化』。故公文在應用文書中已佔重要之比重。

二、**實用書牘**　書牘乃是吾人互通音訊、交換意見、維繫感情、洽辦事務、討論問題之主要聯絡工具，故爲現在社會中最重要、最普徧、最實用之應用文。

三、**柬　帖**　柬帖原爲書牘之變式，亦爲書牘之附庸，然今日人際關係複雜，交際應酬頻繁，對柬帖之使用日益普徧，遂自成一格。

四、**便條與名片**　便條係由書牘簡化而來，名片又由便條簡化而來，均爲書牘之變式，其格式與作法，均與書牘不同，在應用上亦遠較書牘簡便。

五、**慶賀文**　慶賀文之範圍甚爲廣泛，凡祝賀他人喜慶之文字，均在其涵蓋之內，較隆重者有頌詞、徵啓、壽序三類。

六、**祭弔文**　祭弔文之範圍亦極廣泛，凡哀悼死者之文字，均在其涵蓋之內，較隆重者有傳狀、哀啓、祭文、哀弔文、墓誌銘五類。

七、**對　聯**　對聯與駢文律詩同爲吾國單音節文字所構成之特殊文體，亦吾國文化精神所孕育之絕妙文藝，舉目斯世，無論任何國家，皆不能產生此種綽約多姿、風華絕代之美文，所謂『祇此一家，別無分店』，此非余一人之私言，乃天下之公論。說詳拙著中國駢文發展史第一章身爲中國知識分子自不能不對此種文體有一概括之認識，固不限於日常應用而已。

八、**題辭**　題辭在應用文中爲最受歡迎之一種，蓋其格式固定，作法簡易，人人得而優爲。當茲工商業發達、人人忙碌之時代，實有推廣之必要。

九、**契約**　契約是一種法律行爲，由雙方或多方當事人同意而簽訂，規定雙方或多方當事人權利義務之文書，在發生財產關係或人事關係上普徧使用，固不得而略也。

十、**規章**　規章是規定組織範圍及權責畫分之一種文書，故凡機關團體公司行號等，於設立或創辦時，均有規章之訂立，記載其名稱、宗旨、組織、權責，以及辦事程序等條款，以爲共同遵守之準則。吾人既不能自外於社會，涉及規章者甚多，略知一二，當有助於應世，而不爲門外漢。

十一、**啓事廣告**　啓事廣告大都爲個人、團體、廠商等對社會大衆或一部分人有所陳述，以公開方式刊登於報紙雜誌，俾衆週知，以達到預定目的，其用途亦甚爲普徧。

十二、**會議文書**　吾國爲實行民主憲政之國家，會議頻繁，自所難免，會議文書遂爲現代國民之必備知識。

上之所列，固不能概應用文之全，然如能就此十二類稍加鑽研，爛熟胸中，以之應世，必綽有餘裕也。

第四節　應用文之特質

文章既不與政事同，故應用文章固非普通文章可比，語其特質，蓋有四端：

一、**內容**　應用文之內容必須有一定範圍，且就當前之實際生活上取材，非若普通文章可以海闊天空，縱橫馳騁。

二、**對象**　應用文之對象爲特定之一個人，或一個機關，或一個團體，或一所學校，或一個地區，或一家公司，或一間工廠，或一段時間，非若普通文章可以漫無對象，超越人物、時間、空間而任意寫作，盡情發揮。

三、**格式**　應用文有固定之格式，人人得而遵守，始能舉國上下，通行無阻，荀子所謂『約定俗成』，庶幾近之，非若普通文章可以隨興所至，爲所欲爲。

四、**遣詞用字**　應用文有專門之術語，必須愼加選擇，斟酌至當，然後使用，非若普通文章可以自鑄美辭，推陳出新。

第五節　應用文寫作要點

應用文既不同於一般文章，在形式方面所受之束縛甚多，在內容方面所受之限制亦復不少，寫作時欲求得心應手，須先明其竅要。茲簡述如下：

一、**淺顯**　所謂應用文，顧名思義，係以實用爲主。一篇應用文能爲人所共喻，則其所負之使命卽已完成。故此類文章之寫作，以淺顯爲貴。第所謂淺顯，初非庸熟之謂，尤非俚俗之謂，淺顯而能出以簡要，斯爲佳構。又讀者多爲一般民衆，故切忌飣餖字句，以自炫博雅，尤忌用生僻之字，以自矜詭異，致貽『札闥洪庥』（宋歐陽修與宋祁共修新唐書，宋好爲艱深之語，歐思諷之，書其扉曰：『札闥洪庥』。宋見之曰：『非「書門大吉」耶，何必求異如此。』）之誚。

二、**簡潔** 應用文有別於美術文，亦有別於學術論文，故刻意雕琢，或旁徵博引，固非所宜，而冗長散漫，不知剪裁，尤所當戒。苟能以簡潔清新之文示人，必能博得對方之良好印象。

三、**明確** 應用文字最貴明確，立意措辭，須針對其目標，始克畢其能事。凡含糊籠統之字，模稜兩可之詞，應極力避免。民國六十三年七月行政院修訂行政機關公文處理手册，於公文用語廢除通行已久之『姑予照准』、『尚無不合』、『似可照辦』等不肯定且有意推卸責任之詞句，卽在求其意義之明確。

四、**誠實** 先哲有云：『修辭立其誠。』又云：『不誠無物。』誠實之重要性，於此可見。譬彼戲劇小說，爲求情節離奇，以便達到感人之目的，往往不惜歪曲事實，或加油添醋，致與事實眞相相去懸絕者，所在多有，此在應用文之寫作，當懸爲厲禁。諸葛亮之出師表，李密之陳情表，陸贄之奉天改元大赦制諸篇，其所以能感人肺腑，扣人心弦，千載以下，猶傳誦不衰者，無他，有眞誠以貫之耳。

五、**禮貌** 應用文有特定之對象，無論對地位高於己者或不如己者，長輩或晚輩，長官或下屬，當握管行文之際，應尊重對方地位，注意普通禮貌，婉轉而不偏激，客觀而不武斷，以免引起對方反感。西哲亞里斯多德云：『對上級謙遜是本分，對平輩謙遜是和善，對下屬謙遜是高貴，對所有人謙遜是安全。』撰寫應用文而出以謙恭有禮，則其所得效果，無待著卜矣。

行政機關公文製作表解

基本要求

簡淺明確

1. 正確
2. 清晰
3. 簡明
4. 迅速
5. 整潔
6. 一致
7. 完整
8. 週詳

一、公文類別與結構

㈠令
- 1. 發布規章、—可不分段
- 2. 人事命令—固定表格—蓋機關印信

㈡呈：限對 總統使用

㈢咨：總統與立法院監察院間使用

㈣函
- 1. 上級機關對下級機關
- 2. 下級機關對上級機關
- 3. 同級或不隸屬機關
- 4. 民衆與機關間

㈤公告
- 1. 向公衆或特別對象宣布
- 2. 張貼布告欄（蓋機關印信）
- 3. 利用報刊等傳播
- 4. 儘量利用表格
- 5. 登報公告免署職稱姓名

㈥其他公文

1. 書函
   - 1. 用於公務未決階段
   - 2. 代替過去便函備忘錄
   - 3. 可用三段式或條例式
   - 4. 由發文者署名蓋章或蓋章戳

2. 表格化的公文
   - 1. 簡便行文表
   - 2. 開會通知單
   - 3. 公務電話紀錄
   - 4. 移文單
   - 5. 其他

1. 主旨
   - (1) 全文精要說明目的與期望
   - (2) 力求具體扼要
   - (3) 不分項一段完成
   - (4) 能用主旨一段完成的勿分割為二段三段
   - (5) 定有辦理或復文期限的須敘明

2. 說明
   - (1) 敘述事實來源經過或理由勿重複期望語（如請核示請查照等）
   - (2) 祇摘述來文要點
   - (3) 提出處理方法分析（簽）
   - (4) 視內容改稱「經過」「原因」
   - (5) 公告內容改為「依據」指出法條或機關名稱
   - (6) 需列舉副本收受者的作為、附件名稱份數

3. 辦法
   - (1) 提出具體要求或處理意見勿重複期望語
   - (2) 視內容改稱「建議」「請求」「擬辦」「核示事項」
   - (3) 公告改為「公告事項」或「說明」
   - (4) 三段內容截然劃分避免重複

文事項意例序：
(1) 1. ㈠ 一、次條—————
(2) 2. ㈡ 二、
(3) 3. ㈢ 三、

二、公文用語與用字

㈠稱謂用
1. 上級對下級——稱「貴」
2. 下級對上級——稱「鈞」
3. 機關或首長對屬員——稱「台端」
4. 間接對機關團體——稱「全銜」或「簡銜」必要時稱「該」
5. 間接對機關職員——稱「職稱」
6. 機關對人民——稱「先生」「女士」或通稱「台端」「君」
7. 平行——稱「貴」
8. 自稱——稱「本」

「鈞長」「大」（無隸屬）

㈡期望用 視需要酌用

「希」「請」「查照」「照辦」「辦理見復」「核示」、「鑒核」「請轉行」、「照辦」「轉行」、「轉告」

㈢統一用（例）

公布、身分、占有、徵稅、帳目、紙觸、計畫、策劃、雇員、僱用、聲請（對法院）申請（對機關）關於、紀錄、記錄、領事館、蒐集、儘量、貫徹、徹底、設機關、置人員、第九十八條、第一百條、第一百十八條、制定（法律）、訂定（命令）

1. 使用語體文
2. 使用標點符號
3. 避免艱深費解無意義模稜兩可
4. 肯定堅定互相尊重
5. 阿拉伯字註明承辦月日時分
6. 法條條文序數不用大寫
7. 司法審判文書另訂實施

（公文改革的目的）

發揮	溝通	意見	功能	普遍	提高	行政	效率

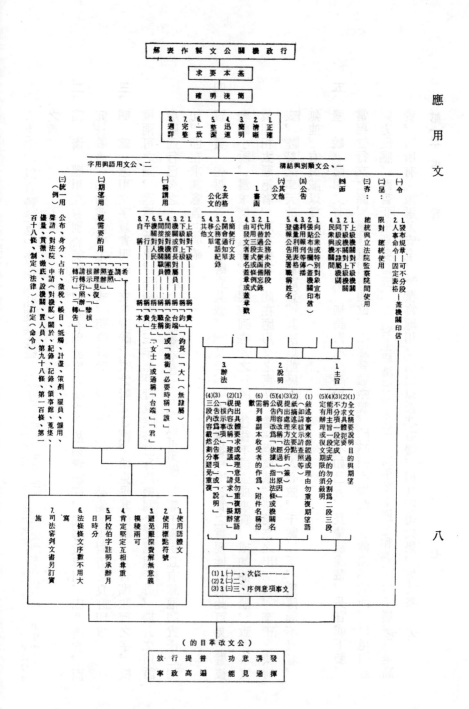

第二章 公　文

第一節 公文之意義

公文，謂處理公務之文書也，古稱官書。周禮天官宰夫：『掌百府之徵令，辨其八職。……六曰史，掌官書以贊治。』又稱文書。漢書刑法志：『文書盈於几閣，典者不能徧睹。』亦稱文牘。宋史梅執禮傳：『句稽財貨，文牘山委。』其類別包括上古之典（法規）、謨（計畫）、訓（教誡）、誥（布告及公文）、誓（出征時告軍民書），以及歷代之詔、諭、奏、章、疏、表、檄、移……等，名目繁多，難可詳悉。

公文既爲處理公務之文書，依此意義，公文必須具備左列二要件：

一、**必須爲有關公務之文書**　文書本有私文書與公文書之別，文書若僅由私人撰述，既非處理公務之作，亦與公務無關，例如私人之信函、著作，僅得謂之私文書。故公文必其文書與公務有關，此爲公文應具備之第一要件。

二、**文書之處理者至少須有一方爲機關**　機關與機關間因處理公務而往返之文書，其文書之處理者，雙方均爲機關，故謂之公文。其機關因處理公務而與人民往返之文書，其文書之發出者或收受者，至少有一方爲機關，故亦得稱爲公文。此爲公文應具備之第二要件。

所謂機關，應包括官署，及非官署性質之機關。例如民意機關、國營事業機關等。所謂人民，應包括箇人，及人民之團體。例如各種職業團體、文化團體、及其他社會團體。凡官署相互間、官署與團體間往返之文書，自均稱爲公文。至於團體相互間及團體與人民間往返之文書，是否亦得稱爲公文，則須視團體之性質及其在法律上所處之地位，以及其他法令有無特別規定以爲斷。

第二節　公文程式之意義

公文程式者，謂公文所應具有之一定程序與格式。就公文之程序言，例如：發表人事任免用『令』，對總統有所呈請用『呈』，各機關處理公務用『函』，以及公文除應分行者外，並得以副本抄送有關機關，均屬於公文之程序範圍。就公文之格式言，例如：機關公文應由機關長官署名蓋章，應蓋用機關印信，並記明年月日時及發文字號，公文得分段敍述冠以數字，以及公文文字應加具標點符號，均屬於公文之格式範圍。綜合公文之程序與格式而言，是爲公文程式。

惟公文程式條例所規定之公文程式，側重機關對於本機關以外行文之程式，至於各機關內部之公文程式，則屬各機關內部之公文處理問題，其程序及格式，多不畫一，故未嚴格加以規定。因此本書選錄公文，多就現行公文程式條例所規定之種類，舉例示範，以供隅反。至於各機關內部通用之公文，如簽、報告之類，亦略舉一二，俾便初學。

第三節　公文程式之演變

公文之名稱程式，隨時代而演變，其名稱見於蕭統文選、姚鼐古文辭類纂、李兆洛駢體文鈔、曾國藩經史百家雜鈔之詔令、奏議、書牘諸類者，不下數十種。惟在專制時代，公文被視爲官書，其程式制度，不爲一般民衆所通曉。直至民國成立，建立民主政治，遂於民國元年，由南京臨時政府制定一項公文程式，頒布施行，是爲我國第一次向人民公布之公文程式。此後屢經修訂，至四十一年七月行政院所擬之公文程式條例修正草案，經立法院修正通過，總統明令公布後，乃成爲最近之公文程式條例。二十年來，遵行不替。惟此種舊式公文，用語或流於浮濫，程式或過於陳舊，影響推行政治革新甚大，行政院祕書處乃又於六十二年十一月三日修正公布公文程式條例，通行至今。茲將民國以來各次公布之公文程式，列一簡表，明其演變，並錄現行公文程式條例於後，以便參考。

㈠民國以來公文程式種類演變表

次數	公布日期 年	月	日	名稱	種類
一	一	十一	六	令・布告・狀・咨・公函・呈・批	七
二	三	五	二六	㈠令・咨（大總統公文程式） ㈡封寄・交片・咨呈・咨・公函（大總統府政事堂公文程式） ㈢呈・詳・飭・咨・咨呈・示・批・稟（官署公文程式）	十五

三	五	七	二九	大總統令・國務院令・各部會令・任命狀・委任狀・訓令・指令・布告・咨・咨呈・呈・公函・批	十三
四	十六	八	十三	令・通告・訓令・指令・任命狀・呈・咨・咨呈・公函・批答	十
五	十七	六	十一	令・訓令・指令・布告・任命狀・呈・公函・狀・批	九
六	十七	十一	十五	令・訓令・指令・布告・任命狀・呈・咨・公函・批	九
七	四一	十一	二	令・咨・函・公告・通知・呈・申請書	七
八	六二	十一	三	令・呈・咨・函・公告・其他公文	六

附公文程式條例

中華民國六十二年十月十九日立法院修正通過
中華民國六十二年十一月三日公布
中華民國八十二年二月三日修正公布

第一條　稱公文者，謂處理公務之文書，其程式，除法律別有規定外，依本條例之規定辦理。

第二條　公文程式之類別如左：

一、令：公布法律，任免、獎懲官員，總統、軍事機關、部隊發布命令時用之。

二、呈：對總統有所呈請或報告時用之。

三、咨：總統與國民大會、立法院、監察院公文往復時用之。

四、函：各機關間公文往復，或人民與機關間之申請與答復時用之。

五、公告：各機關對公衆有所宣布時用之。
六、其他公文。
前項各款之公文，必要時得以電報、電報交換、電傳文件、傳眞或其他電子文件行之。

第三條　機關公文，視其性質，分別依照左列各款，蓋用印信或簽署：
一、蓋用機關印信，並由機關首長署名、蓋職章或蓋簽字章。
二、不蓋用機關印信，僅由機關首長署名、蓋職章或蓋簽字章。
三、僅蓋用機關印信。
機關公文依法應副署者，由副署人副署之。
機關內部單位處理公務，基於授權對外行文時，由該單位主管署名、蓋職章，其效力與蓋用該機關印信之公文同。
機關公文蓋用印信或簽署及授權辦法，除總統府及五院自行訂定外，由各機關依其實際業務自行擬訂，函請上級機關核定之。
機關公文以電報、電報交換、電傳文件或其他電子文件行之者，得不蓋用印信或簽署。

第四條　機關首長出缺由代理人代理首長職務時，其機關公文應由首長署名者，由代理人署名。
機關首長因故不能視事，由代理人代行首長職務時，其機關公文，除署首長姓名註明不能視事事由外，應由代行人附署職銜、姓名於後，並加註代行二字。
機關內部單位基於授權行文，得比照前二項之規定辦理。

第五條　人民之申請函，應署名、蓋章，並註明性別、年齡、職業及住址。

第六條 公文應記明國曆年、月、日。

第七條 機關公文，應記明發文字號。

第八條 公文得分段敍述，冠以數字，除會計報表各種圖表或附件譯文，得採由左而右之橫行格式外，應用由右而左直行格式。

第九條 公文文字應簡、淺、明、確，並加具標點符號。

第十條 公文，除應分行者外，並得以副本抄送有關機關或人民，收受副本者，應視副本之內容為適當之處理。

第十一條 公文之附屬文件為附件，附件在二種以上時，應冠以數字。

第十二條 公文在二頁以上時，應於騎縫處加蓋章戳。

第十三條 應保守祕密之公文，其制作、傳遞、保管，均應以密件處理之。

第十四條 機關公文以電報交換、電傳文件、傳眞或其他電子文件行之者，其制作、傳遞、保管、防僞及保密辦法，由行政院統一訂定之。但各機關另有規定者，從其規定。

第十三條 機關致送人民之公文，得準用民事訴訟法有關送達之規定。

第十四條 本條例自公布日施行。

第四節 現行公文之分類

現行公文分類，依公文程式條例之規定，有令、呈、咨、函、公告、其他公文等六種。依其行文之系統，可分爲上行文、平行文、下行文三類。

一、**上行文**　爲下級機關向所屬上級機關及其他高級機關所爲意思表示之文書。

二、**平行文**　爲同級機關相互對待所爲意思表示之文書，以及人民與機關間之申請與答復時所用之文書。

三、**下行文**　爲上級機關對所屬下級機關所爲意思表示之文書。

上列每類公文均包括若干性質不同之文書。茲就現行公文程式條例規定之六種列舉於後，並說明其用途。

一、上行文

㈠**呈**　呈有呈送奉上之意，故向上司用文書有所陳述謂之呈。依現行公文程式條例規定，僅限於對總統有所呈請或報告時用之，其使用範圍較前縮小甚多。

㈡**函**　函原稱公函，現行條例省去『公』字。下級機關對上級機關有所請求或報告時用之。按函在公文中使用範圍最廣，舊時上行文之呈，平行文之咨，下行文之令，多歸入其領域。

二、平行文

㈠**咨**　咨文舊爲同級機關往來時所用之文書，現行公文程式條例規定惟總統與立法院、監察院公文往復時用咨，其餘同級機關皆用函。蓋立法監察兩院，皆由民選委員所組成，其院長之產生，亦由互選而不由任命，總統與兩院公文往復時用咨，深爲符合民主精神。按咨有咨詢商洽之意，與令文含有強制性與拘束力者不同，依其性質可分爲咨請、咨會、咨查、咨復、咨送五種。

㈡**函**　同級機關或不相隸屬機關間行文時，以及民衆與機關間之申請與答覆時用之。

三、下行文

㈠**令**　令之本義爲發號施令，故含有強制性。受令機關奉令後卽應遵行，不得延宕。依現行條例所規定之用途，共有四種：⑴公布法律及行政規章。⑵發表人事任免、調遷、獎懲、考績。⑶總統發布命令。⑷軍事機關、部隊發布命令。

㈡**函**　上級機關對所屬下級機關有所指示、交辦、批復時用之。

四、公告

原稱布告，爲對公衆宣布事實或有所勸誡時所用之文書。其用途有四：一爲**曉示**，用於官吏就職及行政上有所興革，向民衆公告。二爲**宣告**，用於公布國家或地方所發生重要事件之詳情等。三爲**示禁**，卽對於妨害國家或社會之事物，出示禁止。四爲**徵求**，凡應行政需要，徵求人力物力，或徵求人民意見等用之。

五、其他公文

㈠**書　函**　書函舊稱箋函、便函。凡機關或單位間，於公務未決階段，需要磋商、陳述、徵詢意見、協調、通報，或下級機關首長對上級機關首長有所請示、報告時用之。以信紙書寫，僅加條戳卽可，其手續較之公函須用印信者大爲簡便。

㈡**表格化公文**　可用表格處理公務之公文。包括⑴簡便行文表。⑵開會通知單。⑶公務電話紀錄。⑷其他可用表格處理之公文如『移文單』、『退文單』等。

㈢**簽**　舊稱簽呈，爲幕僚對長官或下級機關首長對上級機關首長處理公務時表達意見，以供了解案情，並作抉擇之依據。係人對人，而非機關對機關。

(四)通　告　亦有稱通報者。凡機關內某一單位須將某一事項通告本機關全體同仁週知時用之。

(五)通　知　機關內部各單位間有所洽辦或通知時用之。對外行文如內容簡單時亦可用通知，多係對個人而為。

(六)證明書　簡稱證書。為機關學校社團對某一個人有所證明時用之，如在職證明書、畢業證書等。

(七)手　諭　為長官對屬員有所訓示或傳知時所用之書面，無一定格式。

(八)報　告　為應用甚廣之特殊公文，性質與『簽』同，惟『簽』僅限於公務上使用，而「報告」則多用於私務。凡機關、學校、人民團體，僚屬陳述私人偶發事故，請求上級了解，或請代為解決困難，宜以『報告』為之。學校學生對校方有所申請或陳述時，亦宜用『報告』。

按『簽』『報告』為上行文，『通告』『通知』為平行文，『手諭』為下行文，其餘則一體適用。

六、電及代電

公文用『電』，旨在急速，『代電』原為『快郵代電』之縮寫，次急者用之。民國二十六、七年抗戰期間，羽書旁午，公文多屬急件，故多採用『電』或『代電』。又不相隸屬之機關，以彼此官階懸殊，稱謂不便，亦多以『電』或『代電』代之，以求簡便。依現行公文程式條例規定，除公告以外之公文，必要時得以電或代電行之，是電或代電之效能，兼及公文中之呈、咨、函、令等。惟『電』因拍發關係，不便分段繕寫，亦不需標點、擡頭、摘由、結束語等。其起首語通常為『某某機關』『某某職銜』，而於機關名稱之上，冠以機關所在地之地名，並或冠以『特急』、『火急』或

『限某時某刻到』等字句，以示電文之緊急性及時間性。結尾則署發電機關名稱或發電者職銜姓名。最後則爲日期。日期每以十二地支代月，而以詩韻韻目代日。至於電文措詞，自應力求簡潔，惟簡潔之中，仍宜明顯而不疏漏。

『代電』既爲以前公文中『快郵代電』之縮寫，用於次急之公文。其格式本與『電』同，特不用電拍發，而交郵遞寄。近年來各機關用代電時，幾與函、呈等類公文之格式完全相同。

茲將十二地支代月分表、韻目代日表附錄於後，以備參檢。

(二)地支代月分表

地支	月分
子	一月
丑	二月
寅	三月
卯	四月
辰	五月
巳	六月
午	七月
未	八月
申	九月
酉	十月
戌	十一月
亥	十二月

(三)韻目代日表

日期	上平聲	下平聲	上聲
一日	東	先	董
二日	冬	蕭	腫
三日	江	肴	講
四日	支	豪	紙
五日	微	歌	尾
六日	魚	麻	語
七日	虞	陽	麌
八日	齊	庚	薺
九日	佳	青	蟹
十日	灰	蒸	賄
十一日	眞	尤	軫
十二日	文	侵	吻
十三日	元	覃	阮
十四日	寒	鹽	旱
十五日	刪	咸	潸
十六日			銑
十七日			篠
十八日			巧
十九日			皓
二十日			哿
廿一日			馬
廿二日			養
廿三日			梗
廿四日			迥
廿五日			有
廿六日			寢
廿七日			感
廿八日			儉
廿九日			豏
三十日			

去聲	送宋絳寘未御遇霽泰卦隊震問願翰諫霰嘯效號箇禡漾敬徑宥沁勘豔陷
入聲	屋沃覺質物月曷黠屑藥陌錫職緝合葉洽
附註	如係三十一日可用『世』字，亦有用『引』字者。

【說　明】

㈠一至十五日多用上平聲或下平聲韻目代之。

㈡十六至三十日多用上聲韻目代之。

第五節　公文之結構

公文施行，有其原因、依據、目的。因之，本正確之立場，合法之程式，用簡明適當之文字以表達之，使構成一篇完整之公文，是謂公文之結構。關於公文之結構，全篇可分爲九部門。除公布令、任免令、公告外，其餘各類，大都如此。茲分別說明如次：

一、**機關名稱及文別**　此爲表示發文主體，使人一望而知爲某一機關之來文，及來文之類別。機關名稱應寫全銜。

二、**年月日及編字號**　任何公文，在發文時皆應記明年月日及編列發文字號，此於現行公文程式條例中已有明文規定。實則收文時亦應如此。蓋記時之作用，乃爲法律上時效之根據。編號之作用，在便於檢查。在收發文雙方，皆有此必要。故公文往覆時，常將來文年月日及字號寫明，一則使己方便於引據，同時亦使對方便於考查也。

三、受文者 此爲行文之對象，應寫在發文者之後。亦應書寫全銜。

四、副本收受者 此欄列於受文者之後，係於公文涉及其他有關機關或人民時，以與正本完全相同之副本行之。副本收受者應於公文中標明。

五、本　文 卽公文之主體，其結構視需要分爲『主旨』、『說明』、『辦法』三段，或僅採用一段、兩段均可。除『主旨』外，『說明』及『辦法』之段名亦可變通爲『經過』、『原因』或『建議』、『擬辦』等名稱。在本文內，應將行文之原因、內容、目的作簡淺明確之敍述。茲說明其要點如次：

㈠主　旨　爲全文精要，以說明行文之目的與期望。此段文字敍述，應力求具體扼要。簡單公文，儘量用此一段完成。能用一段完成者，勿硬性分割爲二段、三段。

㈡說　明　當案情必須就事實、來源或理由，作較詳細之敍述，不宜於『主旨』內容納時，用本段條列說明。本段標題，因公文內容改用其他名稱更恰當時，可由各機關自行規定。

㈢辦　法　向受文者提出之具體要求無法在『主旨』內簡述時，用本段列舉。本段標題，可因公文內容改用『建議』『請求』『擬辦』等更適當之名稱。

六、附　件 公文如有附件，則應在本文中或附件欄註明，以促使受文者之注意。附件在二種以上時，應冠以數字，並在本文之後詳載其件數，以便稽考。又附件亦應蓋印。

七、**署名** 本文敍述完畢，無論上行文、平行文、下行文均應由發文機關首長簽署，如『部長○○○』、『局長○○○』，以示負責。另依據公文程式條例第四條之規定，機關首長出缺由代理人代理首長職務時，其應由首長署名之公文由代理人署名，惟須在職銜上加一『代』字。機關首長如因請假、公出、受訓等事故而不能視事，由代理人代行首長職務時，其機關公文除署首長姓名並註明不能視事原因外，應由代行人附署職銜、姓名於後，並加註『代行』二字。

八、**印信** 機關公文蓋用印信及首長簽署，旨在防止僞造、變造，以資信守。惟如每一公文均如此辦理，則不易判明行政責任，亦無法達到分層負責之目的。若一律不用印信或簽署，則又因公文之性質內容不同而未盡妥適，故現行公文程式條例改採折衷辦法，規定機關公文可視其性質，靈活使用。（請參閱公文程式條例第三條）

九、**副署** 副署爲依法應副署之人，在公文之首長署名之後，加以副署，以示與首長共同負責之意。按照憲法規定，凡總統所發佈之命令，均須由行政院院長副署。又如某一公文之內容性質涉及於行政院所屬有關部會時，除總統主署外，應有行政院院長及有關部會首長之副署，否則此一公文即失去其效力。又不需副署之公文，亦不得任意加以副署。

以上九種，爲一般公文中所常見，惟『副本收受者』、『附件』、『副署』三種非每一公文所應具，當視實際需要，權宜使用，不可拘泥。

第六節　公文之副本

公文之副本，係對正本而言，卽行文於必要時，將公文正本之『拷貝』（copy）分送有關機關或人民。公文程式條例第九條規定：『公文除應分行者外，並得以副本抄送有關機關或人民。收受副本者，應視副本之內容爲適當之處理。』由本條前半段觀之，可知副本之要素爲：

一、副本之性質，仍爲公文，故須具有公文應具備之程式。

二、副本之內容，必須與公文正本內容完全相同，否則卽失去副本之性質。

三、副本之受文者，爲正本受文者以外之有關機關。

由本條後半段觀之，可知副本之作用爲：

一、**加强各級機關間之聯繫**　公文以正本發往某機關，同時以副本分送其他有關機關，則收受副本之有關機關，卽可了解正本之全部內容，從而加強機關間彼此之聯繫。

二、**增進行政效率**　副本之內容既與正本完全相同，則行文時以副本分送其他有關機關，如此不但發文者可簡化手續以節省人力與時間，而收受副本者亦可明瞭正本之內容而作適當之處理。

公文以副本分送有關機關或人民，既是現代行政技術上進步之表現，因此在使用副本時卽應注意下列五點，方能運用得當，而增加行文之效果。

一、副本既係對正本而言，自然無正本卽無副本，至有正本是否有副本，則視正本之內容性質有無抄送其他有關機關或人民之必要而定。

二、副本之效力雖不及正本，但公文程式條例既有『收受副本者，應視副本之內容爲適當之處理』之規定，則收受副本者應視其內容本於職權爲適當之處理。

三、公文程式條例規定，副本之行使係以『除應分行者外……』爲範圍，則『公文應分行者』，仍應以『正本』行文，不能草率抄送副本，致誤公務。

四、副本既屬公文，自應具備公文之格式，亦須蓋用印信及條戳或職銜章與註明日期、編字號等，與正本之格式、內容完全相同，僅在其右上角標明『副本』字樣，以示與『正本』有別。

五、公文有副本時，應在『副本收受者』欄內註明分送單位之名稱，以免重複轉送。

六、對上級機關爲示尊重，以不行使副本爲宜。

要之，在行政技術上，苟能明瞭副本之性質，善爲使用，則在行政上所收之效果，自必甚鉅，此亦現行公文制度進步之一端也。

第七節　公文之用語

公文有其獨特之功能，亦有其獨具之體裁與格式，而行文系統又有上行、平行、下行之別，故有一套專門術語，在行文上頗稱便利。惟此類術語，因沿用已久，多成爛調，或官腔十足，或模稜兩可，或推卸責任，既不符民主之精神，尤有悖政治革新之需要。行政院因於民國六十二年六月二十二日令頒行政機關公文處理手冊，將不合時代精神之公文用語槪予刪削，以期簡明確切，提高行政效率。

茲將現行公文用語表列如左，並以行政院所頒布之法律統一用字表，法律統一用語表附焉。

(四)公文用語表

類別	用語	適用範圍	備考
起首語	查・關於・謹查	通用。	儘量少用。
	制(訂)定・修正・廢止	公布法令用。	
	特任・特派・任命・派・茲派・茲聘・僱	任用人員用。	
稱謂語	鈞	有隸屬關係之下級機關對上級機關用，如『鈞部』、『鈞府』。	(一)直接稱謂時用之。 (二)書寫『鈞』、『大』、『貴』、『鈞長』、『鈞座』時，均應空一格示敬。
	大	無隸屬關係之較低級機關對較高級機關用，如『大部』、『大院』。	
	貴	有隸屬關係及無隸屬關係之上級機關對下級機關，或無隸屬關係之平行機關，或上級機關首長對下級機關首長，或機關與社團間用之，如『貴會』、『貴社』。	
	鈞長・鈞座	屬員對長官、或有隸屬關係之下級機關首長對上級機關首長用。	

台端	機關或首長對屬員、或機關對人民用。	
先生・君・女士	機關對人民用。	
本	機關學校社團或首長自稱，如『本縣』、『本校』、『本廳長』。	
職	屬員對長官、或下級機關首長對上級機關首長自稱時用之。	
本人・名字	人民對機關自稱時用。	
該・職稱	機關全銜如一再提及可稱『該』，對職員則稱『該』或『職稱』。	間接稱謂時用之。
奉	接獲上級機關或首長公文，於引敍時用。	『奉』、『准』、『據』等字儘量少用。
准	接獲平行機關或首長公文，於引敍時用。	
據	接獲下級機關或首長或屬員或人民公文，於引敍時用。	
奉悉	接獲上級機關或首長公文，於開始引敍完畢時用。	

引述語	敬悉	接獲平行機關或首長公文，於開始引敍完畢時用。
	已悉	接獲下級機關或首長公文，於開始引敍完畢時用。
	復（來文年月日字號）……函	於復文時用。
	依照、根據……（來文機關發文年月日字號及文別）……辦理	於告知辦理之依據時用。
	諒蒙　鈞察……（發文年月日字號及文別）	對上級機關發文後續函時用。
	諒達・計達……（發文年月日字號及文別）	對平行或下級機關發文後續函時用
經辦語	遵經・遵卽	對上級機關或首長用。
	業經・經已・均經・迭經・旋經	通用。
	應予照准・准予照辦・准予備查	上級機關對下級機關或首長用。

准駁語	未便照准・礙難照准・應毋庸議・應從緩議・應予不准・應予駁回	同右。	
	如擬・可・照准・准如所請・如擬辦理	機關首長對屬員或其所屬機關首長用。	
	敬表同意・同意照辦	對平行機關表示同意時用。	
	不能同意辦理・歉難同意・無法照辦・礙難同意	對平行機關表示不同意時用。	
除外語	除……外・除……暨……外	通用。	如有副本，可儘量少用。
請示語	是否可行・是否有當・可否之處	通用。	
期望及目的語	請 鑒核・請 核示・請 鑒察・請 鑒核備查・請 核備	對上級機關或首長用。	
	請 查照・請 察照・請 查照辦理・請 查核辦理・請 查照見復・請 查照辦理見復・請 查照轉告・請查照備案・請 查明見復	對平行機關用。	
	希 查照・希 查照轉告・希照辦・希辦理見復・希轉行照辦・希切實辦理	對下級機關用。	
	抄陳	對上級機關或首長用。	

抄送語	抄送	對平行機關、單位或人員用。	有副本或抄件時用之。
	抄發	對下級機關或人員用。	
附送語	附・附送・檢附・檢送	對平行及下級機關用。	
	附陳・檢陳	對上級機關用。	
結束語	謹呈	對總統簽用。	
	謹陳・敬陳・右陳	於簽末用。	
	此致・此上	於便箋用。	

㈤法律統一用字表

用字舉例	統一用字	曾見用字	說明
公布・分布・頒布	布	佈	
徵兵・徵稅・稽徵	徵	征	
部分・身分	分	份	
帳・帳目・帳戶	帳	賬	
韭菜	韭	韮	
礦・礦物・礦藏	礦	鑛	

釐訂・釐定	釐	厘	
使館・領館・圖書館	館	舘	
穀・穀物	穀	谷	
行蹤・失蹤	蹤	踪	
妨礙・障礙・阻礙	礙	碍	
賸餘	賸	剩	
占・占有・獨占	占	佔	
牴觸	牴	抵	
雇員・雇主・雇工	雇	僱	名詞用「雇」。
僱・僱用・聘僱	僱	雇	動詞用「僱」。
贓物	贓	臟	
黏貼	黏	粘	
計畫	畫	劃	名詞用「畫」。
策劃・規劃・擘劃	劃	畫	動詞用「劃」。
蒐集	蒐	搜	
菸葉・菸酒	菸	煙	

儘先・儘量	儘	盡	
麻類・亞麻	麻	蔴	
電表・水表	表	錶	
擦刮	刮	括	
拆除	拆	撤	
磷・硫化磷	磷	燐	
貫徹	徹	澈	
澈底	澈	徹	
祇	祇	只	副詞。
並	並	并	連接詞。
聲請	聲	申	對法院用「聲請」。
申請	申	聲	對行政機關用「申請」。
關於・對於	於	于	
給與	與	予	給與實物。
給予・授予	予	與	給予名位、榮譽等抽象事物。
紀錄	紀	記	名詞用「紀錄」。

記錄	記	紀	動詞用「記錄」。
事蹟・史蹟・遺蹟	蹟	跡	
蹤跡	跡	蹟	
糧食	糧	粮	

㈥法律統一用語表

統一用語	說明
「設」機關	如：「教育部組織法」第五條：「教育部設文化局……」。
「置」人員	如：「司法院組織法」第九條：「司法院置祕書長一人。特任。……」
「第九十八條」	不寫爲：「第九八條」。
「第一百條」	不寫爲：「第一〇〇條」。
「第一百十八條」	不寫爲：「第一百『一』十八條」。
「自公布日施行」	不寫爲：「自公『佈』『之』日施行」。
「處」五年以下有期徒刑	自由刑之處分，用「處」，不用「科」。
「科」五千元以下罰金（罰鍰）	罰金、罰鍰之處分，用「科」，不用「處」。且不寫爲：「科五千元以下『之』罰金（罰鍰）」。
準用「第○條」之規定。	法律條文中，引用本法其他條文時，不寫「『本法』第○條」，而逕書「第○條」。又如：「違反第二十條規定者，科五千元以下罰金」。

「第二項」之未遂犯罰之。	法律條文中，引用本條其他各項規定時，不寫「『本條』第〇項」，而逕書「第〇項」。如刑法第三十七條第四項「依第一項宣告褫奪公權者，自裁判確定時發生效力。」
「制定」與「訂定」	法律之創制，用「制定」。行政命令之制作，用「訂定」。
「製定」・「製作」	書、表、證照、册、據等，公文書之製成用「製定」或「製作」，即用「製」不用「制」。
「一・二・三・四・五・六・七・八・九・十・百・千」	法律條文中之序數不用大寫，即不寫爲：「壹・貳・叄・肆・伍・陸・柒・捌・玖・拾・佰・仟」。
「零・萬」	法律條文中之數字「零・萬」不寫爲：「〇・萬」。

標點符號用法表

符號	名稱	用法	舉例
。	句號	用在一個意義完整文句的後面。	公告〇〇商店負責人張三營業地址變更。
，	點號	用在文句中要讀斷的地方。	本工程起點爲仁愛路，終點爲……
、	頓號	用在連用的單字、詞語、短句的中間。	1.建、什、田、旱等地目…… 2.河川地、耕地、特種林地等…… 3.不求報償、沒有保留、不計任何代價……
；	分號	用在下列文句的中間： 一、並列的短句。 二、聯立的復句。	1.知照改爲查照；遵辦改爲照辦；遵照具報改爲辦理見復。 2.出國人員於返國後一個月內撰寫報告，向〇〇部報備；否則限制申請出國。

：	冒號	用在有下列情形的文句後面： 一、下文有列舉的人、事、物時。 二、下文是引語時。 三、標題。 四、稱呼。	1.使用電話範圍如次：(1)……(2)…… 2.接行政院函： 3.主旨： 4.○○部長：
？	問號	用在發問或懷疑文句的後面。	1.本要點何時開始正式實施爲宜？ 2.此項計劃的可行性如何？
！	驚歎號	用在表示感歎、命令、請求、勸勉等文句的後面。	1.……又怎能達成這一爲民造福的要求！ 2.希照辦！ 3.請鑒核！ 4.來努力創造我們共同的事業、共同的榮譽！
「」『』	引號	用在下列文句的後面，（先用單引，後用雙引）： 一、引用他人的詞句。 二、特別着重的詞句。	1.總統說：「天下只有能負責的人，才能有擔當」。 2.所謂「效率觀念」已經爲我們所接納。
——	破折號	表示下文語意有轉折或下文對上文的註釋。	1.各級人員一律停止休假——即使已奉准有案的，也一律撤銷。 2.政府就好比是一部機器——一部爲民服務的機器。

……	刪節號	用在文句有省略或表示文意未完的地方。	憲法第五十八條規定，應將提出立法院的法律案、預算案……提出於行政院會議。
（ ）	夾註號	在文句內要補充意思或註釋時用的。	1.公文結構，採用「主旨」「說明」「辦法」（簽呈爲「擬辦」）三段式。 2.臺灣光復節（十月廿五日）應舉行慶祝儀式。

第八節　撰擬公文之基本認識

關於公文之撰擬，在外表上須具備法定之程式，在內容上尤須有具體之意見，故撰擬公文時，應對下列基本事項有明徹之認識，然後可免撰稿時茫無頭緒，無從下筆之感。茲分述如次：

一、**行文之原因**　撰擬公文，即所以處理公務，故必洞悉案情，澈底了解公務之眞相，然後下筆撰文，始可言之有物，解決問題，始可動合機宜。故行文原因，實爲撰擬公文時首應注意之事項。

二、**行文之依據**　行文之原因既已明瞭，案情既已洞悉，惟處理辦法，必須視國家政策、法律規定、命令指示而定。故必須了解法令與處理事件之關係，乃能援引法令，爲行文之依據，以加強公文之效力。否則，雖明瞭案情，而違反法令，或與法令規定不符，則行文失所依據，且不免構成違法失職之行爲矣。

三、**行文之目的**　此爲行文主旨所在。蓋撰擬公文時，旣已洞悉案情，明瞭行文之原因，又已了解法令，得行文之依據。則行文之目的究何所在，必須在公文中爲明確之意思表示，使受文者能有明確之認識，如此始能使公文發生效力。否則，受文者無法了解被要求之事項，自不能作適當之處理。

四、**行文之立場**　公文無論爲上行、平行或下行，在撰擬時，必須斟酌本機關或本身所處之地位及所有之職權，就事言事，據理說理，不驕不諂，不亢不卑，不越權代庖，亦不推諉卸責，處處不失自己立場，使公文發出後，對上能獲信任採納，對下能收預期效果，此在撰擬公文時首當認淸之處。

第九節　公文之作法

公文爲辦理公務之文書，必須講求行文發生之效力，故寫作公文，在態度及文字方面，皆有講求之必要，茲分別說明如後：

一、**文字應簡淺明確**　公文爲辦理公共事務之工具，名爲辦文，實爲辦事，故文字應簡淺明確，以達意爲宗。簡者，文句少而意義足，使撰擬、寫印、閱讀均可收省時間、節精力之效。淺者，不用奇字、奧義、僻典。明者，不爲隱語、誇張、諷刺。皆使受文者易讀易解。確者，斷制謹嚴，義旨堅定，所述時間、空間、數字，皆精確眞實，所用詞句皆含義明晰，不涉含糊。公文能做到『簡淺明確』地步，已臻公文至高之境，已收公文至大之效。蓋非老於文案而具眞知灼見者不能，所謂易曉而難爲，斯爲貴耳。

二、**態度宜嚴正和平**　寫作公文，旨在辦事，故不可苟且敷衍，亦不可意氣用事。不苟且敷衍，斯嚴正矣，不意氣用事，斯和平矣。過去書吏官僚惡習，撰擬公文，以模稜兩可、敷衍塞責爲祕訣，遇有爭執，以頂撞劫持、節外生枝爲能事。文移往復，積案如山，辦文愈多，辦事愈少，是非愈爭而愈昧，本題愈辯而愈遠，是爲文士之惡習，亦公文之大忌，非徹底革除不可。故寫作公文，必一本嚴正之態度，和平之心氣，然後可綜覈名實，得合理合法之解決。縱有爭執，亦當對事而不對人，常須設身處地。考慮對方觀點，以免淪於偏見武斷。舉凡輕薄詼諧之口吻，侮辱漫罵之詞句，皆宜絕對避免。

三、**語氣宜不失身分立場**　凡寫作公文，正如寫作書信，必須認清彼此關係，然後語氣乃不致發生錯誤。公務機關有法定之系統，上行、平行、下行各自有適當之語氣，過於倨傲，或偏於卑屈，均非所宜。大體言之，確守法令立場，就事論事，是爲基本原則。上行之文，語氣宜謙遜恭謹，報告應眞實可信，建議應具體能行，有所請示，應將可供判斷之資料，乃至可供采擇之辦法，儘量提出，不可毫不負責，一任上級憑空裁決，以爲將來委卸責任之張本。平行之文，語氣宜不亢不卑，時時顧及對方之環境立場。下行之文，以長官之身分，有所指示命令，當然應有果斷之決定，但文字上絕不可流露驕傲之語氣，縱或下級辦理事務有失當之處，亦當平心靜氣，予以指正，不可濫用侮辱漫罵之辭語，致失雙方之身分。現行公文程式規定機關對人民公文用『函』，惟辦稿人員，間有沿襲過去批示用語慣例，失於倨傲，尤不合爲人民服務之精神。同時，人民對於機關有所陳請，規定用『申請函』，亦有人誤解『官吏爲人民公僕』之意，用語誕慢不經，亦屬極大錯誤。總之，官府人民皆當互相尊重，使公文書中充滿愉快合作之氣氛，斯爲良好公文之表現，亦即良好政治之象徵。以上數點，皆爲寫作公文之重要方法。至於熟諳法令，遵照程式，皆爲寫作公文之要件，自無待言。學者能細加體會，多求經驗，其於公文之寫作，自無扞格不通之患矣。

第十節　公文範例

（一）令

㈠公布法律

總　統　令

中華民國八十九年二月三日
華總一字第八九〇〇〇二九七三〇號

制定九二一震災重建暫行條例

總　統　李　登　輝
行政院院長　蕭　萬　長

九二一震災重建暫行條例

總統令

茲廢止衛戍條例，公布之。

中華民國八十九年十一月一日
華總一義字第八九〇〇二五九四〇〇號

總統　陳水扁
行政院院長　張俊雄
國防部部長　伍世文

總統令

茲刪除公職人員選舉罷免法第三十二條條文，公布之。

中華民國八十九年十一月一日
華總一義字第八九〇〇二五九四一〇號

總統　陳水扁
行政院院長　張俊雄

第三十二條　（刪除）

㈡緊急令

總統令

中華民國八十八年九月二十五日
華總一義字第八八〇〇二二八四四〇號

查臺灣地區於民國八十八年九月二十一日遭遇前所未有強烈地震，其中臺中縣、南投縣全縣受創甚深，臺北市、臺北縣、苗栗縣、臺中市、彰化縣、雲林縣及其他縣市亦有重大之災區及災戶，民衆生命、身體及財產蒙受重大損失，影響民生至鉅，災害救助、災民安置及災後重建，刻不容緩。爰行政院會議之決議，依中華民國憲法增修條文第二條第三項規定，發布緊急命令如下：

一、中央政府為籌措災區重建之財源，應縮減暫可緩支之經費，對各級政府預算得為必要之變更，調節收支移緩救急，並在新臺幣八百億元限額內發行公債或借款，由行政院依救災、重建計畫統籌支用，並得由中央各機關逕行執行，必要時得先行支付其一部分款項。

前項措施不受預算法及公共債務法之限制，但仍應於事後補辦預算。

二、中央銀行得提撥專款，供銀行辦理災民重建家園所需長期低利、無息緊急融資，其融資作業由中央銀行予以規定，並管理之。

三、各級政府機關為災後安置需要，得借用公有非公用財產，其借用期間由借用機關與管理機關議定，不受國有財產法第四十條及地方財產管理規則關於借用期間之限制。

各級政府機關管理之公有公用財產，適於供災後安置需要者，應即變更為非公用財產，並依前項規定辦理。

四、政府為安置受災戶，興建臨時住宅並進行災區重建，得簡化行政程序，不受都市計畫法、區域計畫法、環境影響評估法、水土保持法、建築法、土地法及國有財產法有關規定之限制。

五、中央政府為執行災區交通及公共工程之搶修及重建工作，凡經過都市計畫區、山坡地、森林、河川及國家公園等範圍，得簡化行政程序，不受各該相關法令及環保法令有關規定之限制。

六、災民因本次災害申請補發證照書件或辦理繼承登記，得免繳納各項規費，並由主管機關簡化作業規定。

七、中央政府為迅速執行救災、安置及重建工作，得徵用水權，並得向民間徵用空地、空屋、救災器具及車、船、航空器，不受相關法令之限制。

衛生醫療體系人員為救災所需而進用者，不受公務人員任用法之限制。

八、中央政府為維護災區秩序及迅速辦理救災、安置、重建工作，得調派國軍執行。

九、政府為救災、防疫、安置及重建工作之迅速有效執行，得指定災區之特定區域實施管制，必要時並得強制撤離居民。

十、受災戶之役男，得依規定徵服國民兵役。

十一、因本次災害而有妨害救災、囤積居奇、哄抬物價之行為者，處一年以上七年以下有期徒刑，得併科新臺幣五百萬元以下罰金。

以詐欺、侵占、竊盜、恐嚇、搶奪、強盜或其他不正當之方法，取得賑災款項、物品或災民之財物者，按刑法或特別刑法之規定，加重其刑至二分之一。

前二項之未遂犯罰之。

十二、本命令施行期間自發布日起至民國八十九年三月二十四日止。此令。

總　統　李　登　輝

行政院院長　蕭　萬　長

㈢召集令

總　統　令　　　華總一義字第〇〇〇〇

茲依據中華民國憲法增修條文第一條之規定，第三屆國民大會第五次會議定於中華民國八十九年四月八日集會。

總　統　李登輝
行政院院長　蕭萬長

中華民國八十九年四月一日

(四)人事令

總統令

中華民國八十九年十月四日

行政院院長唐　飛已准辭職，應予免職。
特任張俊雄為行政院院長。

總　統　陳水扁

總統令

中華民國八十九年十月五日

特任游錫堃為總統府秘書長。

總　統　陳水扁
行政院院長　張俊雄

總統令

中華民國八十九年十月五日

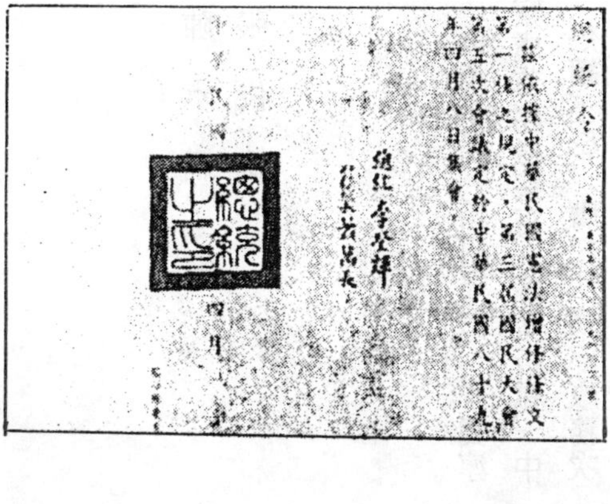
總統令
茲依據中華民國憲法增修條文第一條之規定，第三屆國民大會第五次會議定於中華民國八十九年四月八日集會。
總統 李登輝
行政院院長 蕭萬長
中華民國八十九年四月一日

司法院大法官賴英照另有任用，應予免職。

總統　陳水扁

總統令　中華民國八十九年一月三日

特派田維新為八十九年特種考試第一次司法人員考試典試委員長。

總統　李登輝
行政院院長　蕭萬長

總統令　中華民國八十九年十月十九日

任命陳　沖為財政部政務次長。

總統　陳水扁
行政院院長　張俊雄

㈤褒揚令

總統令　中華民國八十八年十一月十一日
華總二榮第八八一〇〇三七二〇〇號

司法院前副院長呂有文，資賦穎秀，志行卓越。北平朝陽法學院法律系畢業，精研律法，學養淳厚。曾任臺東地方法院院長、臺灣高等法院花蓮分院院長及臺中分院檢察處首席檢察官，斷案折獄，中正廉明。嗣出任司法行政部參事、司法院廳長及副秘書長，宏謀深運，懋績丕彰。膺任法務部政務次長、部長，碩畫藎籌，經綸廣佈。民國八十二年獲聘總統府國策顧問。旋任司法院副院長，輔弼院務，遠見卓識，翊贊功深。從政之餘，執教上庠，傳道傳經，聲華丕著。復勤於撰述，著有刑法各論等書，群流共仰。綜其生平，崇法務實，碩學謀國，甘棠望重，允足矜式。茲聞溘逝，軫悼良深，應予明令褒揚，以示政府篤念耆賢之至意。

總　統　李　登　輝
行政院院長　蕭　萬　長

總統令

中華民國八十九年十月十三日
華總二榮字第八九一〇〇二三〇〇〇號

前總統府資政、行政院院長俞國華，性行廉正，才識宏達，早歲卒業清華大學，嗣奉派美英，專研經濟，以期蔚為國用。歷任中央信託局局長、中國銀行董事長、財政部部長、中央銀行總裁、行政院政務委員、行政院經濟建設委員會主任委員等職，開源節流，奠經濟建設之丕基；鼎新革故，成貨幣金融之偉業。懋績孔昭，群倫共仰。嗣出長行政院，綜理百揆，率行中道，政通人和，八紘向化；尤以推行新制營業稅、解除報禁、戒嚴、黨禁，開放外匯管制及赴大陸探親等要政，碩畫藎籌，勳猷丕著；德業並懋，聲望益隆。晚歲膺聘資政，翊贊中樞，老成謀國，獻替良多。茲聞溘逝，震悼殊深，應予明令褒揚，用示政府崇禮耆賢之至意。

總　統　陳　水　扁
行政院院長　張　俊　雄

㈥治喪令

總統令

中華民國〇〇年〇月〇〇日
〇〇〇〇字第〇〇〇〇〇〇號

考試院院長孫科，乃 國父哲嗣，為革命元勛，器量恢宏，才識遠大。力行三民主義，學術造詣淵深，歷膺重寄，忠藎孔昭。曾三任廣州市市長，兩任行政院院長，兩任立法院院長，其間並任國民政府副主席，嘉猷偉績，宏濟艱難，功在國家，聲馳寰宇。比年受任考試院院長，時際中興，人才為本，藉其名德，以重銓衡。方今匡復大計，正賴老成襄迪，遽聞溘逝，震悼殊深。特派嚴家淦、蔣經國、鄭彥棻、倪文亞、張寶樹敬謹治喪，以示優隆，而昭崇報。

總　　統　〇　〇　〇
行政院院長　〇　〇　〇

總統令

中華民國九十年四月十日
華總一義字第九〇一〇〇〇〇〇五八〇號

謝前副總統東閔先生畢生為國宣勞，功在國家，不幸病逝。茲特派李元簇、連戰、張俊雄、王金平、翁岳生、許水德、錢復、游錫堃、莊銘耀、張博雅、田弘茂、伍世文等大員，敬謹治喪，並由李元簇主持治喪大員會議。

總　　統　陳　水　扁
行政院院長　張　俊　雄

㈦院部令

行政院
考試院　令

中華民國八十九年十月三日
臺八十九人政考字第二〇〇八一〇號
八九考臺組貳一字第〇九〇二五號

訂定「公務人員週休二日實施辦法」。
附「公務人員週休二日實施辦法」。

院長　唐　飛
院長　許　水　德

考試院
行政院令
司法院

中華民國八十八年十二月十三日
八八考臺組壹一字第〇八五六〇號
臺八十八人政力字第一九一五九一號
(八八)院臺人二字第二九五八三號

修正「專門職業及技術人員高等暨普通考試類科及應試科目表」（增訂民間之公證人類科）。
附「專門職業及技術人員高等暨普通考試類科及應試科目表」（增訂民間之公證人類科）。
「專門職業及技術人員高等暨普通考試應考資格表」（增訂民間之公證人類科）。

院長　許　水　德
院長　蕭　萬　長
院長　翁　岳　生

附：專門職業及技術人員高等暨普通考試類科及應試科目表（增訂民間之公證人類科）

考試類科	應試科目：普通科目	應試科目：專業科目	備註
民間之公證人	一、國文（論文與閱讀測驗） 二、中華民國憲法	三、民法 四、商事法 五、英文 六、公證法 七、非訟事件法與民事訴訟法 八、強制執行法與國際私法	應試科目「七、民事訴訟法」、「八、強制執行法」若含實例命題，考試時附發該科法律全部條文供應考人參考。

附：專門職業及技術人員高等暨普通考試應考資格表（增訂民間之公證人類科）

考試類科	應考資格：第一款	應考資格：第二款	應考資格：第三款
民間之公證人	公立或立案之私立專科以上學校或經教育部承認之國外專科以上學校法律、財經法律、政治、行政各系科畢業得有證書者。	經高等檢定考試相當類科及格者	經普通考試或相當於普通考試之特種考試法院書記官考試及格後任法院書記官擔任審判紀錄或任公證佐理員或檢察署書記官擔任偵查記錄或財務、民事執行四年以上有證明文件者。

行政院新聞局令

中華民國八十八年十二月三十一日
(八八)怡廣一字第二二四五八號

訂定「無線電視節目審查辦法」。

附「無線電視節目審查辦法」。

局長　趙　怡

無線電視節目審查辦法

第一條　本辦法依廣播電視法第二十五條規定訂定之。

第二條　經許可進入臺灣地區之大陸地區電視節目，應事先送行政院新聞局（簡稱本局）審查核准，並改用正體字後，始得在臺灣地區無線電視事業經營之電臺播送。

第三條　除新聞外，本局得指定應事先送本局審查核准後，始得播送之電視節目。

第四條　無線電視事業應依電視節目分級處理辦法規定播送電視節目。

第五條　本辦法自發布日施行。

教育部令

中華民國八十九年十一月十四日
臺(八九)參字第八九一四二一四〇

修正「教師輔導與管教學生辦法」部分條文。

附「教師輔導與管教學生辦法」部分修正條文。

部長　曾　志　朗

教師輔導與管教學生辦法部分條文修正條文

第十七條　依前條所爲之管教無效時，或違規情節重大者，教師得移請學校爲左列措施：
一、警告。
二、小過。
三、大過。
四、假日輔導。
五、心理輔導。
六、留校察看。
七、轉換班級或改變學習環境。
八、家長或監護人帶回管教。
九、移送司法機關或相關單位處理。
十、其他適當措施。
高級中等學校除前項之措施外，必要時得爲輔導轉學之處分。
第一項第二款、第三款與第六款之記過與留校察看不適用國民小學。
第二十六條　學生對學校有關其個人之管教措施，認爲違法或不當致損害其權益者，得以書面向學校申訴。
前項學生申訴得由學生父母、監護人或其受託人代理之。
第二十七條　學校應成立學生申訴評議委員會，其組織及評議規定，大學及專科學校自行訂定，高級中等以下學校由各該主管教育行政機關定之。

第二十八條　學生受開除學籍、退學、輔導轉學或類此之處分，足以改變學生身分致損及其受教育權益者，經向學校申訴未獲救濟，得依法提起訴願及行政訴訟。

㈧省市令

臺北市政府　令

發文日期：中華民國八十九年一月二十六日
發文字號：府法三字第八九〇〇一六五〇〇〇號

訂定「臺北市私立老人福利機構獎助及獎勵辦法」。
附「臺北市私立老人福利機構獎助及獎勵辦法」。

市　長　馬　英　九

臺北市政府　令

發文日期：中華民國八十九年六月二十三日
發文字號：府法三字第八九〇四八八六四〇〇號

訂定「臺北市國民教育階段就讀普通班身心障礙學生之安置原則與輔導辦法」。
附「臺北市國民教育階段就讀普通班身心障礙學生之安置原則與輔導辦法」。

市　長　馬　英　九

高雄市政府　令

發文日期：中華民國九十年一月十六日
發文字號：高市府財三字第一四七七號

修正「高雄市高雄銀行移轉民營從業人員優惠優先認購股份辦法」法規名稱爲「高雄市高雄銀行移轉民營從業人員優惠優先認購股份自治條例」及部分條文。

附「高雄市高雄銀行移轉民營從業人員優惠優先認購股份自治條例」部分條文。

市　長　謝　長　廷

高雄市高雄銀行移轉民營從業人員優惠優先認購股份自治條例

第一條　本自治條例依公營事業移轉民營條例（以下簡稱本條例）第九條規定制定之。

第二條　本自治條例適用對象爲高雄銀行依公營事業移轉民營條例施行細則（以下簡稱本細則）第十二條所定之從業人員。

第三條　高雄市政府依本條例於高雄銀行移轉民營出售股權時，高雄銀行從業人員（以下簡稱從業人員）得依本自治條例優惠優先認購該公股。

第四條　從業人員依本自治條例認購公股時，得不經公開招募申購程序，逕行認購。

第十四條　本自治條例自公布日施行。

高雄市政府　令

發行日期：中華民國九十年一月十六日
發文字號：高市府勞二字第一六二七號
修正「高雄市勞工權益基金補助辦法」第五條。
附「高雄市勞工權益基金補助辦法」第五條。

市長 謝長廷

高雄市勞工權益基金補助辦法第五條條文

第五條　本基金補助標準如下：
一、律師費：每一審級（同一事由）以委任律師一人爲限，律師費不得超過高雄律師公會章程所訂之標準。
（一）工會幹部：補助律師費總金額以新台幣十二萬元爲上限。
（二）個案勞工：補助律師費總金額以新台幣四萬五千元爲上限。

㈨縣市令

雲林縣政府令

中華民國八十九年九月十八日
（八九）府行法第八九一〇〇〇〇四四三號

修正「雲林縣立高級中學組織規程準則」第十三條條文
附修正「雲林縣立高級中學組織規程準則」第十三條條文

縣長 張榮味

雲林縣立高級中學組織規程準則第十三條修正條文

第十三條　高級中學設會計室或置會計員；其設會計室者，置會計主任一人，得置組員，佐理員若干人，依法辦理歲計、會計事項並兼辦統計事項。

花蓮縣政府令

中華民國八十九年十二月三十日
(八九)府行法字第一三〇〇七〇號

修正「花蓮縣政府公報發行辦法」第二條條文。
附「花蓮縣政府公報發行辦法」第二條條文乙份。

縣長　王慶豐

修正「花蓮縣政府公報發行辦法」第二條條文。

第二條　本府公報每週發行一期（每星期三發行）。全年分春、夏、秋、冬四季共四卷，如遇國定假日則暫停發行。

（二）呈

㈠報告用

行政院　呈

100
機關地址：臺北市中正區忠孝東路一段一號
傳　真：（〇二）二三九七—五五六五

受文者：總統

速別：最速件
密等及解密條件：
發文日期：中華民國九十年一月三十日
發文字號：臺(九十)防字第○○○○○號
附　件：

主旨：呈報「行政院核四電廠停建報告書」乙份，恭請　鑒核。

說明：

一、依八十九年十二月十五日，司法院大法官會議第五二○號釋憲文規定，應向立法院院會，補行報告並備詢程序。

二、本案已函請立法院安排九十年一月三十日第三屆第五會期臨時會議提出報告及備詢完畢。

三、謹呈「行政院核四電廠停建報告書」乙份，報請　鑒察。

院長　張　俊　雄　職章

檔　號：
保存年限：

㈡呈請用

考試院　呈

115
機關地址：臺北市文山區試院路一號
傳　眞：（○二）二二三六—六六六五

受文者：總統
速別：
密等及解密條件：
發文日期：中華民國八十九年十月〇日
發文字號：(八九)考臺人字第〇〇〇〇〇號
附件：

主旨：呈請特派陳英豪爲八十九年專門職業及技術人員高等暨普通考試典試委員長。
說明：依典試法施行細則第〇條規定，呈請特派陳英豪爲該項考試典試委員長。

院長 許水德 職章

100 機關地址：臺北市中正區忠孝東路一段一號
傳眞：〇二—二三九七五五六五

行政院 呈

受文者：總統
速別：速件
密等及解密條件：
發文日期：中華民國〇〇年〇〇月〇〇日
發文字號：台(〇〇)教字第〇〇〇〇〇號
附件：隨文

主旨：張榮發先生慨捐現款予淡江大學興建船學館、購置教學儀器設備並協助學生實習，擬請賜頒匾額一方，以資褒獎，敬呈　鑒核。

說明：

一、本案係根據內政、教育二部○○年○月○日○○臺內民字第○○○○○號、台（○○）高字第○○○○○號會銜函辦理。

二、張榮發先生於六十五年至六十九年間，先後捐助淡江大學興建五層船學館一棟，購置教學儀器、設備、圖書、實習船及協助學生實習費用等，共計新臺幣玖仟萬元。經內政、教育二部審核合於捐資興學褒獎條例及該條例調整給獎標準之規定，捐資新台幣一千萬元以上者給予匾額，以資褒獎。

三、檢呈受獎人履歷表一件、捐資興學證件二十三件。

院　長　○　○　○　職章

正　本：總　統

副　本：內政部、教育部、本院第六組

（三）咨

(一)咨請用

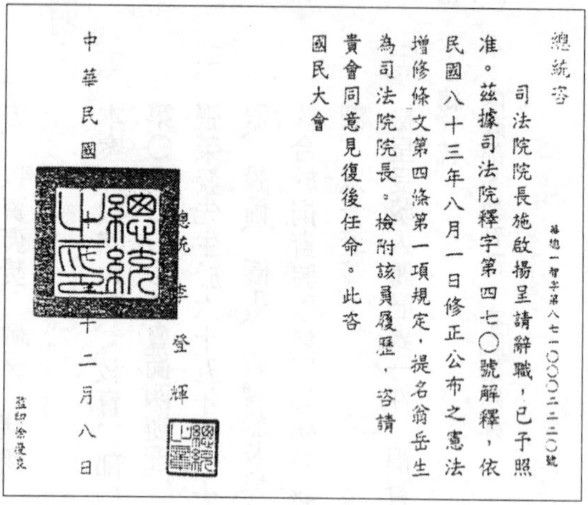
總統咨　華總一智字第八七一〇〇〇二二二〇號

司法院院長施啟揚呈請辭職，已予照准。茲據司法院釋字第四七〇號解釋，依民國八十三年八月一日修正公布之憲法增修條文第四條第一項規定，提名翁岳生為司法院院長。檢附該員履歷，咨請
貴會同意見復後任命。此咨
國民大會

總統　李登輝

中華民國　十二月八日

監印　徐俊良

立法院　咨

100
機關地址：臺北市中正區中山南路一號
傳　　眞：〇二—二三五八—五一四一

受文者：總統
速別：
密等及解密條件：
發文日期：中華民國八十九年十月〇日
發文字號：〇〇〇〇字第〇〇〇〇〇號
附　　件：海洋污染防治法乙份

主旨：制定「海洋污染防治法」，咨請公布。

說明：
一、行政院本（八十九）年〇月〇日臺(八九)字第字第〇〇〇〇號函請審議。
二、本院八十九年十月〇日第五會期第〇〇〇次會議審議通過。
三、附「海洋污染防治法」乙份。

正　本：總　統
副　本：行政院

院　長　王　金　平　職章

(二)咨復用

國民大會　咨

100

機關地址：臺北市中正區中華路一段五十三號

傳　　真：(〇二)二三三一—四四八五

受文者：總統

速別：

密等及解密條件：

發文日期：中華民國八十七年十二月〇日

發文字號：〇〇〇字第〇〇〇〇〇〇〇號

附　件：

主旨：提名翁岳生爲司法院院長，經本會第四次會議同意咨復。

說明：

一、復　貴府　華總一智字第八七一〇〇〇二二二〇號咨

二、依中華民國憲法增修條文第〇條第〇項規定及本會議事規則第〇條規定辦理。

三、經本會第四次會議投票結果，獲得出席代表過半數之同意。

議　長　蘇　南　成　職章

總統咨

華總一義字第九〇〇〇一二二一六〇號

據行政院九十年六月十八日臺九十規字第〇三八七九〇號呈稱：該院鑑於近來國內經濟受到全球經濟降溫之衝擊，其成長日益趨緩，對於國家整體產業之發展影響至鉅，爲刺激景氣提振經濟，促進金融體系之健全發展，以利營造企業資金運用之有利環境。從而穩定金融市場，避免危機發生，開放金融跨業經營，提升金融業之國際競爭力，健全票券商之監督及管理，放寬保險業業務經營限制，並強化其監督管理機制，乃當務之急，經通盤審慎考量後，特遴列出「存款保險條例第十七條之一修正草案」、「營業稅法部分條文修正草案」、「金融重建基金設置及管理條例草案」、「金融控股公司法草案」、「保險法部分條文修正草案」、「票券金融管理法草案」六項具急迫性及重要性之金融改革法案，亟須儘速完成立法及修法程序，爰請咨請立法院於日內召開臨時會予以審議等情，茲依照憲法第六十九條之規定，咨請貴院於日內召開臨時會，針對行政院來呈所提六項法案予以審議。

此咨

立法院

總　統　陳　水　扁

檢附行政院來呈暨附件影本各乙份（略）

中　華　民　國　九　十　年　六　月　十　九　日

100
機關地址：臺北市中正區忠孝東路一段二號
傳　眞：（〇二）二三一四—〇三二四

監察院　咨

受文者：總統

速別：
密等及解密條件：
發文日期：中華民國八十七年十一月十八日
發文字號：(87)院臺人字第八七〇一二二九二一號
附　件：如主旨

主旨：檢陳審計部臺灣省臺南縣審計室簡任人員莊榮吉等三人請任名冊、銓敍部審定函影本各一份，咨
請　詧照，准予任命。

說明：依據審計部八十七年十一月十一日臺審部人字第八七二〇五三號函辦理。

正本：總　統
副本：本院人事室（含請任名冊一份）

院　長　王　作　榮　職章

檔　　號：
保存年限：

（四）函

甲、報告用

㈠上行函

國防部　函

受文者：行政院

發文日期：中華民國八十九年三月二十四日
發文字號：(八九)戍成字第〇九九二號
附件：檢討改進執行情形表乙份

主旨：呈均院轉監察院函示，陸軍一〇二旅上尉連長黃志強燒車自焚，部隊處理涉有違失案，陸軍總部檢討改善執行情形（如附件），請鑒核！

說明：奉鈞院*89.1.21.*日臺（89）防字第〇〇九六號函辦理。

部長唐　飛

國立中央圖書館臺灣分館　函

106
機關地址：臺北市大安區新生南路一段一號
傳　　真：（〇二）二七二一—三七一五

受文者：教育部

速別：
密等及解密條件：
發文日期：中華民國九十年一月十二日
發文字號：(90)圖總字第〇〇〇六五號
附件：

主旨：檢陳本館經管「國有公用財產管理情形檢表」乙份，請　鑒核。
說明：依據　鈞部89.12.30.臺(八九)總(一)字第八九一七〇八〇三號函辦理。
正本：教育部
副本：本館會計室、總務組

館　長　林　文　睿

乙、請求用

國立中興大學　函

402 機關地址：臺中市南區國光路二五〇號
傳　　真：(〇四)二二八七一〇九二五

受文者：教育部

速別：最速件
密等及解密條件：
發文日期：中華民國八十八年二月二日
發文字號：(88)興學程字第八八二〇三〇〇〇一七號
附件：隨文

主旨：檢陳本校八十七年度參加教育實習教師支領實習津貼印領清冊（第一期支出憑證，總金額新臺幣參佰陸拾萬元整）一份，敬請　鑒核。

說明：遵照　鈞部八十八年一月十六日臺(八八)師(三)字第八八〇〇四八二四號函辦理。

正本：教育部
副本：

校　長　李　成　章

國立中央圖書館臺灣分館　函

106
機關地址：臺北市大安區新生南路一段一號
傳　眞：（〇二）二七二一—三七一五

受文者：教育部

速別：速件
密等及解密條件：
發文日期：中華民國八十九年十一月二十一日

發文字號：(89)圖總字第○二一二○號
附件：如文
主旨：檢陳本館遷建工程之建築景觀工程招標工作第二次補充說明資料，陳請　鑒核。
說明：
一、依據政府採購法等相關規定辦理。
二、有關本招標案之相關預算書、設計書圖及招標文件等暨第一次補充說明資料諒達（業已分別於89.10.17.(89)圖總字第○一八四八號暨89.11.14.(89)圖總字第○二○五三號函檢陳）。

館　長　林　文　睿

正本：教育部
副本：本館會計室、總務組

㈡平行函

甲、洽辦用

行政院　函

100
機關地址：臺北市中正區忠孝東路一段一號
傳　　真：（○二）二三九七—五五六五

受文者：立法院
速　別：最速件

密等及解密條件：
發文日期：中華民國九十年一月十九日
發文字號：臺(九十)經字第○○○○○號
附　件：

主旨：八十九年十月廿七日本院第二七○六次會議，依據主管機關經濟部建議決議停止興建核四電廠，茲擬依立法院職權行使法第十七條第一項規定，向　貴院院會提出報告，請惠予安排議程。

說明：依八十九年十二月十五日，司法院大法官會議第五二○號釋憲文辦理。

院　長　張　○　○

100
機關地址：臺北市中正區忠孝東路一段一號
傳　眞：(○二)二三九七—五五六五

乙、答覆用

行政院　函

受文者：監察院

發文日期：中華民國八十九年四月十二日
發文字號：臺(八九)防字第一○五二○號
附件：如說明二

主旨：貴院函，爲成功嶺訓練中心一○二旅上尉連長黃志強，疑因指示部屬郭宏展下士代爲接受三千公尺跑步測驗致死，內心自責，於苗栗三義鄉鯉魚潭村燒車自焚案，部隊處理涉有違失。爰依法提案糾正，囑督飭所屬切實檢討改善見復一案。經轉據國防部函報檢討改進執行情形，尚屬實情，

復請　查照。

說明：

一、復　貴院八十九年一月四日(八八)院臺國字第八八二一〇〇四五一號函。

二、影附國防部檢討改進執行情形一份。

院　長　蕭　萬　長

行政院轉監察院對陸軍成功嶺訓練中心一〇二旅上尉連長黃志強燒車自焚，部隊處理涉有違失，依法糾正案，陸軍檢討改進執行情形：

(一)為嚴肅本軍訓練紀律，陸軍總部已針對本案肇生原因、缺失檢討及精進作法，於八十八年十一月二十三日(八八)佑子字第二三五五號令頒發訓練安全通報第十三號，通令全軍視同重要命令，列為幹部教育宣教資料，確實宣教院範；另配合主官「親教親考」教育，加強幹部法治教育，建立正確溝通管道，強化幹部任務管制能力及培養道德勇氣，確使各級幹部養成依法行政，以有效杜絕類案發生。

(二)本院各項訓練鑑測均有其一定之標準程序與作法，案內鑑測人員未依標準程序執行，致因人為疏失肇生意外憾事，本軍已按「訓練安全懲處標準」，對違失幹部所應負法定責任，分別核予申誡兩次至大過兩次不等之處分，同時配合安全通報要求各級部隊執行測驗時應逐級詳實查核，嚴禁替代情事，以貫徹本軍忠誠軍風。

行政院　函

受文者：監察院

發文日期：中華民國八十九年八月二十九日

發文字號：臺(八九)防字第二五四三八號

附件：如文

主旨：貴院函，爲國防部空軍總司令部桃園基地指揮部，於八十八年十月三日及同月十一日，連續發現彈藥遭竊案件，係因未能貫徹巡查制度、彈孳庫衛哨配置不當、阻絕與防盜設施不足、値日官擅離職守、軍紀廢弛、各級幹部處事延宕、監督不周、考核不力等諸多缺失，已嚴重影響社會治安與國防安全。爰依法提案糾正，囑督飭所屬切實檢討改善見復一案。經轉據國防部函報辦理情形，尙屬實情，復請　查照。

說明：

一、復　貴院八十九年五月二十三日(八九)院臺國字第八九二一〇〇一八九號函及八十九年八月十日(八九)院臺國字第八九二一〇〇三二六號函。

二、影附國防部辦理情形一份。

院　長　唐　飛

(三)下行函

甲、交辦用

機關地址：臺北市中正區忠孝東路一段一號
傳　　真：（〇二）二三九七—五五六五

行政院　函

受文者：臺北市政府

速別：
密等及解密條件：
發文日期：中華民國八十九年六月三日
發文字號：臺八九人政考字第〇一〇七四〇號
附件：

主旨：「公務人員政風調查考核處理要點」及「行政院所屬軍公教人員涉及賭博財物處分原則」自中華民國八十九年六月三日起停止適用，請　查照轉知。

說明：依據法務部民國八十九年五月一日法八九政字第〇〇九三二一號函辦理。

院　長　唐　飛請假
副院長　游錫堃代行

司法院函

中華民國八十八年十二月十八日
(88)院臺廳司一字第三二三八二號

受文者：最高法院、行政法院、公務員懲戒委員會、臺灣高等法院、福建高等法院金門分院、福建金門

地方法院

主旨：檢送「法官守則」乙份，請　查照。

說明：「法官守則」業經本院於八十八年十二月十八日修正發布

院　長　翁　岳　生

附：修正發布法官守則

中華民國八十四年八月二十二日(84)院臺廳司一字第一六四〇五號函發布

中華民國八十八年十二月十八日(84)院臺廳司一字第三三三八一號函修正發布

一、法官應保有高尚品格，謹言慎行，廉潔自持，避免不當或易被認爲不當的行爲。

二、法官應超然公正，依據憲法及法律，獨立審判，不受及不爲任何關說或干涉。

三、法官應避免參加政治活動，並不得從事與法官身分不相容的事務或活動。

四、法官應勤慎篤實地執行職務，尊重人民司法上的權利。

五、法官應隨時汲取新知，掌握時代脈動，精進裁判品質。

司法院函

中華民國八十九年一月二十五日
(89)院臺廳司一字第〇二四二六號

受文者：最高法院、行政法院、公務員懲戒委員會、臺灣高等法院、福建高等法院金門分院、福建金門地方法院

主旨：檢送「法官社交及理財自律事項」一份，請　查照。

說明：依「各級法院法官自律委員會實施要點」第五點十三款「不當社交、理財或言行不檢，有損司法

信譽者」訂定。

院　長　翁　岳　生

附：法官社交及理財自律事項

一、法官不得與案件繫屬中之當事人、關係人及其代理人、辯護人酬酢往來。但合於一般禮俗、學術、司法、公益等活動者，不在此限。

二、法官應避免經常與特定律師在社交場所出現。但有前條但書之情形者，不在此限。

三、法官應避免與律師、案件之當事人有財務往來。但該當事人爲金融機構且其交易係正當者，不在此限。

四、法官不得以投機、違反公平方式、利用法官身分或職務，獲取不當利益或財物。

五、法官應避免讓律師經常進出其辦公室。但因公務或有其他正當理由者，不在此限。

六、法官應避免其他有損法官形象之應酬或交往。

乙、通報用

行政院公共工程委員會函

中華民國八十八年十月二十八日
(88)工程企字第八八一七八〇六號

主旨：檢送「押標金／保證金連帶保證書」、「預付款還款保證連帶保證書」及「廠商資格履約及賠償連帶保證書」格式八十八年十月二十六日修訂版一份，請參考並轉知所屬（轄）機關。

說明：前揭原格式本會前以八十八年五月二十六日(88)工程企字第八八〇七一〇五號函送請參考在案。

主任委員　蔡　兆　陽

押標金／保證金連帶保證書格式（略）

臺北市政府　函

受文者：本府所屬各機關

發文日期：中華民國八十九年八月七日
發文字號：府法三字第八九〇六九四三二〇〇號

主旨：行政院函送「行政院國家搜救指揮中心設置及作業規定」，並自八十九年七月二十四日起生效，如附件，請　查照。

說明：依行政院89.7.29.臺八九內字第二三七一九號函辦理。

市　長　馬　英　九　公假
副市長　歐　晉　德　代行
法規委員會主任委員　陳清秀　決行

號限：
存年：
檔保：

臺北市政府　函

受文者：臺北市政府各機關學校

發文日期：中華民國八十九年八月十五日

發文字號：府文化一字第八九〇六九二四一〇〇號
主旨：檢送本府修正之「臺北文化獎頒贈要點」，查照。

市　長　馬　英　九　公假
副市長　歐　晉　德　代行
文化局局長　龍　應　台　決行

司法院人事處函

中華民國八十八年十二月二十三日
(八八)處人三字第三二〇五一號

受文者：臺灣高等法院、金門地方法院等人事室
主旨：為請釋於法務部調查局約談階段，是否適用「公務人員因公涉訟輔助辦法」疑義一案，業經公務人員保障暨培訓委員會釋示如附件，請　查照。
說明：依公務人員保障暨培訓委員會八十八年十二月八日公保字第八八一一〇三一號書函辦理。

處　長　呂　太　郎

附：公務人員保障暨培訓委員會書函（略）

臺北市政府　函

受文者：臺北市政府各機關學校
發文日期：中華民國八十九年六月十二日

發文字號：府民四字第八九〇四八三七三〇〇號

主旨：公布八十九年五月遷出入本市人口數暨公民數，請 查照。

說明：遷出入本市人口數暨公民數如附件統計表。

副本：臺北市議會、臺北市政府局政局

市 長 馬 英 九

民政局局長 林正修 決行

項目／人口數／月份	遷入人口數	遷入公民數	遷出人口數	遷出公民數
八十九年五月	一〇、一七五	七、〇六三	一二、〇一九	八、一〇四

丙、指示用

教育部函

100
機關地址：臺北市中正區中山南路五號
傳　眞：〇二—二三九七—六九三九

受文者：如正、副本

速別：最速件

密等及解密條件：
發文日期：中華民國八十九年八月五日
發文字號：臺(八九)人(二)字第八九〇八一五八九號
附件：
主旨：關於公立高級中等以下學校未納入銓敘職員、教師因成績考核誤核，所溢領之薪給、考核獎金及年終工作獎金是否應予追繳一案，希依說明辦理，請　查照。
說明：
一、參酌行政院人事行政局本（八十九）年六月三十日八九局給字第〇〇七六六五號函辦理，並兼復臺中縣政府八十八年十一月十一日八八府人二字第三一五三八四號函。
二、查銓敘部八十六年二月三日八六臺甄五字第一四一五八二八號函釋略以，各機關或受考人因考績誤核案件，倘於公務人員考績法施行細則第二十五條規定期限內辦理復審（更正）者，如復審（更正）後之俸級低於原核定俸級，同意參照公務人員俸給法施行細則第十三條規定，免予追繳；反之，則應予追繳。惟為顧及當事人經濟負擔能力，應予追繳之溢領金額得分期償還。復查公立學校教職員成績考核辦法第二條規定：「教育人員任用條例施行前已遴用學校編制內未納入銓敘之職員，其成績考核準用公務人員考績法及其施行細則規定辦理。但考核年度為學年度。」是以，學校未納入銓敘職員因成績考核誤核，如於公務人員考績法施行細則第二十五條規定期限內辦理更正者，如更正後之薪級低於原核定薪級者，同意參照公務人員俸給法施行細則第十三條規定，免予追繳其溢領之薪給及獎金；反之，則應予追繳。

三、至教師成績考核誤核者，以本部八十七年四月二十七日臺(八七)人(二)字第八七〇一一七六九二號函釋略以，學校教職員成績考核誤核，其溢支之考核獎金及薪給，宜請比照銓敘部八十六年二月三日八六臺甄五字第一四一五八二八號函釋辦理。因此，八十七年四月二十七日以前，教師成績考核誤核案件，如非可歸責於當事人，其溢領之薪給及獎金同意免予追繳；八十七年四月二十七日以後，教師成績考核誤核案件，應依本部前開函釋辦理。惟如發生於八十七年七月一日後，原公立學校教職員成績考核辦法第十八條條文有關復審期限之規定雖經刪除，但依教師申訴評議委員會組織及評議準則第十一條規定：「申訴之提起應於知悉措施之次日起三十日內爲之；再申訴應於評議書達到之次日起三十日內以書面爲之。」如其經依教師法規定申訴後核定之薪級低於原核定薪級者，亦同意免予追繳。

部　長　曾　志　朗

正本：福建省政府、臺北市政府教育局、高雄市政府教育局、各縣市政府、本部中部辦公室
副本：行政院人事行政局、本部公報室、人事處

臺北市政府　函

受文者：臺北市政府各機關學校

發文日期：中華民國八十九年六月二十日
發文字號：府財四字第八九〇四一〇一六〇〇號

主旨：為本市民族國中函請釋示購置硬碟機、記憶體等電腦週邊設備應否依事務管理手册規定辦理財產增值或列物品帳疑義乙案，茲予統一規定，請查照辦理。

說明：

一、依本府財政局案陳本市立民族國民中學八十九年三月十四日北市族中總字第七八五號函辦理。

二、有關本府各機關學校編列預算，同一時間採購之個人電腦（或工作站）暨其相關週邊設備後，依本府八十七年四月十七日府財四字第八七〇二一二三八〇〇號函（刊登市府公報八十七年夏字第二十二期）規定，應統一以「個人電腦」（或工作站）列計財產帳，先予敘明。

三、另有關單獨購置（非同一時間採購）硬碟機、顯示器、記憶體等電腦週邊設備之列帳原則，訂定統一規範如下：

㈠新購硬碟機等電腦週邊設備，每件單價在一萬元以上（含一萬元）者，單獨列【財產帳】。

㈡新購硬碟機等電腦週邊設備，每件單價在一萬元以下者，統一列【物品帳】，並依下列規定辦理：

1.於安裝之個人電腦（或工作站）財產帳之「廠牌型式及規格」欄加註增置之週邊設備『名稱』及『數量』（或應註明『另有增置設備詳見物品帳』），並於安裝標的加貼【物品標籤】，以利識別管理。

2.嗣後安裝之週邊設備如移置他部電腦，除需依前開方式辦理加註及改貼標籤外，應併同刪除原安裝標的財產帳之加註文字。

3.個人電腦（或工作站）已逾最低耐用年限不堪使用需辦理報廢時，該增置之物品設備，應依事務管理規則及事務管理手册物品管理規定辦理，即：仍可使用者，不論其使用年限是否屆滿，無須辦理報廢，並自原安裝之個人電腦（或工作站）取出移置其他個人電腦（或工作站）或備用，已損壞不堪使用者，由申請人敘明緣由，依規定程序辦理物品報廢及廢品處理。

副本：審計部臺北市審計處，臺北市立民族國民中學、臺北市政府主計處、臺北市政府財政局祕書室、臺北市政府財政局第四科。

市　長　馬　英　九

丁、核後（示）用

行政院　函

機關地址：臺北市中正區忠孝東路一段一號
傳　　真：（〇二）二三四一—三四五四
100

受文者：教育部

速　　別：最速件
密等及解密條件：
發文日期：中華民國八十九年五月二十五日
發文字號：臺八十九內一五一〇三號
附件：

主旨：所報關於私立學校以取得地方政府讓售其所有土地進行籌設，須變更都市計畫時，得否依都市計畫法第二十七條第一項第四款規定，辦理都市計畫個案變更一案，本院七十六年十一月五日臺七六內字第二五四〇〇號函說明二、㈠1.同意修正爲「所有土地均已依法取得所有權或完成合法之買賣契約，或取得經教育部審核通過並依法完成承租公有、公營事業土地或設定地上權之證明文件，或取得公有土地管理機關同意讓售之證明文件。」請查照。

說明：復八十九年三月二十二日臺(八九)高㈢字第八九〇三一〇八〇號函。

正本：教育部
副本：內政部

院　長　唐　飛請假
副院長　游錫堃代行

㈣、申請函

甲、請求用

申請函

中華民國九十年三月十二日

受文者：臺北市榮民服務處
主旨：請安置榮家就養，以度晚年生活。
說明：
一、本人於民國五十九年二月一日，奉准退伍自謀生活，迄未輔導就業就養在卷。
二、檢陳退伍令及榮民證（影本），暨戶口謄本各乙份。

申請人：王　成　功　印
性　別：男
年　歲：七十歲
通訊處：臺北市永康街〇〇巷〇〇號

乙、建議用

申請函

中華民國九十年三月六日

受文者：臺北市政府大安區公所
主旨：請禁用擴大器廣播，以保持社區安寧。
說明：永康公園整建後，經常舉辦各項活動，並使用擴大設備，高分貝廣播，同時造成園區髒亂，嚴重影響四周居民生活安寧與品質。
建議：
一、禁用擴大器廣播，以保社區安寧。
二、借用單位或團體，應維護公園內清潔。

申請人：永康社區發展委員會理事長　〇〇〇
地　址：臺北市永康街三十一巷〇號〇樓

丙、建議設置民衆教育館

申請函

中華民國六十八年九月六日

受文者：花蓮縣政府

主　旨：請設置民衆教育館，啓發民智。

說　明：

一、本縣地處偏僻，文化向甚落後，民衆知識水準較之鄰近各縣，殊有遜色。

二、增設各級學校固爲提高文化之一道，惟經費過巨，師資亦不易得，其事輕而易舉者，似以增設民衆教育館較爲適宜。

三、爰經振興等集議，僉請　鈞府於每一鄉鎮公所所在地設立民衆教育館一所，以啓發民智，裨益人羣。

建　議：

一：關於設置民衆教育館之經費，除請由縣庫開支外，並當由振興向各鄉鎮富紳勸募若干，俾集腋成裘，以竟事功。

二：可否照辦，請即通知。

申請人：張　振　興　印

性　別：男

年　齡：四十歲
職　業：鳳林鎮鎮民代表
住　址：鳳林鎮中美路二十二之一號
電　話：鳳林二十六號

丁、請發給貧戶就醫證明

申請函　中華民國〇〇年〇月〇日

受文者：〇〇鄉公所

主　旨：請發給貧戶就醫證明，以便就醫。

說　明：

一、申請人家庭貧困，人口衆多，今年貴所辦理貧戶申請時，因不懂法令，未能及時申報。

二、今民妻突患重病，臥病在牀，因缺醫藥費，無法送醫院治療。請貴所發給貧民就醫證一紙，以便送公立醫院治療。

申請人：〇　〇　〇　印
性　別：男
年　齡：〇〇歲

職　業：○
住　址：○○村○○鄰○○號

戊、請發給考試及格證明書

申　請　函　中華民國○○○年○月○○日

受文者：考　選　部

主　旨：請發給考試及格證明，以便就任公職。

說　明：中請人於民國六十六年二月參加六十六年特種考試國防行政及技術人員考試（乙等考試新聞行政人員），經公告優等及格在案。

請　求：現因轉任公務人員，請發給考試及格證明文件乙分，以便就任公職送審使用。

申請人：許　茂　倫　印
性　別：男
年　齡：三十二歲
職　業：軍
住　址：北投郵政○號信箱

己、請通知查訪走私男孩

申　請　函　中華民國○○年○○月○日

受文者：臺北市政府警察局
主　旨：民子○○○走失，請通知查訪。
說　明：
一、民子○○○，現年○歲，於○月○日在臺北火車站附近走失，經尋訪未獲。
二、按民子是日身穿黃色帶紅花香港衫，白色藍條布褲，足著黑色皮鞋，頭蓄西式短髮，上排門牙蛀壞，左耳邊有一小疤，操臺語，並能說國語。
請　求：請通知所屬各警察分局一體注意查訪。

申請人：陳　美　雪　印
性　別：女
年　齡：二十五歲
職　業：家　管
住　址：臺北市師大路九十三號

（五）公告

㈠刊登報章

行政院衛生署公告

發文日期：中華民國八十九年十一月三日
發文字號：八九衛署中字第五〇〇〇二五七號
主旨：公告本署辦理「行政院衛生署委託興建經營雙和醫院」公開甄審有關事項。
詳見中央日報八十九年十一月七日第十三版原公告。

某機關聘員招考公告

一、類別：聘三等統計員乙員、雇二等預財員乙員。二、報名日期：自即日起至九十年一月十五日截止。三、考試日期：九十年二月八、九日。四、報名方式：欲報名者請洽本單位領取簡章及報名表，並於報名表填妥及檢附相關證明文件後送本單位審查。五、聯絡人：黃炳文電話：（〇二）二七七一三〇二四。通信處：臺北郵政九〇二五一附十號信箱

財政部臺灣省南區國稅局公告

發文日期：中華民國八十九年十二月二十二日
發文字號：南區國稅人字第八九〇九二〇九六號

主旨：公告換發本局九十年稽查證有關事宜。
依據：各稅捐稽徵機關稽查證發給管理及使用辦法。
公告事項：
一、本局九十年稽查證底色爲藍色，外緣及部徽燙金，字體除正面機關全銜及編號爲紅色外，餘均爲黑色；左下方貼照片並蓋鋼印，書寫持用人職稱、姓名，右方蓋本機關印信，於民國九十年一月一日起使用。
二、八十九年舊稽查證同時作廢。

局長　許虞哲

中國信託商業銀行公告

中華民國八十九年十二月十三日
中信銀代發字第八九〇三二八六八五號

茲將本公司八十九年十二月份董事，監察人，經理人及百分之十以上大股東持有股權質權設定公告如下：

股票持有人身份	姓名	質權設定股數	設定日期	質權人	設定累計股數	備註
董事	顏文隆	500,000	89.12.11	彰化商業銀行民生分行	17,000,000	

自由時報　標購感熱傳真紙公告

一、品　名：感熱傳真紙（規格216×100足米，一吋心）。
二、每月用量：每月約一、〇〇〇卷，須分送臺北、臺中、高雄三地。
三、投標資格：領有政府核發之營利事業登記證、公司執照廠商。
四、投標規定：參加投標廠商應於九十年二月廿六日至三月二日前，將前開證照送本社總務組審查同意後發給相關投標資料。
五、連絡電話：（〇二）二五〇四—二八二八轉七〇〇、七〇二分機洽詢。

㈡刊登政府公報用：公布事實、各項登記（許可、變更、註銷）

內政部公告

中華民國八十八年十二月二日
臺(八八)內警字第八八七〇六〇九號

主旨：公告臺灣臺北地方法院新店辦公大樓周邊範圍列入集會、遊行禁制區，自公告日起生效。

依據：集會遊行法第六條。

公告事項：

一、臺灣臺北地方法院新店辦公大樓周邊範圍列入集會、遊行禁制區公告表。

二、臺灣臺北地方法院新店辦公大樓周邊範圍列入集會、遊行禁制區公告圖。（從略）

部長　黃主文

臺灣地區集會遊行禁制區公告表

禁制名稱	地址	範圍	備考
臺灣臺北地方法院新店辦公大樓	臺北縣新店市中興路一段二四八號	東至五峰路一四五巷（包含）。西至中興路一段與行政街、大新街九巷（包含）。南至新坡一街（包含）。北至中興路一段二五四巷（包含）。	

中央選舉委員會公告

中華民國八十九年一月二十一日
八九中選一字第八九〇〇〇六七號

主旨：公告第十任總統、副總統選舉連署結果。

依據：

一、總統副總統選舉罷免法第二十三條第四項、同法施行細則第十七條第二項。

二、總統副總統選舉連署及查核辦法第九條、第十條。

公告事項：第十任總統副總統選舉連署結果。

總統選舉被連署人　章強 副總統選舉被連署人　梁熾誠	提出連署人數：〇	符合規定之連署人數：〇	連署結果：未完成連署
總統選舉被連署人　宋楚瑜 副總統選舉被連署人　張昭雄	提出連署人數：一、〇六八、八八八人	符合規定之連署人數：九四九、二二三人	連署結果：完成連署

總統選舉被連署人	副總統選舉被連署人	提出連署人數	符合規定之連署人數	連署結果
鄭邦鎮	黃玉炎	一人	一人	未完成連署
許信良	朱惠良	三八四、一〇〇人	二八四、八九九人	完成連署
賴正義	李祖杰	〇	〇	未完成連署
邵建興	彭勝遙	〇	〇	未完成連署

代理主任委員　黃石城

臺中縣政府　公告

發文日期：中華民國九十年一月二日
發文字號：九十府民戶字第四二九一號
附件：見公告事項

主旨：公告臺中縣各鄉（鎮、市）戶政事務所受理人民申請案件項目及期限。
公告事項：「臺中縣各鄉（鎮、市）戶政事務所受理人民申請案件項目及期限表」如附表。（從略）

縣長　廖永來
（本案依分層負責規定授權主管局長決行）

中央選舉委員會公告

中華民國八十九年一月二十一日
八九中選一字第八九〇〇〇七一號

主旨：公告全國不分區選出之第三屆國民大會代表遞補當選人名單。
依據：公職人員選舉罷免法第六十八條之一第二項，同法施行細則第七八條之一第四項。
公告事項：
一、全國不分區選出之第三屆國民大會代表遞補當選人名單

政黨名稱	姓名	性別	出生年月日
中國國民黨	李偉	男	二十八年五月二十二日

二、遞補當選之國民大會代表，其任期至第三屆國民大會代表任期屆滿之日止。

代理主任委員　黃　石　城

行政院衛生署公告

中華民國八十九年七月十四日
衛署健保字第八九〇四〇〇九三號

主旨：公告大陸地區人民以團聚事由申請進入臺灣地區，經內政部警政署入出境管理局許可發給之中華民國臺灣地區旅行證，為全民健康保險法施行細則第十六條所稱「經本保險主管機關認定得在臺灣地區長期居留之證明文件」。

依據：全民健康保險法施行細則第十六條暨大陸地區人民進入臺灣地區許可辦法第十八條。

署　長　李　明　亮

臺灣省政府公告

中華民國八十八年五月二十一日
八八府交三字一四六四二〇號

主旨：公告淡水港自即日起更名為「臺北港」。

依據：

一、商港法第四條第二項

二、淡水港公告指定為國內商港前經本府以七十一年四月二十三日七一府交三字第三〇五三七號函核定在案，現公告淡水港更名為臺北港經交通部八十八年四月六日交航八十八字第〇一九八二一號函轉行政院八十八年三月十六日臺八十六交〇九九二六號函備案。

主　席　趙　守　博

福建省金門縣政府公告

發文日期：中華民國八十九年十月二日
發文字號：(89)府工字第八九四一七二四號

主旨：公告嘉豐營造（股份）有限公司停止營業。
依據：營造業管理規則第二十條。
公告事項：

廠商名稱	登記證等級	登記證號	負責人	營業地址	備註
嘉豐營造有限公司	丙D	E00045之000	陳克盈	金門縣金湖鎮武德新莊42號1樓	89年8月25日專任工程人員離職，逾期未補聘

正本：福建省政府公報、本府公告欄
副本：內政部營建署、內政部中部辦公室、經濟部商業司、福建省政府、臺北市政府工務局、高雄市政府工務局、連江縣政府、臺灣區營造工程工業同業公會、臺灣區營造工程工業同業公會金門辦事處、甲種發行、本府建設局（工商課）、工務局。

縣長 陳水在

臺北市政府工務局　公告

發文日期：中華民國八十九年六月二十六日
發文字號：北市工建字第八九三一五六四一〇一號

主旨：公告華祖悅營造有限公司丙等營造業設立登記。

依據：營造業管理規則第七條（及該公司八十九年六月十六日申請函）。

公告事項：

廠商名稱	登記證等	登記證號	負責人	工地主任	營業地址	備註
華祖悅營造有限公司	丙B	B01113-000	華祖悅	邵仕強	臺北市大安區安和路一段112巷21號	資本總額：參佰萬元整

局長　李鴻基

建築管理處處長　劉哲雄　決行

臺北市政府建設局　公告

發文日期：中華民國八十九年六月二十日
發文字號：北市建一字第八九四〇一五二三號

主旨：核准債務人立雄彩色印刷股份有限公司、抵押權人臺灣歐力士股份有限公司等共同申請動產擔保交易登記。

依據：動產擔保交易法第八條暨其施行細則第十九條、第二十一條。

公告事項：

一、登記事項：「動產抵押」之登記。
二、擔保債權金額：新臺幣陸佰參拾參萬壹仟伍佰元整。
三、標的物所在地：臺北市通河東街一段一六七巷二十九號。
四、登記字號：北市建一動字第三一八八號。
五、如有錯誤或遺漏時申請登記人應於公告日起三十天內申請更正，逾期不受理。

局　長　黃　榮　峰

本案依分層負責規定授權業務主管決行

㈢張貼公告欄用

行政院勞工委員會　公告

發文日期：中華民國八十九年六月二十一日
發文字號：臺八十九勞檢四　字第〇〇二五三八六號

主旨：茲指定「營造工作場所有因環境、設備、措施等，引致勞工有墜落、感電、崩塌等立即發生危險之虞者」，為勞動檢查法第二十八條之「勞工有立即發生危險之虞」。

依據：「勞動檢查法施行細則」第三十二條第四款規定。

正本：本會公告欄

副本：本會勞工檢查處

主任委員　陳　菊

行政院環境保護署　公告

發文日期：中華民國八十九年七月七日

發文字號：(89)環署廢字第〇〇三七九〇一號

附件：「廢機動車輛粉碎分類廠申請為資源化工廠之補貼規範

主旨：公告「廢機動車輛粉碎分類廠申請為資源化工廠之補貼規範」（如附件）。

署　長　林　俊　義

廢機動車輛粉碎分類廠申請為資源化工廠補貼規範（略）

公告

本局於二月二十八日放假乙天

東門郵局

㈤電子公告

招標機關]南投縣政府
標的名稱]德興國小九二一震災校園整修工程

關地址]南投縣南投市南崗一路 300 號
號]89121102
標方式] 第一次公開招標未達查核金額：不少於 14 日（本法第 28 條）
標期]14 天
購金額級距] 公告金額以上未達查核金額
用條約] 否
標日期]89 年 12 月 27 日 09 時 00 分
標及投標期限] 即日起至 89 年 12 月 27 日 09 時 00 分
標地點] 南投縣政府開標室
行協商] 否 [投標文字] 中文
約期限]90 年 5 月 31 日
約地點] 南投縣
絡人（或單位）] 陳錦政
話]049-200545
其他內容》
商資格摘要]：土木包工業級以上營造廠商。
程地點]：南投市。
標金額度]：新台幣壹拾萬元整。
領招標文件及地點]：檢附。1．招標文件費及購圖費新台幣捌佰元受款人爲南投縣政府之郵政匯票。（得標與否均不退還） 2．書明招標工程名稱。3．回件信封寫明收件人姓名、地址。4．回郵郵票貳佰元一併以限時掛號自本公告次日起至十二月廿七日上午九時以前（請廠商自行估計時間）郵寄本府出納課。5．派員前來領取者除免附 3 項及回郵外，領標時間至開標日上午九時止 6．領取地點：本府服務中心、出納課。
標時間地點]：1．廠商之投標文件請自行估計寄達時間於十二月廿七日上午九時前寄達本府指定信箱，逾期無效（以郵戳爲準）。2．親自送達者，請於十二月廿七日上午九時前送達本府文書課，逾期無效。
決標方式]：合於招標文件規定，且在底價以內最低標爲得標廠商。
其它]：投標手續、廠商應備證件、押標金繳退及其他事項請閱南投縣政府暨所屬各機關學校一般採購案招標廠商投標須知及本府投標須知附件。

招標機關]國立中央圖書館台灣分館
標的名稱]連江縣圖書館自動化網路系統建置工作

機關地址] 台北市新生南路一段一號
案號]891101-001A
採購金額級距] 公告金額以上未達查核金額
執行現況] 已決標
招標方式] 公開招標
決標方式] 非複數決標：定有底價最低標得標
決標日期] 民國 89 年 12 月 12 日
原公告日期] 民國 89 年 12 月 01 日
預算金額] 新台幣 3984000 元
底價金額] 新台幣 3984000 元
決標廠商] 傳技資訊股份有限公司
廠商地址] 臺北市中山區建國北路二段一三五號十四樓
決標金額] 新台幣 3580000 元
本案聯絡人] 國立中央圖書館台灣分館總務組蔡小姐
電話]02-27724724-269

[招標機關]教育部
[標的名稱]印製春暉校園文宣品

[機關地址] 台北市中山南路五號
[案號]891228
[招標方式] 第一次公開招標未達查核金額：不少於 14 日（本法第 28 條）
[等標期]14 天
[採購金額級距] 公告金額以上未達查核金額
[適用條約] 否
[開標日期]89 年 12 月 28 日 14 時 30 分
[領標及投標期限] 即日起至 89 年 12 月 28 日 14 時 30 分
[開標地點] 本部一樓簡報室
[採行協商] 否 [投標文字] 中文
[履約期限] 定稿交印後二十五日
[履約地點] 台北市
[聯絡人（或單位）] 總務司王先生
[電話]23566069
[預算金額]2050000
[預計金額]2050000
《其他內容》
[廠商資格摘要]：印刷業
[未來增購權利]：有
[招標文件領取方式及地點]：至本部索取或附回郵信封索取〔重量約 180 公克〕
[招標文件售價及付款方式]：免費
[收受投標文件地點]：本部採購科
[押標金額度]：標價百分之五
[決標方式]：以標價最低，低於底價且合於招標文件者得標
[其它]：詳投標須知

[招標機關]教育部
[標的名稱]印製國民中小學九年一貫課程暫行綱要10種共30萬册

[機關地址] 台北市中山南路五號
[案號]891228-1
[招標方式] 第一次公開招標未達查核金額：不少於 14 日（本法第 28 條）
[等標期]14 天
[採購金額級距] 公告金額以上未達查核金額
[適用條約] 否
[開標日期]89 年 12 月 28 日 16 時 00 分
[領標及投標期限] 即日起至 89 年 12 月 28 日 16 時 00 分
[開標地點] 本部一樓簡報室
[採行協商] 否 [投標文字] 中文
[履約期限] 決標後十五日內
[履約地點] 台北市
[聯絡人（或單位）] 總務司王先生
[電話]23566069
[預算金額]17700000
[預計金額]17700000
《其他內容》
[廠商資格摘要]：印刷業
[未來增購權利]：有
[招標文件領取方式及地點]：親取或附回郵信封索取 [重量約 180 公克]
[招標文件售價及付款方式]：免費
[收受投標文件地點]：本部採購科
[押標金額度]：標價百分之五
[決標方式]：定有底價，以符合招標文件且標價最低者得標
[其它]：詳投標須知

(四)公告(公示)送達用(刊登報章、政府公報、張貼公告欄)

經濟部公告

中華民國八十九年十一月七日
經(89)商字第八九二二二九九七號

主旨:美商緯經石油資源股份有限公司前經本部八十九年十月二十五日經(89)商字第八九二二二一二四號函撤銷該公司認許,惟因無從送達,爰以公告代替送達。

依據:公司法第二十八條之一。

公告事項:本部八十九年十月二十五日經(89)商字第八九二二二一二四號函。

部　長　林　信　義

臺北市政府教育局　公示送達

發文日期:中華民國八十九年六月十二日
發文字號:北市教六字第八九二三七九一四〇〇號

應受送達人:財團法人中華演藝之家基金會附設影劇歌唱短期補習班。

主旨:公示送達本局八十九年四月廿一日北市教六字第八九二二五〇三八〇〇號函至貴班,請　查照。

說明:

一、貴班未招生逾三個月且核准立案班址已停止辦理補習班業務,違反「補習及進修教育法」,前經本局函請於收支後一週內來函說明,否則逕依規定撤銷立案處分。

二、上開函經本局依貴班立案班址（台北市大安區仁愛路三段五十三號）郵寄，因遷移新址不明，無法送達。依公文程式條例第十三條規定準用民事訴訟法第一百四十九條第三項及第一百五十一條之規定公示送達。

三、上開函正本存本局第六科，貴班設立人得隨時前往領取。

局　長　李　錫　津

㈥通告

通告

敬啓者，本會於民國九十年元月份起，卡拉OK歌唱活動，定訂每月（第三星期一）公休乙天，特此週知

忠義早晨會敬啓

通報

一、本館八十九年歲末餐會活動事宜

時間：民國九十年一月十五日（週五）中午十二時

地點：本館四樓中正廳

活動內容：聚餐、摸彩、卡拉OK

二、敬請準時參加

人事室啓民國九十年一月十一日

（六）其他公文

行政院勞工委員會　書函

105
機關地址：臺北市民生東路三段一三二號六樓
傳　　真：（〇二）二五一一—四九二四〇

㈠書函（便箋）

受文者：臺北市政府
速別：最速件
密等及解密條件：
發文日期：中華民國八十九年六月十五日
發文字號：臺八十九勞動二字第〇〇二一七九九號
附件：如說明
主旨：所詢有關公立學校技工、工友因公受傷經依事務管理規則核給公傷假，於適用勞動基準法，屆滿該規則所定之二年期限時仍未痊癒，得否依勞工請假規則第六條規定續給公傷假或應依事務管理規則規定辦理退職一案，復如說明，請查照。
說明：
一、依據行政院人事行政局八十九年五月二十九日八十九局企字第〇一一七一一號書函轉貴府八十九年五月二十三日府人三字第八九〇四四〇〇〇〇〇號函辦理。
二、有關公務機構技工、工友等之公傷假期間跨越不同適用法規者，其公傷假期限疑義，前經本會八十七年八月三日臺八十七勞動三字第〇三三四九四號函釋在案，仍應依勞工實際需要核給，該公傷假並無期限。

三、又，勞工如確仍於勞動基準法第五十九條所稱「醫療期間」，依該法第十三條規定，雇主除因天災、事變或其他不可抗力致事業不能繼續，經報主管機關核定者外，尚不得片面終止勞動契約。檢附相關法令解釋一則，請參考。

行政院勞工委員會

機關地址：臺北市濟南路一段二之二號十樓
傳真：（〇二）二三九七—五五六五
承辦人：
電話：
E-Mail：
100

行政院人事行政局　書函

受文者：臺北市政府

速別：
密等及解密條件：
發文日期：中華民國八十九年八月十日
發文字號：八十九局考字第〇二四四一三號
附件：

主旨：有關女性約聘僱人員施行人工流產手術其診斷證明書未註明依「優生保健法」施行者，得否核予流產假一案，復如說明，復請　查照。

說明：

一、復民國八十九年七月二十一日府人三字第八九〇六五一〇九〇〇號函。

二、案經轉准銓敘部民國八十九年八月四日八九法二字第一九三一六一六號函釋：「查本部七十五年八月十八日⑺臺華典三字第四二六四三號函釋略以：按『公務人員請假規則』第三條各款請假之規定，均以具有請假事實為前提，本案女性公務人員依『優生保健法』規定施行人工流產手術者，如經規定程序呈繳合法醫療機構或醫師證明書，准予依公務人員請假規則第三條第四款之規定給予流產假。本案所詢有關女性公務人員施行人工流產手術其診斷證明書並未註明依優生保健法施行者，得否核給流產假一節，宜請當事人之服務機關本於權責及依上開規定衡酌事實後予以核處。」復查行政院暨所屬各機關的聘僱人員給假規定第五點規定「公假、例假、曠職、年資採計、請假方式等比照公務人員請假規則之規定辦理。……」，本案請依上開銓敘部函釋規定辦理。

行政院人事行政局

中華民國八十八年十二月八日
公保字第八八一一〇三一號

公務人員保障暨培訓委員會書函

受文者：司法院祕書長

一、貴會民國八十八年十一月十日⒇農人字第八八一五六〇七八號函，為請釋於法務部調查局約談階段，是否適用「公務人員因公涉訟輔助辦法」疑義一案。

二、按公務人員因公涉訟輔助辦法第三條規定：「公務人員保障法第十三條所稱依法執行職務涉訟或遭受侵害，指具有下列情事之一者：一、依法令執行職務，而涉及民事、刑事訴訟案件。二、依法令執行職務遭受侵害，而涉及民事、刑事訴訟案件。」第四條規定：「前條所稱涉及民事、刑事訴訟案件，係指在民事訴訟為原告、被告或參加人；在刑事訴訟為告訴人、自訴人、被告或犯罪嫌疑人。」是以，案件無論在偵查程序或審判程序，均為該辦法之適用效力所及。復按刑事訴訟法第二十七條第一項規定：「被告得隨時選任辯護人。犯罪嫌疑人受司法警察官或司法警察調查者，亦同。」又依法務部調查局組織條例第二十三條規定，該局之薦、委任職以上人員，於執行犯罪調查職務時，視同刑事訴訟法第二百二十九條至二百三十一條之司法警察官或司法警察。準此，就偵查程序而言，自應包括法務部調查局約談階段，始符合本辦法訂定之宗旨，故於法務部調查局約談階段之「犯罪嫌疑人」，亦有該辦法之適用。

三、復請　查照。

公務人員保障暨培訓委員會

教育部書函

中華民國八十九年十月十八日
臺(89)祕(一)字第八九一三〇四四九號

受文者：本部各單位、部屬機關

主旨：檢送修正「行政院所屬各機關申請研考經費補助作業規定」，請　查照。

說明：

一、依據行政院研考會本（八十九）年十月十一日(89)會研字第一九一〇六號函辦理。

二、各單位申請九十年度研考經費補助案，請於本（八十九）年十一月三十日前，依其作業規定辦理，並送本部祕書室一科彙整。

教育部

行政院新聞局 函

機關地址：台北市天津街二號
傳　真：(02)23515452

受文者：各出版社

速別：普通件
密等及解密條件：普通
發文日期：中華民國九十年五月二十三日
發文字號：(九〇)正版四字第〇六八八五號
附件：如文

主旨：檢送本局「第十九次中小學生優良課外讀物推介及第六屆小太陽獎評選辦理方式」及參選表格三種，歡迎踴躍參選。

說明：「第十九次中小學生優良課外讀物推介及第六屆小太陽獎」評選活動自九十年六月一日起至六月三十日止接受報名。凡在八十九年六月一日至九十年五月三十一日期間出版，適合學齡前兒童或中、小學生閱讀之書刊均可報名參選。

正本：各出版社
副本：

行政院新聞局

校對：賴麗瑛6
監印：崔耀玲0

國家圖書館　書函

機關地址：臺北市中山南路二十號
傳　真：（〇二）二三七一二〇八八
電　話：（〇二）二三六一九一三二轉一三一簡先生

受文者：文史哲出版社

速別：最速件

密等及解密條件：

發文日期：中華民國九十年二月十三日

發文字號：台（九〇）圖採字第九〇〇〇〇四六一號

附件：如文

主旨：為保存國家文獻，敬請　貴出版社（機構、單位）依據「圖書館法」第十五條之規定，於發行出版品時，惠送本館壹份。

說明：

一、「圖書館法」已於本（九十）年元月四日經立法院三讀通過，並經總統元月十七日華總一義字第九〇〇〇〇〇九三二〇號令公布施行。

二、該法第十五條除明定國家圖書館為全國出版品之法定送存機關外，並規定各政府機關（構）、學校、個人、法人、團體或出版機構於發行出版品時，應送存國家圖書館一份。

三、本館職司國家文獻之典藏保存，為完整蒐集國內各項圖書資訊（依據「圖書館法」第二條第二項之定義，包括圖書、期刊、報紙、視聽資料、電子媒體等出版品及網路資源等），敬請　貴出版社（機構、單位）於發行各項出版品時，即寄送本館壹份，以供本館典藏，並提供民眾完善之圖書資訊服務。

四、前項出版品，請寄交（100）臺北市中山南路二十號本館採訪組。

五、檢送本館編印「共建保存文化遺產的圖書資料送存制度」小冊子乙份，請　參考。

正本：文史哲出版社

副本：本館國際標準書號中心、採訪組

國家圖書館

財團法人國家文化藝術基金會　函

地址：台北市仁愛路三段一三六號二樓二〇二室
電話：（〇二）二七五四一一二二
傳真：（〇二）二七〇七二七〇九

受文者：文史哲出版有限公司
發文日期：中華民國九十年五月二十五日
發文字號：（90）文藝獎字二〇五六七號
附件：九十年度文學類補助申請基準、文學出版補助議題彙整
主旨：檢送本基金會補助申請辦法暨文學出版補助議題彙整，敬請　參酌。
說明：一、本基金會受理補助申請一年有三期，分別於一、五、九月收件受理。本年度第二、三期收件起止日分別為五月一日至三十一日及九月一日至十月二日，特此提供相關訊息以供參考。
二、檢附本基金會文學類「出版」及「文學選集、全集之整理出版」項目之補助作業說明，敬請參考，若需「九十年度補助申請基準」暨申請書者，索取方式如下：
※上班時間至本基金會櫃台免費索取（臺北市仁愛路三段 136 號 2 樓 202 室，郵遞區號 106）
※來信索取（請附掛號回郵四十元）
※上網下載（網址 http://www.ncafroc.org.tw）
三、檢附文學出版補助議題彙整及意見回函各乙份，敬請　卓參並提供卓見，以為本基金會修訂補助辦法之參考。
四、敬請　貴單位對本基金會補助辦法不吝賜教，業務聯絡人：（〇二）二七五四一一

正本：文史哲出版有限公司
副本：

本案依分層負責規定
授權業務主管決行

行政院新聞局　開會通知單

開會通知

受文者：中華民國圖書出版事業協會陳秘書長恩泉

聯絡人及電話：楊慕青小姐(02)33567788

發文日期：中華民國九十年五月二十一日
發文字號：(九〇)正版一字第〇六八四〇號
附件：

開會事由：九十年金鼎獎頒獎典禮企劃案比稿會議

開會時間：中華民國九十年六月一日(星期五)下午一時三十分

開會地點：本局第二會議室(台北市天津街二號B區二樓)

主持人：趙處長義弘

出席者：中華民國雜誌事業協會黃秘書淑芬、台北市雜誌商業同業公會王監事志宏、中華民國圖書出版事業協會陳秘書長恩泉、台北市出版商業同業公會邱理事各容、本局總務室、出版處朱科長漢洲

列席者：

副本：

備註：一時三十分審閱企劃案，二時三十分開始聽取企劃簡報。

行政院新聞局

臺北市廣東同鄉會　箋

100
機關地址：臺北市寧波東街一段三樓
聯絡人：劉慕周
電　話：（〇二）二三三二一—七五四一
傳　眞：（〇二）二三五一—三二六六

受文者：社務委員
速別：
發文日期：中華民國九十年一月三十日
發文字號：(九〇)信祕字第〇九七號
附　件：
主旨：本會廣東文獻社社務委員會第二次會議意見彙辦表。
說明：
一、本（二）次會議於民國八十九年十二月二十七日（星期三）上午十時，假本會三樓會議室召開完畢，諸社務委員建言紀錄在卷。
二、有關建議及處理情形爲彙辦表。
正　本：本會廣東文獻社社務委員、總編輯鄭弼儀先生。
副　本：本會常務理、監事。

臺北市廣東同鄉會（戳）

(二)表格化公文

臺北市政府祕書處簡便行文表

受文者	國家圖書館臺北分館	來文日期字號	民國九十年一月九日
副本收受者		發文日期字號	民國九十年一月十一日北市祕四字第九〇〇〇〇〇號
		附件	如文
主旨	檢送八十九年度《臺北市政府公報》（索引）合訂本乙冊，請查收。		
說明			
發文單位	臺北市政府祕書處		

(三)簽

甲、請假

簽 於會計室 中華民國〇〇〇年〇月〇日

主旨：職欲赴高雄省親，因路途遙遠，往返費時，自本（〇）月〇日起至同月〇〇日止，擬請事假五日。於請假期間，本人職務已商李中平先生代理，恭請 核示。

謹陳

主任

局長

職陳思道（或蓋職章）

乙、請示(1)

簽 於教務處 〇年〇月〇日

主旨：本校教師白梅莊製作教具，裨益教學，請予獎勵。

說明：

一、本校教師白梅莊平日教學認眞，誨人不倦，近更利用授課餘暇，自製國文科教具，裨益教學至鉅。

二、檢附該教師所製國文科教具三件暨說明書一分。

右陳

校長

〇〇〇（蓋職章）

丙、請　示(2)

簽　〇年〇月〇日　於訓導處

主　旨：本校學生〇〇〇損毀公物、侮慢師長，擬勒令退學，請　核示。

說　明：本校〇年級〇班學生〇〇〇性行頑劣，昨竟無故毆打同學，經〇年〇班教師〇〇〇先生見而勸阻，反以惡語相加，恣意頂撞，殊屬非是。

擬　辦：擬依本校學則第〇條規定，予以勒令退學，以示懲戒。

敬　陳

校　長

〇〇〇（蓋職章）

丁、內部作業用

簽　於總務組　九十年元月二日　敬會閱覽組　會計室　人事室

主旨：本館工友張碧枝於九十年元月十六日起，因屆齡退休，申請　核發福利互助金乙案，請　鑒核。

說明：

一、依「中央公教人員福利辦法」第十八條第一項第三條規定，辦理退休福利互助補助，前開退休人員自民國七十年七月一日起參加福利互助至今（如附件一，互助卡），應可領二十個福利互助俸額。

二、檢陳福利互助人員異動月報表、工友退休申請書影本、福利互助資料卡影本各乙份，送中央公教人員住宅輔建及福利互助委員會辦理。

三、函稿併陳。

擬辦：如奉 核可後，即依相關規定辦理。

㈣報告

甲、請公假

報 告 民國六十八年六月一日 於第三科

主旨：職奉召於六月十一日入營服役，請准公假一個月，並遴員代理職務，俾如期前往報到。

說明：

一、請假日期自六月十一日起至七月十日止。

二、檢附召集令複印本一分。

敬 陳

科長

局長

江 平（蓋職章）

乙、請事假

報 告 ○年○月○日 於第一科

主旨：職母病危，連電促歸，請准事假一週，俾返籍省視，藉盡人子之責。

說明：

一、請假日期自本（〇）月〇日起至同月〇日止。

二、檢附電報一紙。

敬陳

科長

處長

部長

〇〇〇（蓋職章）

丙、請報警

報告　〇年〇月〇日於總務處

主旨：本校教職員宿舍昨夜失竊，職衣物被竊一空，請函〇〇警察局迅予偵辦。

說明：

一、職昨往高雄探親，今晨返校，始悉被竊。

二、檢附失物詳單一份。

右陳

校長

〇〇〇（蓋職章）

丁、請辭職

報　告　〇年〇月〇日
於〇〇〇〇司

主　旨：職考取國立〇〇大學〇〇研究所，即須報到入學，敬請　賜准辭職。

說　明：

一、職自經高等考試及格，奉分發本部服務以來，瞬逾五載，猥承匡導，幸免隕越。茲以日常處理業務，每感學識淺陋，力不從心，亟思重返學府，以資進修。

二、檢附〇〇大學〇〇研究所錄取通知書一份。

敬陳

司　長

部　長

〇〇〇（蓋職章）

【說　明】

㈠第甲乙丁三例亦可用『簽』。

㈡第丙例行文者如係不兼行政職務之教師，其署名可寫爲『職〇〇〇敬上』，加蓋私章。『職』字寫於姓字之右側，字形宜稍小。

戊、請借支

報　告　〇年〇月〇日
於機要科

主　旨：舍間不幸昨夜失火，財物被焚殆盡，請准預借薪津六個月，以濟眉急。

說　明：舍間昨夜十一時慘遭回祿之災，全部財物幾皆付之一炬，所幸家屬均尙平安。職上有年邁尊親，下有黃口稚兒，今驟遭此劇變，亟需經濟支援，以度難關。

敬　陳

科長

局長

〇〇〇（蓋職章）

己、請休學

報告　〇年〇月〇日於舍間

主　旨：生患肺疾重病，請准休學一年。

說　明：

一、生近日身體發高燒，面現紅暈，體重驟減，不思飲食，夜晚咳嗽不止，難以入眠。經〇〇市肺病防治院以X光透視，診斷爲第二期肺疾，亟須住院長期療養。

二、附〇〇市肺病防治院診斷書暨生家長函各一紙。

敬　陳

系主任

院長

教務長

校長

中二
學生○○○ 蓋章 敬上
學號○○○○○○

庚、請補假

報告 ○年○月○日 於舍間

主旨：生返里省親，爲○○颱風所阻，致延期返校，請 賜准補假兩日。

說明：

一、生於本（十）月五日（星期六）返○○縣○○鎮故里省親，詎於翌（六）日遭○○強烈颱風侵襲，河水陡漲，縱貫線交通斷絕，迄八日交通恢復，始克返校。請准七八兩日補假。

二、檢附生家長證明書一紙。

謹陳

訓導長

法三
學生○○○ 蓋章 敬上
學號○○○○○○

辛、請發給英文成績單等

報告 民國六十八年六月十日於女生第一宿舍

主　旨：敬請抄發 生英文在校成績證明書，並懇賜予推薦，以資進修，請　鑒核。

說　明：

一、生係本（六七）學年度應屆畢業生，擬申請美國加州大學獎學金，繼續深造。

二、依該校規定，須繳英文在校成績單一份暨任課教授二人之推薦書。並限本月底以前寄出。

三、生曾於三年級時選修　鈞長所授之西洋哲學史，潛心研習，得益甚大。

謹　陳

教務長

外四學生○○○ 蓋章 敬上

學號○○○○○○

（七）電　文

㈠電報

臺南縣同鄉會電

中華民國九十年三月二十五日

連　戰先生勛鑒：

欣聞

鄉長當選中國國民黨（第一屆黨員直選）黨主席，抉擇明智，深慶得人，特電申賀。

臺南縣同鄉會理事長　○　○　○

機關地址：臺北市（一〇〇）忠孝東路一段一號
傳　　眞：（〇二）二三四一—三四五四

㈡代電

行政院代電

受文者：各縣市政府

速別：最速件
密等及解密條件：
發文日期：中華民國九十年五月一日
發電字號：臺九〇內字第〇〇〇〇〇號

主旨：颱風豪雨季節，希注意防範，以減少損害，特電遵辦，並轉行所屬知照。

說明：

一、臺閩地區於五月至十月間，爲颱風最多季節，希各機關特別注意防範，以減少災害。

二、各縣市成立防颱中心，加強防颱準備。

三、各機關儘速報告災情，暨善後處理。

副　本：行政院中部辦公室，臺灣省政府、福建省政府、臺北市政府、高雄市政府。

院　長　張　○　○

臺北市政府代電

中華民國○○年○月○日
○○○○字第○○○○號

受文者：國民住宅處

主　旨：關於公務人員兼課之規定，是否適用於約僱人員案，經准行政院人事行政局釋復，以約僱人員係擔任臨時性工作，應不適用公務人員兼課兼職之規定，希查照。

市　長　○　○　○

臺北市景美女子高級中學代電

機關地址：臺北市文山區木新路三段三一二號
電　話：（○二）二九三六一八八四七

受文者：立法院

速別：

密等及解密條件：

發文日期：中華民國八十七年十二月○日

發電字號：○○○○字第○○○○○○號

主　旨：本校應屆畢業生擬參觀　大院院會議事情形，請　查照惠允見復。

說　明：本校應屆畢業生○○○等七十六人，爲體驗民主眞諦，印證課本理論，擬由敎師○○○先生率領參觀　大院本（○）月○日○午○時舉行之院會。

校　長　○　○　○

附一　文書處理手冊

錄自行政院秘書處編著，八十七年五月出版
《文書處理檔案管理手冊》

文書處理手冊目錄

文書處理

中華民國七十四年三月十八日
行政院臺七十四密字第四七一六號函發布
中華民國七十八年九月二十七日
行政院臺七十八年秘字第二五一四六號函修正三十四之（六）
中華民國七十八年十二月一日
行政院臺七十八秘字第三〇一七七號函修正二十三之（二）之1
中華民國七十九年十一月二日
行政院臺七十九交字第三一七三五號函修正附件十三、十四
中華民國八十二年八月六日
行政院臺八十二秘字第二八三一號函修正八十四暨附件二、三、四、七
八、十、十一、十二、十五、十六、十七、十八、二十、二十一、二十二
中華民國八十七年三月二十六日
行政院臺八十七秘字第一二五九八號函（第六次）修正

壹、總述

一、本手冊所稱文書，係指處理公務或與公務有關之全部文書。凡機關與機關或機關與人民往來之公文書，機關內部通行之文書，以及公文以外之文書而與公務有關者，均包括在內。

二、特種文書，如司法機關之裁判書，行政機關之訴願、再訴願決定書，外交機關之對外文書，僑務機關與海外僑胞、僑團間往來之文書、軍事機關部隊之軍用文書等，均得依據需要自行規定。

三、本手冊所稱文書處理，係指文書自收文或交辦起至發文、歸檔止之全部流程。關於文書之簡化、保密、稽催以及文書用紙、用具等項，對文書處理之效率，均有直接關係，另於本手冊分別說明。

四、文書除稿本外，必要時得視其性質及適用範圍，區分爲正本、副本、抄本或影印本或譯本。正本及副本均用規定公文紙打繕，蓋用印信或章戳，然以電子文件行之者，得不蓋用印信或章戳。抄本及譯無須加蓋機關印信或章戳，其文面應分別標示「抄本」或「譯本」。

五、爲加速文書處理，各機關依行政機關分層負責實施要項之規定及上級機關之指示，將本機關各單位職掌範圍內之文書，分別情形，訂定分層負責明細表（格式如附件一，見頁一六二），經核定後，由各層主管依授權核判。分層負責明細表未規定之事項，機關首長亦得授權單位主管處理。

六、各機關實施分層負責，視其組織大小及業務繁簡，以劃分三層爲原則，不得少於二層或超過四層。分層負責明細表之規定，並應根據實際情況檢討修正。

七、各層決定之案件，其對外行文所用名義，應分別規定。凡性質以用本機關爲宜者，雖可授權第二層或第三層決定，仍以機關名義行文。普通案件如根據法令對來文照例准駁，或根據前案照例催辦、催覆等可由第二層或第三層逕行決定，並得以該單位名義行文。

八、依分層負責之規定處理文書，如遇臨時特別案件，必須爲緊急之處理時，次一層主管得依其職掌，先行處理，然後補陳核判。

九、第二、三層直接處理之案件，必要時得敘明「來（受）文機關」、「案由」及「處理情形」、「發文日期字號」等，定期列表陳報首長核閱。下級機關被授權處理之案件，亦得比照此項方式辦理。

貳、公文製作

十、**公文類別說明如左：**

（一）公文分爲「令」、「呈」、「咨」、「函」、「公告」、「其他公文」六種。

1、令：發布行政規章，發表人事任免、遷調、獎懲時使用。

2、呈：對總統有所呈請或報告時使用。

3、咨：總統與立法院、監察院公文往復時使用。

4、函：各機關處理公務有左列情形之一時使用：
（1）上級機關對所屬下級機關有所指示、交辦、批復時。
（2）下級機關對上級機關有所請求或報告時。
（3）同級機關或不相隸屬機關間行文時。
（4）民衆與機關間的申請與答復時。
5、公告：各機關就主管業務，向公衆或特定之對象宣布週知時使用。其方式得張貼於機關之佈告欄，或利用報刊等大衆傳播工具廣爲宣布。
6、其他公文：
（1）書函：
甲、於公務未決階段需要磋商、徵詢意見或通報時使用。
乙、代替過去之便函、備忘錄、簡便行文表，其適用範圍較函爲廣泛，舉凡答復簡單案情，寄送普通文件、書刊，或爲一般聯繫、查詢等事項行文時均可使用，其性質不如函之正式性。
（2）開會通知單：召集會議時使用。
（3）公務電話紀錄：凡公務上聯繫、洽詢、通知等可以電話簡單正確說明之事項，經通話後，發話人如認有必要，可將通話紀錄複寫兩份，以一份送達受話人，雙方附卷，以供查考。
（4）其他定型化處理之公文。
（二）公文種類除上述者外，尚有手令或手諭、簽或報告、箋函或便箋、聘書、證明書、聘、僱契約書、提案、紀錄、節略等，依身分、公務性質及處理方式等使用之。

十一、公文結構及作法說明如左：

(一)發布令及人事命令：

1、發布令：

(1)發布行政規章之令文可不分段，敘述時動詞一律在前，例如：

甲、訂定「○○○施行細則」。

乙、修正「○○○辦法」第○條條文。

丙、廢止「○○○辦法」。

(2)多種規章同時發布，可併入同一令內處理。

(3)發布之方式以公文分行或登載於各級政府公報，由各機關自行規定。

2、人事命令：

(1)人事命令分：任免、遷調、獎懲。

(2)人事命令格式由人事主管機關訂定。

(二)函：

1、行政機關之一般公文以「函」爲主，製作要領如左：

(1)文字敘述應儘量使用明白曉暢，詞意清晰之文字，以達到公文程式條例第八條所規定「簡、淺、明、確」之要求。

(2)文句應正確使用標點符號。

(3)文內避免層層套敘來文，祇摘述要點。

(4)應絕對避免使用艱深費解、無意義或模稜兩可之詞句。

(5)應採用語氣肯定、用詞堅定、互相尊重之語詞。

(6)函的結構，採用「主旨」、「說明」、「辦法」三段式，案情簡單可用「主旨」一段完成者，勿硬性分割爲二段、三段；「說明」、「辦法」兩段段名，均可因事、因案加以活用。

2、分段要領：

(1)「主旨」：爲全文精要，以說明行文目的與期望，應力求具體扼要。

(2)「說明」：當案情必須就事實、來源或理由，作較詳細之敘述，無法於「主旨」內容納時，用本段說明。本段段名，可因公文內容改用「經過」、「原因」等其他名稱。

(3)「辦法」：向受文者提出之具體要求無法在「主旨」內簡述時，用本段列舉。本段段名，可因公文內容改用「建議」、「請求」、「擬辦」、「核示事項」等其他名稱。

(4)各段規格：

甲、每段均標明段名，段名之上不冠數字，段名之下加冒號「：」。

乙、「主旨」一段不分項，文字緊接段名書寫。

丙、「說明」、「辦法」如無項次，文字緊接段名書寫；如分項條列，應另行低格書寫爲一、二、三、……，(一)(二)(三)……，1、2、3、……，(1)(2)(3)……。

丁、「說明」、「辦法」中，其分項條列內容過於繁雜、或含有表格型態時，應編列爲附件。

(三)公告：

1、公告一律使用通俗、簡淺易懂之文字製作，絕對避免使用艱深費解之詞彙。

2、公告文字必須加註標點符號。

3、公告內容應簡明扼要，非必要者如各機關來文日期、文號及會商研議過程等，不必在公告內層層套用敘述。

4、公告之結構分為「主旨」、「依據」、「公告事項」（或說明）三段，段名之上不冠數字，分段數應加以活用，可用「主旨」一段完成者，不必勉強湊成兩段、三段。

5、公告分段要領：

（1）「主旨」應扼要敘述，公告之目的和要求，其文字緊接段名冒號之下書寫。

（2）「依據」應將公告事件之原由敘明，引據有關法規及條文名稱或機關來函，非必要不敘來文日期、字號。有兩項以上「依據」者，每項應冠數字，並分項條列，另行低格書寫。

（3）「公告事項」（或說明）應將公告內容，分項條列，冠以數字，另行低格書寫。使層次分明，清晰醒目。公告內容僅就「主旨」補充說明事實經過或理由者，改用「說明」為段名。公告如另有附件、附表、簡章、簡則等文件時，僅註明參閱「某某文件」，公告事項內不必重複敘述。

6、公告登載時，得用較大字體簡明標示公告之目的，不署機關首長職稱、姓名。

7、一般工程招標或標購物品等公告，得用表格處理，免用三段式。

8、公告張貼於機關佈告欄時，必須蓋用機關印信，於公告兩字下闢出空白位置蓋印，以免字跡模糊不清。

（四）其他公文：

1、書函文字用語比照「函」之規定。

2、定型化公文格式由各機關自行訂定。

十二、公文用語規定如左：

（一）期望及目的用語，得視需要酌用「請」、「希」、「查照」、「鑒核」或「核示」、「備查」、「照辦」、「辦理見復」、「轉行照辦」等。

（二）准駁性、建議性、採擇性、判斷性之公文用語，必須明確肯定。

（三）直接稱謂用語：

1、有隸屬關係之機關：上級對下級稱「貴」；下級對上級稱「鈞」；自稱「本」。

2、對無隸屬關係之機關：上級稱「大」；平行稱「貴」；自稱「本」。

3、對機關首長間：上級對下級稱「貴」，自稱「本」；下級對上級稱「鈞長」，自稱「本」。

4、機關（或首長）對屬員稱「台端」。

5、機關對人民稱「先生」、「女士」或通稱「君」、「台端」；對團體稱「貴」，自稱「本」。

6、行文數機關或單位時，如於文內同時提及，可通稱為「貴機關」或「貴單位」。

（四）間接稱謂用語：

1、對機關、團體稱「全銜」或「簡銜」，如一再提及，必要時得稱「該」；對職員稱「職稱」。

2、對個人一律稱「先生」「女士」或「君」。

十三、簽、稿之撰擬說明如左：

（一）簽稿之一般原則：

1、性質：

（1）簽為幕僚處理公務表達意見，以供上級瞭解案情、並作抉擇之依據，分為左列兩種：

甲、機關內部單位簽辦案件：依分層授權規定核決，簽末不必敘明陳某某長官字樣。

乙、具有幕僚性質的機關首長對直屬上級機關首長之「簽」，文末得用「右陳○○長」字樣。

（2）「稿」為公文之草本，依各機關規定程序核判後發出。

2、擬辦方式：

（1）先簽後稿：
甲、制定、訂定、修正、廢止法令案件。
乙、有關政策性或重大興革案件。
丙、牽涉較廣，會商未獲結論案件。
丁、擬提決策會議討論案件。
戊、重要人事案件。
己、其他性質重要必須先行簽請核定案件。
（2）簽稿併陳：
甲、文稿內容須另爲說明或對以往處理情形須酌加析述之案件。
乙、依法准駁，但案情特殊須加說明之案件。
丙、須限時辦發不及先行請示之案件。
（3）以稿代簽爲一般案情簡單，或例行承轉之案件。
3、作業要求：
（1）正確：文字敘述和重要事項記述，應避免錯誤和遺漏，內容主題應避免偏差、歪曲。切忌主觀、偏見。
（2）清晰：文義清楚、肯定。
（3）簡明：用語簡練，詞句曉暢，分段確實，主題鮮明。
（4）迅速：自蒐集資料，整理分析，至提出結論，應在一定時間內完成。
（5）整潔：簽稿均應保持整潔，字體力求端正。

(6)一致：機關內部各單位撰擬簽稿，文字用語、結構格式應力求一致，同一案情的處理方法不可前後矛盾。

(7)完整：對於每一案件，應作深入廣泛之研究，從各種角度、立場考慮問題，與相關單位協調聯繫。所提意見或辦法，應力求週詳具體、適切可行；並備齊各種必需之文件，構成完整之幕僚作業，以供上級採擇。

(二)簽之撰擬：

1、款式：

(1)先簽後稿：簽應按「主旨」、「說明」、「擬辦」三段式辦理。

(2)簽稿併陳：視情形使用「簽」，如案情簡單，可使用便條紙，不分段，以條列式簽擬。

(3)一般存參或案情簡單之文件，得於原件文中空白處簽擬。

2、撰擬要領：

(1)「主旨」：扼要敘述，概括「簽」之整個目的與擬辦，不分項，一段完成。

(2)「說明」：對案情之來源、經過與有關法規或前案，以及處理方法之分析等，作簡要之敘述，並視需要分項條列。

(3)「擬辦」：為「簽」之重點所在，應針對案情，提出具體處理意見，或解決問題之方案。意見較多時分項條列。

(4)「簽」之各段應截然劃分，「說明」一段不提擬辦意見，「擬辦」一段不重複「說明」。

3、本手冊所訂「簽」之作法舉例，具有幕僚性質之下級機關首長對直屬上級機關首長行文時應一致採用，至各機關內部單位簽辦案件得參照自行規定。

(三) 稿之撰擬：

1、草擬公文按文別應採之結構撰擬。

2、撰擬參考要領：

(1) 按行文事項之性質選用公文名稱，如「令」、「函」、「書函」、「公告」等。

(2) 一案須辦數文時，請參考左列原則辦理：

甲、設有幕僚長之機關，分由機關首長及幕僚長署名之發文，分稿擬辦。

乙、一文之受文者有數機關時，內容大同小異者，同稿併敘，將不同文字列出，並註明某處文字針對某機關；內容小同大異者，用同一稿面分擬，如以電子方式處理者，可用數稿。

(3) 「函」之正文，除按規定結構撰擬外，並請注意左列事項：

甲、訂有辦理或復文期限者，請在「主旨」內敘明。

乙、承轉公文，請摘敘來文要點，不宜在「稿」內書：「照錄原文，敘至某處」字樣，來文過長仍請儘量摘敘，無法摘敘時，可照規定列爲附件。

丙、概括之期望語「請　核示」、「請　查照」、「請　照辦」等，列入「主旨」，不在「辦法」段內重複；至具體詳細要求有所作爲時，請列入「辦法」段內。

丁、「說明」、「辦法」分項條列時，每項表達一意。

戊、文末首長簽署、敘稿時，爲簡化起見，首長職銜之下可僅書「姓」，名字則以「○○」表示。

己、須以副本分行者，請在「副本」項下列明；如要求副本收受者作爲時，則請在「說明」段內列明。

庚、如有附件，請在「說明」段內敘述附件名稱及份數。

參、處理程序

十四、文書處理程序一般原則如左：

（一）各機關之文書作業，均應按照同一程序集中於文書單位處理。惟機關之組織單位不在同一處所者，不在此限。

（二）公文之機密性、時間性，由各機關依業務性質及實際需要自行區分，以作爲公文處理作業之依據。

（三）文書處理，應以隨到隨辦、隨辦隨送，不得積壓。

（四）各機關得視實際需要，可採用收發文同號或收發文檔案同號，但以符合工作簡化爲原則。

（五）文書除各種報表、簿冊及附件譯文，得採由左而右之橫行格式外，一律應用由右而左之直行格式。

（六）任何文書均須記載年、月、日、時；文書中記載年份，一律以中華民國紀元爲準，惟外文或譯件，得採用西元紀年。

（七）文書處理過程中之有關人員，均應於文面適當位置蓋章或簽名，並註明時間（例如十一月八日十六時，得縮記爲〈圖片〉），以明責任。簽名必須清晰，以能辨明爲何人所簽。

（八）各機關在辦公時間外，遇有公文收受，應由值日人員按照值日及值夜規則之規定辦理。

（九）機關內部各單位間文書之傳遞，均應視業務繁簡及辦公室分佈情形，設置送文簿以簽收爲憑。

（十）組織龐大所屬單位較多而分散辦公之機關，應設立公文交換中心，定時集中交換，以加速公文之傳遞。

十五、文書處理流程圖示如左：

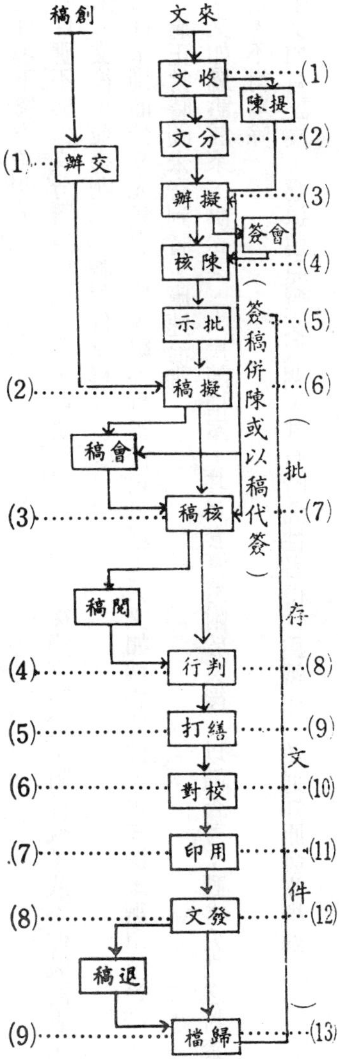

肆、收文處理

十八、簽收應注意事項如左：

(一)外收發人員收到公文或函電，除普通郵遞信件外，應先將送件人所持之送文簿或清單逐一查對點收，並就原簿、單，註明收到時間蓋戳退還；如無送文簿、單，應填給送件回單。機關如未設外收發單位者，應指定專人辦理。

(二)外收發人員收到之文件應登記於外收文簿，其係急要件、密件、電報或附有現金、票據等者，應隨收隨送總收文人員，其餘普通文件每間隔一小時彙送一次。文件封套上指定收件人姓名者，應另用送文簿登記，並比照上述文件性質，隨時或按時送達。

(三)來人持同文件須面洽者，應先以電話與承辦單位接洽，如有必要再引至承辦單位，其所持文件應囑承辦單位補辦收文手續。

（四）收件應注意封口是否完整，如有破損或拆閱痕跡，應當面會同送件人於送件簿、單上，註明退還或拒收。

（五）人民持送之申請書件，應先檢視是否符合規定，如手續不全應指導其補齊後再行簽收。

十七、拆驗應注意事項如左：

（一）總收文人員收到文件拆封後，如爲機密件或書明親啓字樣之文件，應用密件送文簿登記後，送由機關首長指定之密件處理人員或收件人收拆；如爲普通件，應即點驗來文及附件名稱、數量是否相符，如有錯誤或短缺，除將原封套保留註明外，應以電話或書面向原發文機關查詢。

（二）應檢視文內之發文日期與送達日期或封套郵戳日期是否相稱，如相隔時日較長時，應在文面註明收到日期。

（三）公文附件如屬現金、有價證券、貴重或大宗物品，應先送出納單位或承辦單位點收保管，並於文內附件項下簽章證明。

（四）附件應不與公文分離爲原則，由總收文人員裝訂於文後隨文附送；附件較多或不便裝訂者，應裝袋附於文後，並書明○○號附件字樣。

（五）附件未到而公文先到者，應俟附件到齊後再分辦；公文如爲急要件，可先送承辦單位簽辦，其附件如逾正常時間未寄到時，應速洽詢。

（六）來文如屬訴願案、訴訟案、人民陳情案，其封套應釘附於文後，以備查考；郵寄公文之封套所貼郵票，不得剪除。

（七）來文如有誤投，應退還原發文機關，其有時間性者得代爲轉送，並通知原發文機關。

（八）機密文件經機關首長指定之處理人員拆封後，如須送總收文登記掛號者，應在原文加註「本件陳奉親拆」或「本件由〇〇〇單位拆封」，以資識別。

十八、**分文應注意事項如左：**

（一）總收文人員收到來文經拆驗後，應彙送分文人員辦理分文。如係電子交換、傳眞、電報或外文文電，應按程序收文分辦。

（二）分文人員應視公文之時間性、重要性，依本機關之組織與職掌，認定承辦單位並分別在右上角加蓋單位戳後，依序迅確分辦；對來文未區分等級而認定內容確係急要者，應加蓋戳記，以提高承辦人員之注意。

（三）來文內容涉及二個單位以上者，應以來文所敘業務較多或首項業務之主辦單位爲主辦單位，於收辦後再行會辦或協調分辦。

（四）來文屬急要件或案情重大者，應先提陳核閱，然後再照批示分送承辦單位，如認有及時分送必要者，應同時影印分送。

（五）機關首長或單位主管交下之公文，分文時應於公文上加註「〇〇〇交下」戳記。

十九、**編號、登記應注意事項如左：**

（一）來文完成分文手續後即在來文正面適當位置加蓋收文日期編號戳，依序編號並將來文機關、文號、附件及案由摘要登記於總收文登記簿（表），分送承辦單位；急要公文應提前編號登記分送。

（二）總收文登記簿（表）之格式，得視機關實際之需要自行製作。

（三）總收文號按年順序編號，年度中間如遇機關首長更動時，其編號仍應持續，不另更換。

（四）總收文人員於每日下班前二小時收到之文件，應於當日編號登記分送承辦單位。

（五）機密件應由機關首長指定之處理人員向總收文人員洽取總收文號填入該文件，並在總收文登記簿（表）案由欄內註明密不錄由。

（六）承辦單位因故遺失業經收文編號之公文，經原發文機關補發後要求補辦收文手續時，仍應沿用原收文日期及原收文號。

二十、傳遞應注意事項如左：

（一）機關內部機密件、急要件或附有大量現金、有價證券及貴重物品之公文，應由承辦人員親自遞送。

（二）內部傳遞文件以左列各種為限：

1、本機關文書處理規章上訂明之內部文件。

2、文書單位收受之外來文件。

3、各主辦單位間核擬核會之文件。

4、經辦結外發之文件。

5、機關首長交辦之文件。

（三）文件之遞送除急要件應隨到隨送外，普通件以每日上下午分批遞送為原則。

二十一、單位收發應注意事項如左：

（一）各機關內部單位應視業務需要，指定專人擔任單位收發，並應與文書主管單位及公文稽催單位保持密切聯繫，單位收發以設置一級為限。

（二）單位收發人員收到文書主管單位送來之文件，經點收並登錄後，立即送請主管（或副主管）批示或依其授權分送承辦人。

（三）承辦單位收受之文件，經主管核閱認為非屬本單位承辦者，單位收發應退回分文人員改分，或逕行移送其他單位承辦並通知分文人員；受移單位如有意見，應即簽明理由陳請首長裁定，不得再行移還，以免輾轉延誤。

（四）未經文書單位收文之文件，應於辦畢之時登簿送由文書主管單位補辦收文登記手續。

（五）會辦之文件，受會單位應視同速件，並依收發文程序辦理。

（六）經核定之存查文件，應銷號後歸檔。

伍、文書核擬

二十二、擬辦文書應注意事項如左：

（一）單位收發送交承辦人之文書，或根據工作分配，承辦人應即行擬辦。

（二）機關首長或單位主管對主管業務認有辦理文書之必要者，得以手諭或口頭指定承辦人擬辦。

（三）負責主辦某項業務之人員，對其職責範圍內之事件，認爲必須以文書宣達意見或查詢事項時，得自行擬辦。

（四）擬辦文書，依法令規定必須先經會議決定者，應按規定提會處理。法令已有明文規定者，依規定擬稿送核，無法令規定而有慣例者依慣例。適用法令時，依法律優於命令、後法優於前法、特別法優於普通法、後令優於前令及上級命令優於下級命令之原則處理。

（五）處理案件，須先經查詢、統計、核算、考驗、籌備、設計等手續者，應先完成此項手續，如非短時間所能完成時，宜先將原由向對方說明。

（六）承辦人員對本案原有文卷或有關資料，應詳予查閱，以爲擬議處理之依據或參考。此項文卷或資料，必要時應摘要附送主管，作爲核決之參考。

（七）簽具意見，應力求簡明具體，不得模稜兩可，或晦澀不清，尤應避免未擬意見而僅用「陳核」或「請示」等字樣，以圖規避責任。
（八）重要或特殊案件，承辦人員不能擬具處理意見時，應敘明案情簽請核示或當面請示後，再行簽辦。
（九）毋須答復或辦理之普通文件，得視必要敘明案情簽請存查。
（十）承辦人員擬辦案件，應依輕重緩急，急要者提前擬辦，其他亦應依序辦理，並均於規定時限完成，不得積壓。
（十一）承辦人員對於來文或簽擬意見，如情節較繁或文字較長者，宜摘提要點，以眉註方式，書於該段文字之上，或於重要文句旁，用色筆劃出記號，以利核閱。
（十二）擬辦人員對於來文之附件，有抽存待辦之必要者，應於來文上書明「附件抽存」字樣，並簽名或蓋章，附件除書籍等另有指定單位保管者外，應於用畢後歸檔。

二十三、應先協調會商之文書，應注意事項如左：

（一）凡案件與其他機關或單位之業務有關者，應儘量會商。
（二）會商方式，應依問題之繁簡難易及案件之輕重緩急，於左列各款斟酌選用之：
1、以電話商詢或面洽，必要時並紀錄備查（電話紀錄格式如附件二，見頁一六三）。
2、以簽稿送會有關單位。其送會單位較多者，宜採用簽稿會核單（簽稿會核單格式如附件三，見頁一〇〇九），會銜公文採用會銜公文會辦單（會銜公文會辦單如附件四，見頁一六六）。
3、提例會討論。
4、約集有關單位人員定期舉行會議商討（開會通知單格式如附件五，見頁一六七）。
5、臨時約集有關人員小組會商。

6、自行持稿送會。
7、以書函洽商（書函作法舉例見附錄一，頁一八五）。

（三）組織單位較多之機關，應定期舉行會報，涉及兩個單位以上需會商之案件，可在會報中提出，經決定作成紀錄後，辦稿時在稿內敘明或在稿面註明「已提×月×日會報決定」字樣，不再一一送會。

二十四、陳核應注意事項如左：

（一）文件經承辦人擬辦後，應即分別按其性質，用公文夾遞送主管人員核決，如與其他單位有關者並應先行會商或送會。

（二）文書之核決，於稿面適當位置簽名或蓋章辦理，其權責區分如左：

1、初核者係承辦人之直接主管。
2、覆核者係承辦人直接主管之上級核稿者。
3、會核者係與本案有關之主管人員（如無必要則免送會）。
4、決定者係依分層負責規定之最後決定人。

（三）承辦人對於承辦文件如未簽擬意見，應交還重擬，再行陳核。

（四）承辦人擬有兩種以上意見備供採擇者，主管或首長應明確擇定一種或另批處理方式，不可作模稜兩可之批示。

二十五、擬稿參考事項如左：

（一）擬稿須條理分明，其措詞以切實、誠懇、簡明扼要為準，所有模稜空泛之詞，及陳腐套語，地方俗語，與公務無關者，均請避免。

（二）引敘來文或法令條文，以扼要摘敘足供參證為度，不宜僅以「云云照敘」，自圖省事，如必須提供全文，宜以抄件或影印附送。

(三)各種名稱如非習用有素，不宜省文縮寫，如遇譯文且關係重要者，請以括弧加註原文，以資對照。

(四)文稿表示意見，請以負責態度，或提出具體意見，供受文者抉擇，不得僅作層轉手續，或用「可否照准」、「究應如何辦理」等空言敷衍。

(五)擬稿以一文一事爲原則，來文如係一文數事者，得分爲數文答復。

(六)文稿內遇有重要性之數字，宜用大寫。

(七)引敘原文其直接語氣均請改爲間接語氣，如「貴」「鈞」等請改爲「××」「本」「該」等。

(三)法規之制（訂）定、修正，於發布或轉發時，請於法規名稱之下註明公（發）布、核定或修正日期及文號。

(九)簽請載明年月日時及單位。

(十)擬辦復文或轉行之稿件，請將來文機關之發文日期及字號以國字敘入，俾便查考。

(十一)案件如已分行其他機關者，請於文末敘明，以免重複行文。

(十二)文稿中多個機關名稱同時出現時，按照既定機關順序，由上而下依序排列。

(十三)字跡請力求清晰，不得潦草，如有添註塗改，請於添改處蓋章。

(十四)文稿分項或分條撰擬時，請分別冠以數字。上下左右空隙，力求勻稱，機關全銜、受文者、本文等請採用較大字體，以資醒目。

(十五)文稿有一頁以上者請裝訂妥當，並於騎縫處蓋（印）騎縫章或職名章，同時於每頁之左下角加註頁碼。

(十六)承辦人員於辦稿時，請參考範例（見附錄五），分別塡寫左列各點：

1、「文別」：按照公文程式條例之類別及有關規定填寫。
2、「速別」：係指希望受文機關辦理之速別。填「最速件」或「速件」等，普通件不必填寫。
3、「密等及解密條件」：填「絕對機密」、「極機密」、「機密」、「密」，解密條件於其後以括弧註記。如非密件，則不必填寫。
4、「附件」：請註明名稱及數量或其他有關字樣。
5、「正本」或「副本」：分別逐一書明全銜，其地址非眾所週知者，請註明，機關內部得以加發「抄件」之方式處理。
6、「承辦單位」：於稿面適當位置註明承辦單位之名稱。
7、「承辦人」：由承辦人員於稿面適當位置簽名或蓋章，並註明辦稿之年月日時。
8、「收文日期字號」：於稿面適當位置列明「收文日期字號」，如數件併辦者，應將各件之收文號一併填入（各件收文亦一併附於文稿之後），如為無收文之創稿，則填一「創」字。
9、「檔號」及「保存年限」：於稿面適當位置列明，「保存年限」則參照檔案保存年限之規定填列。
（十七）左列特殊處理事項，由承辦人員斟酌情形，於稿面適當處予以註明：
1、刊登公報或通訊。
2、登報或公告，註明刊登報名、位置、字體大小、日期或揭示地點。
3、公務登記，由指定之人員或主管單位自行辦理。
4、有時間性之文件，指明繕印發出或送達時間。
5、會銜稿件，書明各會銜機關抽存之份數。
6、發後補判或先發後會之註明。

7、指定寄遞方法或投遞人。
8、指定公文收受人員或拆封之人員。
9、其他。
（十八）承辦人員辦稿時，處理附件之注意事項：
1、附件請檢點清楚，隨稿附送。
2、附件有二種以上時，請分別標以附件一、附件二、………。
3、附件除附卷者外，如係隨文附送，辦稿時，用「檢送」、「檢附」等字樣。
4、如需以原本發出，而原本僅一份時，請註明：「原本隨文發出，抄本或影印本存卷」。
5、如需以抄本或影印本發出，辦稿時請書「抄送」或「檢送××影印本」等字樣，並註明「原本存卷，另以抄本或影印本發出」。
6、附件宜儘量影印，或以電子檔案替代之。
7、附件如不及或不能隨稿附送時，請註明「封發時，附件請向承辦人或某某洽取」字樣。
8、附件除隨文發出外，如尚有需要時，請註明「附件請多繕××份，送×××」。
9、有時間性之公文，其附件不及隨文送出者，請註明「文先發，附件另送」，並與發文單位聯繫，洽知發文號碼，備於補送附件時註明。
（十九）承辦人員其他注意事項：
1、緊急事項請先以電話洽辦，隨即補具公文。
2、各機關如有請示案件，按其性質請主管單位研提意見。
3、簽稿送請核判如須附送參考資料或檔案且數量較多時，除標明附件號數外，並將重要處斜摺，露出上端或加籤條，以利查閱。

4、公文書或附件需要收文機關轉發者，請儘量附送收文者需要之份數，以節耗費而爭時效。

5、來文內有極顯明之錯誤字句，請電洽改正，或於抄發時在文旁改正，如摘敘入稿，則請逕行改正或避免錯誤之字句。

二十六、**核稿應注意事項如左**：

（一）核稿人員對案情不甚明瞭時，可隨時洽詢承辦人員，或以電話詢問，避免用簽條往返，以節省時間及手續。

（二）核稿時如有修改，應注意勿將原來之字句塗抹，僅加勾勒，從旁添註，並於修改處加蓋印章。

（三）上級主管對於下級簽擬或經辦之稿件，認爲不當者，應就原稿批示或更改，不宜輕易發回重擬。

（四）核稿人員對於承辦人員所塡稿件之機密性、時間性或重要性，認爲不當時，得予改定並簽名，以示負責。

二十七、**會稿應注意事項如左**：

（一）已於擬辦時會核之案件，如稿內所敘與會核時並無出入，應不再送會，以節省時間及手續。

（二）各單位於其他單位送會之簽稿，如有意見應即提出，一經會簽，即認爲同意，應共同負責。

（三）會稿單位對於文稿有不同意見時，應由主辦單位綜合修改後，再送決定，會銜者亦同。緊急非政策性之文稿，爲爭取時效，得先發後會。」

二十八、**閱稿應注意事項如左**：

（一）簽稿是否相符。

（二）前後案情是否連貫。

(三)有關單位已否會洽。
(四)程式、數字、名稱、標點符號及引用法規條文等是否正確。
(五)文字是否通順。
(六)措詞是否恰當。
(七)有無錯別字。
(八)對於文稿內容如有不同意見，應洽商主管單位或承辦人員改定，或加簽陳請長官核示，不宜逕行批改。

二十九、判行應注意事項如左：

(一)文稿之判行按分層負責之規定辦理。
(二)宜注意每一文稿之內容，各單位間文稿有無矛盾、重複及不符等情形。
(三)對陳判之文稿，認爲無繕發必要尚須考慮者，宜作「不發」或「緩發」之批示。
(四)重要文稿之陳判，應由主辦人員或單位主管親自遞送。
(五)決行時，如有疑義，應即召集承辦人及審核人員研議，即時決定明確批示。

三十、回稿、清稿應注意事項如左：

(一)稿件於送會或陳判過程中，如改動較多或較爲重大，或有其他原因者，會核或核決人員宜退回原承辦人閱後，再行送繕。
(二)文稿增刪修改過多者，應送還原承辦人清稿。清稿後應將原稿附於清稿之後，再陳核判。其已會核會簽者，不必再會核簽。

三十一、使用公文夾應注意事項如左：

(一)文書之陳核、陳判等過程中，均應使用公文夾(格式如附件六，見頁一六八)，並以公文夾顏色做爲機關內部傳送速度之區分。
(二)公文夾用較厚且較堅韌之紙張印製，密件公文應用特製之密件袋。
(三)公文夾之正面標明承辦人員之單位。
(四)公文夾區分如左，各機關並得視實際需要自行訂定：
1、最速件用紅色。
2、速件用藍色。
3、普通件用白色。
4、機密件用黃色或特製之密件袋。
(五)公文夾之應用，必須與夾內文書之性質相稱。

陸、發文處理

三十二、繕(打)印應注意事項如左：

(一)各機關文書單位之分繕人員收到判行待發之文稿，應注意稿件之緩急並詳閱文稿上之批註後，再核計字數登錄公文繕校分配簿(表)交繕。
(二)分繕人員收到待發之文稿如認爲所註明發出之期限急迫，預計無法依限辦妥者，應向承辦單位洽商改訂，並在稿面註明，以明責任。
(三)凡機密性及重要性之文稿，應指定專人負責繕(打)印。
(四)分配繕(打)寫之文件，應以當日繕打竣事爲原則。

（五）繕打人員對交繕之文稿，如認其不合程式或發現原稿有錯誤或可疑之處時，應先請示主管或向承辦人查詢改正後再行打繕。
（六）各機關對外行文，應一律使用統一規格之公文紙（格式如附件七，見頁一七〇）。
（七）繕打人員對文件內之銀錢、數字、人名、地名、日期或較重要之辭句不得因繕打錯誤而任意添註、塗改及挖補。
（八）繕打文件宜力求避免獨字成行，獨行成頁。遇有畸零字數或單行時，宜儘可能緊湊。
（九）繕印份數較多之文件，應先提取發文字號。
（十）各機關打字人員每日之工作量，參照行政院所屬各機關秘書（總務）人員員額設置標準有關規定辦理。

三十三、校對應注意事項如左：

（一）公文繕（打）寫完畢後應由校對人員負責校對，校對人員應注意繕打公文之款式、內容、標點符號與原稿是否相符。
（二）機密及重要文件，應指定專人負責校對。
（三）校對人員發現繕（打）寫之文件有嚴重錯誤時，應退回重新打繕，如無關重要者得退回改正後在改正處加蓋校對章。
（四）校對人員如發現原稿有疑義或有明顯誤漏之處，應洽承辦人予以改正；文內之有關數字、人名、地名及時間等應特加注意校對。
（五）公文校對完畢，應先檢查受文單位是否相符及附件是否齊全後，於原稿加蓋校對人員章，並於登錄後送監印人員蓋印。

(六)重要公文及重要法案經校對人員校對後，爲愼重計宜送請承辦人複校後再送發。

三十四、蓋印及簽署應注意事項如左：

(一)各機關任何文件，非經機關首長或依分層負責規定授權各層主管判發者，不得蓋用印信。

(二)監印人員如發現原稿未經判行或有其他錯誤，應即退送補判或更正後再蓋印。

(三)監印人員於待發文件檢點無誤後，依左列規定蓋用印信：

1、發布令、公告、派令、任免令、獎懲令、聘書、訴願決定書、授權狀、獎狀、褒揚令、證明書、執照、契約、證劵、匾額及其他依法規定應加蓋用印信之文件，均蓋用機關印信及首長職銜簽字章。

2、呈：用機關首長全銜、姓名，蓋職章。

3、函：上行文署機關首長職銜、姓名，蓋職章。平行文蓋職銜簽字章或職章。下行文蓋職銜簽字章。

4、書函、開會通知單、移文單及一般事務性之通知、聯繫、洽辦等公文，蓋用機關或承辦單位條戳。

5、機關內部單位主管依分層負責之授權，逕行處理事項，對外行文時，由單位主管署名，蓋單位主管職章或蓋條戳。

6、機關首長出缺由代理人代理首長職務時，其機關公文應由首長署名者，由代理人署名。機關首長因故不能視事，由代理人代行首長職務時，其機關公文，除署首長姓名註明不能視事事由外，應由代行人附署職銜、姓名於後，並加註代行二字。機關內部單位基於授權行文，得比照辦理。

7、會銜公文如係發布命令應蓋機關印信，其餘蓋機關首長職銜簽字章。

(四)一般公文蓋用機關印信之位置，以在首頁中間偏右下方空白處用印爲原則，簽署使用之章戳位置則於全文最後。

(五)公文及原稿用紙在兩頁以上者，其騎縫處均應蓋（印）騎縫章。

（六）附件以不蓋用印信爲原則，但有規定須蓋用印信者，依其規定。
（七）副本之蓋印與正本同，抄本及譯本不必蓋印，但應分別標示「抄本」或「譯本」。
（八）文件經蓋印後，由監印人員在原稿加蓋監印人員章，送由發文單位辦理發文手續。
（四）不辦文稿之文件，如需蓋用印信時，應先由申請人塡具「蓋用印信申請表」，其格式由各機關自訂，惟內容應包括申請人簽章、蓋用印信之文別、受文者、主旨、用途、份數及蓋用日期等項目，陳奉核定後，始予蓋用印信。
（五）監印人員應備置印信蓋用登記簿，對已核定需蓋印之文件，應予登記並載明收（發）文字號，申請表應妥爲保存，以備查考。登記簿及蓋用印信申請表，於新舊任交接時，應隨同印信專案移交。

三十五、編號、登記應注意事項如左：

（一）總發文人員對待發之公文，應詳加檢查核對，如有漏蓋印信、附件不全或受文單位不符者應分別退還補辦。
（二）待發之文件，應按其性質依序編列發文字號及註明發文日期，如係密件或有時間性之文件，應分別標明，以引起受文機關注意。
（三）發文代字應冠以承辦單位之代字，承辦單位如爲不固定機關或軍事機構，得另以代字編定統一代號使用，此項代字均以於每年開始預爲編定爲原則，以便統一使用。
（四）總發文字號每年更易一次，年度中間如遇機關首長更動時，其編號仍應持續不另更換。
（五）機密文件應由機關首長指定之人員處理，發文時先向總發文人員洽取發文字號塡入文中自行封發，並在總發文登記表（簿）案由欄內註明密不錄由。
（六）各機關之總發文登記表，除採用收發文同號作業方式者外，其格式及製作份數，得視實際需要，自行決定。公文經編號發文後應依序登記於總發文登記表。

（七）發文後之稿件，如承辦單位註明有先發後會或發後補判者，應退還承辦單位自行處理。

三十六、封發應注意事項如左：

（一）經編號待發之公文，應由專人負責複檢附件是否齊全，文與封是否相符後再封固，並標明速別，登記後送外收發人員遞送。

（二）同一受文機關之公文，除最速件應提前封發外，其餘普通件得併封發出，並在封套（格式如附件八、九，見頁一七一、一七二）上註明文號件數。

（三）機密件、最速件或開會通知應於封套上加蓋戳記；機密件應另加外封套，以重保密。

（四）發文附件應由總發文人員隨文封發；如為現金、票據、有價證券或貴重物品，應由承辦單位檢齊封固書明名稱、數量，並在封口加蓋經辦人印章隨同公文送交總發文人員辦理封發。

（五）凡體積較大數量過多之附件需另寄者，應在公文附件項下註明附件另寄，並應在附件封面書明某字號之附件同時付郵。

三十七、送達或付郵應注意事項如左：

（一）公文之送達或付郵由外收發人員統一辦理。

（二）送達公文及附件，除特殊情形經陳奉核准者外，應直接送達受文之機關。

（三）交換傳遞之公文，應填具送文簿或公文傳遞清單按規定時間、地點集中交換。

（四）傳送之公文，應填具送文簿或公文傳遞清單書明送出時間，派專差送達。

（五）郵遞公文應依其性質分別填送郵遞清單付郵，郵資及收執應另備登記簿登記，以為郵費報銷之依據。

（六）人事命令、證件、有價證券、訴願文件及機密件等均應以掛號郵件寄發。

（七）機關內部各單位送發之文件，應以有關公務者為限，由單位收發人員登記送文簿送交外收發人員遞送。

（八）送發之電報，由電務人員登記後逕行送發。

（九）外收發人員應隨時注意登記有關機關及人員之通訊地址，以便文件之投送。

三十八、歸檔應注意事項如左：

（一）收文經批存者，由單位收發登記後，得依各機關公文處理程序辦理歸檔。

（二）發文後之原稿件，除承辦單位註明發後補判、發後補會者應退承辦單位自行辦理後送檔案管理單位點收歸檔外，其餘稿件應隨同總發文登記表送檔案管理單位簽收歸檔。

（三）簽稿應原件合併歸檔，若一簽多次辦稿，得影印附卷，並註明原簽所在文號

柒、文書簡化

三十九、減少文書數量應注意事項如左：

（一）各級機關本於其職掌範圍規定處理之事項，除法令規定及性質重要者外，不必報備。

（二）無轉行或答復必要之文書或例行准予備查之案件，應逕予存查。

（三）無機密性之通案，可登載公報、公告或利用其他公務性之刊物如通訊等，登載公文，以代替行文。

（四）同一機關之內部各單位，必須以書面洽辦公務者，應以書函或便箋行之，或將原文影印分送會簽。

（五）接到之副本，如僅為通知性質，不須辦理，亦無其他意見者，不必行文答復。

（六）內容簡單毋須書面行文者，可用電話接洽。

（七）機關團體首長到任就職之通知，概不復文。

（八）上級交下級核議之文件，如在同一地區，可將原件發交下級機關，下級機關即於原件上簽註意見送還。不在同一地區者，可用交辦（議）案件通知單（作法舉例見附錄一，頁一八六）交辦（議）。

（九）凡造送各種表報，除必須備文附送者外，一律由主辦單位逕行送發。

四十、文書處理採用簡便或表格方式應注意事項如左：

（一）公文須分行者，宜利用副本。

（二）已行文之事項，逾期未復，須催辦、催繳、催復、催報、催發、催查者，用催辦案件通知單（作法舉例見附錄一、頁一八七）。

（三）不屬於本機關主管業務或職權範圍之來文，可逕以移文單（作法舉例見附錄一、頁一八八）移送主管機關，不必退還。

（四）不同機關之來文，案由相同其答復同者，應併辦一稿，分知各來文機關。

（五）凡發往甲機關之稿已經發出，又須以同樣文稿發往乙機關時，應將原卷調出，加簽說明，擬照發乙機關，經陳奉核可後，即送請文書單位繕發，不必重行辦稿。

（六）召集會議宜用開會通知單或以電話通知。

（七）借支、請假、出差、請購等例行事項，得用表格填報，不另用簽。

（八）人事任免等例行案件，宜用定型稿。

（六）各機關交辦文件，宜指示原則，附式舉例說明；審核下級機關陳送報表或附件時，除重大錯誤發還更正外，應即就原案改正並告知，以免公文往返。

四十一、簡化文書手續應注意事項如左：

（一）外收發與內收發非屬必要，應合併處理。

（二）定期表報，私誼交際文電及其他不涉及公務之文件，均不必登記收發文簿，可另用送件簿（單）遞送。

（三）編號登記之簡化：

1、除總收發應摘由登記外，其他歷程中只記文號，不必錄由，並採用收發文簿，由總收發人員一次製作若干份，分送有關單位。

2、公文書應一文一單，總收發文簿所編碼，應在本機關內統一運用。

3、各機關視實際情形，採用收發文同號或收發文檔案同號，使文號更趨簡化。

4、收發文編號使用之代字，應以適用爲度，勿疊床架屋。徒增累贅。

5、電報發文應以四位阿拉伯數字代表月日（如六月十八日爲）

（四）文稿核會之簡化：

1、上一層級已於擬辦時核可者，其文稿內容如無變異，應由次一層級代判，不必再送上級判行，較急要者得先判發再補陳核閱。

2、急要文書，高級主管人員應儘量自行辦稿，以節省核轉之時間及手續。

3、一人兼任本機關內數項職務者，其核稿以一次爲限。

4、彙存或彙拌之案件，可由承辦人員就首次來件於適當之空白處簽明必須彙存會彙辦之理由，陳送核批以後，續收之同案文件，即逕由承辦人員註明彙存護會辦，不必逐件擬辦陳核。

5、利用業務會報商討涉及兩個單位以上之案件，經作成決定後再辦，以減少公文簽會手續。

6、會商會會稿儘量以電話會當面行之。

7、案件如屬本單位主辦，但有會知其他單位之必要者，應於辦稿後送會，會如係其他機關，則以副本抄送。其須事先徵求其他機關會單位意見，以為辦稿之依據者，應先送會。
8、會議紀錄及交代案等類似案件，其內容廣泛，須送會三個以上單位者，得影印若干份，同時分送各有關單位，以免依次會簽，稽延時日。
9、特急文件需會辦者，應逕行面洽，儘量必免登記、遞送、承轉等手續。
（五）行文之簡化：
1、緊急公文得不依層級之限制，越級行文。
2、各機關內單位接洽其職掌範圍內之事項，對其他機關會其他機關之內部單位，得直接行文，不必由機關對機關行文。

四十二、文書有分行之必要者儘量利用副本，避免重複辦稿。其應注意事項如左：

（一）收到其他機關來文，一時未能函復，須向其他機關查詢者，可將查詢行文之副本，抄送來文機關。
（二）同一事件，雖以某一機關為受文主體，但其他機關有關聯者，應以副本抄送。
（三）預計其他機關亦將有同樣詢問者，應以副本抄送。
（四）因緊急情況越級行文時，得以副本抄送其直屬上級或下級機關。

四十三、使用副本應注意事項如左：

（一）非必須抄送者應免抄送。
（二）受理之案件，主體機關用正本，其餘有關機關用副本。
（三）副本除知會外，尚須收受副本機關處理者，得於文內加敘請其就某一事項予以處理之字樣。
（四）使用副本時，應於「副本」項下列明收受副本機關，以免各受文者重複行文。
（五）事關通案者，對須分行之機關，悉用正本不用副本。

(六)已抄送副本之機關單位，如續有有關來文，其內容已在前送副本中列明者，不必答復。
(七)正本所含附件，需附送副本收受機關或單位，應在「副本」項內之機關或單位名稱下註明「含附件」或「含○○附件」。

四十四、使用公報或通訊應注意事項如左：
(一)利用公報或通訊刊登公文，不另行文。
(二)公報或通訊刊載之文件，以無機密性者為限。
(三)上級機關公報或通訊刊載之文件，下級機關應即照辦，毋庸逐級函轉。如須行文催辦，祇錄該案所登公報或通訊之期數、頁數及發文日期、字號與主旨，以便檢查。
(四)設有廣播電臺之機關，得視公文內容可以利用廣播播送者，予以播送。受文機關應指定人員予以記錄，作為正式公文處理。

四十五、各機關處理機密文書，應依本手冊之規定，並遵照國家機密保護辦法及各該機關有關保密之規定。

捌、文書保密

四十六、機密文書區分機密等級如左：
(一)絕對機密：依法應絕對保密之文件、書籍、資料、圖表、照像或器材，未經法定核准而洩漏後，足以使國家安全受到最嚴重損害者。
(二)極機密：依法應予保密之文件、書籍、資料、圖表、照像或器材，未經核准洩漏後，足以影響國家安全，或嚴重損害國家利益與尊嚴，或對外國政府有重大利益者。
(三)機密：凡某種文件、書籍、資料、圖表、照像或器材，未經許可而洩漏後，足以損害國家利益或尊嚴，或有利於外國者。
（四）密：凡某種文件、書籍、資料、圖表、照像或器材，因業務上必須保密，不應公開出示他人者。

四十七、應以機密處理之國家機密事項如左：

（一）國家政策之不宜公開事項。
（二）外交謀略之運用事項。
（三）國家預算之應行保密部分。
（四）行政措施之不宜公開部分。
（五）國防、動員、作戰方案或計畫之內容與實施狀況。
（六）復員計畫實施列入機密之事項。
（七）軍備事項：如編制、裝備、員額、軍種、兵科、番號、駐地、儲備、補充、軍事預算、軍事整建計畫部隊移動等。
（八）軍事設施事項：如國軍軍事基地、要塞、軍用機場、廠庫、軍（要）港碼頭、空防、海防、邊防、通訊監視、觀測氣象及其他禁行地區之有關設施部署情形。
（九）關於情報及反情報之計畫、編組、機構、經費及業務活動情形。
（十）國防科學、軍用器材及有關科學之發明、特殊技術之運用事項。
（十一）軍用地圖、空中照像及兵要地誌。
（十二）軍事車輛、船艦、飛機之種類、數量、噸位、架數、性能及運輸內容、狀況等。
（十三）軍事教育訓練及演習有關事項。
（十四）有關軍品採購、銷售等事項。

（十五）有關軍用通訊電腦事項。
（十六）有關軍事新聞列爲機密事項。
（十七）其他有關國家安全事項。

四十八、應以機密文書處理之各機關內部業務機密事項如左：

（一）密碼（語）編撰及分析技術事項。
（二）檢舉或告密案件。
（三）人事異動及考核、考績、獎懲等尚未公開之文書。
（四）會議決定之機密事項。
（五）重要案件正在商討、調查或處理中之事項。
（六）工程預算及決標前之底價等事項。
（七）涉及個人尊嚴或名譽，不宜公開事項。
（八）機關職員人事名冊。
（九）其他應行保密事項。

四十九、各機關應按其主管業務之性質，分別詳定各類機密文書之範圍。

五十、各機關應指定專人負責辦理機密文書拆封、分文、繕校、蓋印及封發等事項。並儘可能實施隔離作業。

五十一、機密文書之簽擬、陳核（判），應由業務主管人員親自處理。但絕對機密及極機密文書，宜由機關首長或幕僚長，自行處理或指定專人處理。

五十二、各機關承辦人員對一般文書，應審核鑑定是否應予保密，如有保密必要，即應改作密件處理。

五十三、處理機密文書應注意事項如左：

(一)收受機密文書時，應先檢查封口有無異狀後，始行拆封。並核對其內容及附件。
(二)機密文書之收發紀錄宜專簿登記。
(三)承辦人員於簽擬機密性之文件時，應區分其機密等級，並予註記。不宜濫用機密等級。各級主管於核(判)機密文件時，對所區分之機密等級是否適當，宜一併核定之。

五十四、經區分有機密等級之文件，依規定應同時註明解密條件者，其各項解密條件如左：
(一)本件於公布時解密。
(二)本件至某年某月某日解密。
(三)本件於工作完成或會議終了時解密。
(四)附件抽存後解密。
(五)其他：(其他特別條件或另行檢討後辦理解密)。

五十五、機密文書之傳遞方式如左：
(一)機密文書之分文(交辦)、陳核(判)、送會、送繕、退稿、歸檔等流程，以業務主管人員親自傳遞為原則。如由傳達人員傳送時，須使用保密封套或專用加鎖之保密箱(夾)。
(二)機密文書對外發文時，屬「絕對機密」及「極機密」者，必須密封派專人傳遞。屬「機密」及「密」等者，須切實密封後按一般傳遞方式辦理。
(三)密封封套之紙質，須不能透視且不易破裂，封口及接縫處須加貼薄棉紙或膠帶然後加蓋「密」字戳記。正面註明機密等級，外加一般公文封套，但外封套不再列機密等級。

五十六、辦理機密文書之簽擬稿、繕印打字時，因誤繕誤印之廢紙及複寫紙、臘紙等，應由業務主管人員即時銷燬之。

五十七、機密文書之處理，應儘量減少處理程序。重要案件得以當面密報（談）處理。
五十八、機密文書之承辦人員，應隨時與收發及文書主管人員協調聯繫，處理重要之機密案件，並須與保密業務主管人員密切協調，以加強保密措施。
五十九、機密文書如非必要，應儘量免用或減少副本，「極機密」及「絕對機密」者非經主管核准，不得複製或抄錄。
六十、機密案件不得攜出辦公處所，傳送密件應交收件人親自簽收。
六十一、放置機密文書之公文箱（櫃）應堅固完整封鎖確實，保管人員並須隨時檢查。
六十二、機密圖表非經核准，不得張貼。奉准張貼時以室內為限，並須設置掩蓋。
六十三、機密性之會議資料，應編號分發及登記其使用人；其須當場收回者，與會人員如需留用時，應辦理借用簽收。
六十四、機密文書發文後，業務主管人員，每年至少須清查檢討一次，其須變更機密等級或解密者，應即按規定辦理變更或解密手續。
六十五、處理文書機密等級之變更或解密，其權責劃分如左：
（一）機密等級變更或解密，由承辦人員於區分密等時預爲註明或主動檢討辦理。
（二）「絕對機密」、「極機密」等級之變更或解密，應簽請機關權責長官核准。
（三）「機密」或「密」等級之變更或解密，由單位主管核定之。
六十六、文書機密等級之變更及解密程序規定如左：
（一）承辦人員依據密件登記紀錄主動檢查，或其他機關建議，將應予變更機密等級或解密之案件，提出審查，並塡具機密等級變換或解密之處理意見表（格式如附件十，見頁一七三）及建議單（作法舉例見附錄一，頁一八九）陳送核定。

（二）經核定變更原機密等級或解密後，應填寫機密等級變換或註銷通知單（作法舉例見附錄一、頁一九〇），陳奉核定，再行繕發，並通知有關機關。

（三）案件機密等級之附加變更或解密標示者，屆時即照標示自動變更或解密，保管單位或人員並即辦理有關手續。

（四）變更機密等級或解密者，應將案卷封面及文件上原有機密等級之註記以雙線劃去，於左右兩側或其他明顯之處，加蓋機密等級變換或解密紀錄戳（格式如附件十一，見頁一七四）。

（五）建議其他機關變更機密等級或解密者，於獲得答復同意後，依照前項程序辦理之。

（六）機密案件經解密後應照普通案件放置保管。

六十七、一般保密事項規定如左：

（一）各機關員工對於本機關任何文書，除經特許公開者外，應遵守公務員服務法第四條之規定，絕對保守機密，不得洩漏。

（二）文書之處理，不得隨意散置或出示他人。

（三）各級人員經辦案件，無論何時，不得以職務上之秘密作私人談話資料。非經辦人員不得查詢業務範圍以外之公務事件。

（四）文書之核判、會簽、會稿時，不得假手本機關以外之人員，更不得交與本案有關之當事人。

（五）文書放置時，應背面向上或放於公文夾內，以防止被他人窺視。

（六）下班或臨時離開辦公室時，應將公文收藏於辦公桌抽屜或公文櫃內並即加鎖。

（七）各機關就其主管業務發表新聞時，應指定專人統一辦理，並須事先簽報首長核定。

（八）職務上不應知悉或不應持有之公文資料，不得探悉或持有。因職務而持有之機密文件，應保存於辦公處所，並隨時檢查，無繼續保存之必要者，應繳還原發單位；無法繳回者應銷燬之。
（九）私人日記、通信、撰文及著作，其內容不得涉及機密性公務。
（十）發現他人涉有危害保密之虞時，應加勸告，其不聽勸告或已發生洩密情事者，應立即向長官報告。
（十一）承辦機密文書人員，發現承辦或保管之機密文件已洩漏、遺失或判斷可能洩漏、遺失時，應即報告所屬主管查明處理。

玖、文書稽催

六十八、文書稽催亦稱公文時效管制，乃各級主管之職責；爲加速文書處理、提高行政效率，各機關應隨時注意文書處理過程，並適時提出檢討改進。
六十九、各機關應針對本機關之特性，建立文書稽催制度，由機關首長或幕僚長指定單位或指派專人負責辦理文書稽催；並應研訂稽催作業規定，作爲執行依據。
七十、文書稽催主管單位為加強文書稽催功效，應與本機關之分文人員、總收發及單位收發人員密切聯繫配合；並得視需要定期舉行文書稽催工作會報，共同檢討改進。
七十一、公文辦理期限，除經各級長官批定者，應依限辦理外，餘由單位主管視公文之性質，參照左列標準斟酌決定，並由單位收發人員登記後，交承辦人員依限擬辦。
（一）最速件隨到隨辦。
（二）速件不超過三日。
（三）普通件不超過六日。

（四）人民申請案件，應按其性質，區分類別、項目，分定處理時限，予以管制。
（五）訴願案件，應依訴願法之有關規定辦理。
（六）限時公文及其他依法定有時限之案件，應依其規定時限辦理。
（七）列管案件或其他特殊性案件之處理時限，各機關得視事實需要自行規定。
（八）來文案情繁複須經詳商或具其他理由者，得酌予延長辦理時限，惟應視申請展期天數，區分核准權責，由各機關自行規定。

七十二、公文處理時限計算標準規定如左：

（一）答復案件：自總收文之次日起至發文之日止（包括會稿、會簽時間），所需天數扣除例假、紀念日及節日，爲實際使用天數，其送會本機關以外機關之時間，得予扣除。
（二）彙（併）辦案件：自規定彙報截止之日起算至全部辦畢發文之日止，所需天數扣除例假、紀念日、節日及奉准待辦彙復所需天數，爲實際使用天數。
（三）創稿案件：如係交辦，以交辦之日起算；如係會議決定，以會議紀錄送達之日起算；如係先簽後辦，以送簽之日起算；如係直接辦稿者，以辦稿之日起算。

七十三、公文登記催辦及銷號規定如左：

（一）各機關所收之公文，應按總收文號編製公文登記簿表或公文處理紀錄卡等，由文書稽催單位或單位收發人員，隨時將公文處理情形扼要填入，以爲公文檢查、催辦及銷號、製表之依據；公文登記簿表、公文處理紀錄卡等之格式、填寫，由各機關視事實需要自行規定。
（二）各單位擬辦公文之會簽會稿，應由各單位收發人員登記後依序傳會或複製同時送會，但於送會之時，應以送會公文通知單（格式自定）通知稽催單位或研考人員，以便適時查催。
（三）各單位陳核（判）之公文，得視業務需要，由主管單位或文書稽催單位陳轉；其經簽擬核定之公文，應予登記銷號；需繼續辦理或尚未結案者，文書稽催單位或研考人員應予列管追蹤。

(四)文書稽催或單位收發人員，應逐日檢查公文登記表或公文處理紀錄卡等，對超過時限仍未簽辦或送會適時(送會公文按速件處理)之公文，應分別填具稽催單(格式自定)催辦；承辦人員於接獲稽催單後，應於二日內答復，並立即簽辦或核會，如仍不簽辦又不將延辦理由答復者，應簽報上級議處。

(五)文書稽催或單位收發人員，收到承辦單位填復之稽催單後，應依承辦人員填註之預定辦畢日期作第二次稽催，如預定辦畢日期延展過久或仍有積壓延誤情事者，應按情節輕重，簽報上級議處。

七十四、各機關對於公文處理時效，應確實依辦理時限基準，實施管制；各級單位主管對所屬承辦之公文，應隨時檢查有無逾限情事，予以督催，並注意公文品質及本身處理時限之遵守，其疏於督催致有貽誤時，應負共同責任。

七十五、文書稽催單位或研考人員，應定期依公文登記表之紀錄或總收文簿等所記載之公文處理過程，按各單位公文處理時效，分別確實統計，詳盡分析，製表簽報機關首長或幕僚長核閱。

七十六、各機關對於管制結果，應詳定計畫，辦理定期或不定期查考，依據查考結果，改進缺失。並依規定辦理獎懲。

拾、公務登記

七十七、各機關之公文書，除承辦人員應隨時將辦理情形自行記載於公文處理登記簿外，左列事項於核辦完畢後，應由主管單位或指定之人員負責登記。

(一)本機關重大施政，其過程確具歷史性足垂久遠者。

(二)本機關業務計畫中之中心工作，其推行進展確有具體事實或正確數字可資查考者。

（三）本機關組織、重要人事及各項業務制度、方案之改革變遷等，可供查考者。
（四）學術研究之創造發明，確具價值足資示範者。
（五）非常事變或重大損失，其事實經過足資警惕者。
（六）其他認爲有登記之必要者。

七十八、公務登記之體裁，視文件資料之性質及需要之目的，由各機關主管單位就左列各項酌予規定：

（一）機關日誌或大事記：可編年記事，不分事之大小，以時日先後爲序。
（二）公務登記簿：適於重要案件專案登記之用，其內容可分爲「計畫」「執行經過及成果」「檢討」等欄。
（三）公務登記卡：適於普通案件分案登記之用，以供承辦人或主管隨時檢查參考，藉免調卷之煩。
（四）工作概況或備忘錄：內容較爲繁複之案件，得將前後辦理經過，編成「記事本末」式之工作概況或備忘錄，以供參考。

七十九、公務登記步驟之規定如左：

（一）合乎登記範圍之事項，由各主管單位於承辦該案時，隨時登記，其因案情較重要且有時間性不及登記者，可於該案文件之首頁加蓋「公務登記」戳，俟公文辦畢後，再行登記。
（二）登記完畢後，宜加蓋「公務登記畢」戳記，歸檔時如發現蓋有「公務登記」戳，而未蓋「公務登記畢」之戳者，應退還承辦人補辦登記。
（三）承辦公務登記之人員，於每案登記完竣或於全案編纂完成後，應送經主管核閱，其須補充或修改者，應補充或修改之。
（四）組織較大之機關，由各單位分別就其主管事項辦理公務登記者，應指定一彙總之單位，由各主辦登記人員依限將登記情形，送由彙辦單位彙總。

八十、公務登記之各項資料，其保管利用規定如左：

(一)公務登記具有機密性者，其原始資料應妥爲保管，離職時列入交代。
(二)宜公開傳播之資料，經首長核准後，得作爲新聞發布，或另行編印書刊發行。

拾壹、文書用具、印章及用紙

八十一、各機關處理文書，應儘量採用性能及品質優良之用具，以加速文書處理之效率。

八十二、各機關印信章戳之使用，除印信應依印信條例及印信製發啓用管理換發及廢舊印信繳銷辦法規定辦理外，其因處理文書需要，得依照左列規定自行刊刻章戳，分交各有關單位或人員妥善使用之。
(一)章戳：木(角)質或用橡皮刻製，以長方形爲原則，用正楷或宋體字，刻機關(單位)全銜。於書函、開會通知單等用之。
(二)簽字章：本質或用橡皮刻製，依機關首長、副首長及幕僚長等之親筆簽名刻製，對外行文時用之。
(三)鋼印：鋼製、圓形，刻鑄機關全銜(並得刻鑄機關全銜之英文名稱)，其圓周直徑以不超過五公分爲限，於職員證、證書、證券等證明文件上用之。
(四)校對章：角質用篆字、隸書或正楷，刻機關全銜或簡稱，並加「校對章」字樣，於文書改正時用之。
(五)騎縫章：款式與校對章同，並加「騎縫章」字樣，於公文、附件或契約黏連處用之。
(六)附件章：款式與校對章同，並加「附件章」字樣，於公文之附件上蓋用之。
(七)收件章：用橡皮刻製，刻機關全銜，並加「收件之章」字樣，並附日期及時間，於收受文件時用之。
(八)職名章：以正楷或隸書刻製職稱、姓名。

八十三、機關印信章戳，除印信應由首長指定監印人員負責保管外，章戳亦應指定專人負責保管，如有遺失或冒用情事，應由保管人員負完全責任。

八十四、各機關公文用紙之質料、尺度及格式，除左列原則外，並應依附件所列規定辦理：

（一）質料：七十磅以上米色（白色）模造紙或再生紙。

（二）尺度：採國家標準總號五號用紙尺度Ａ４，便條紙得用Ａ５。

（三）格式：依附件所列。

八十五、各機關所使用之各種表簿格式，得視實際需要參照國家標準及國產紙張標準自行規定印製。

附　公文用紙

附件一（全銜）分層負責明細表

單位

工作項目	權責劃分			備考
	第一層（正副首長）	第二層（單位主管）	第三層（承辦人）	

說明：

一、先寫各單位共同事項，再依次寫各單位個別事項。

二、工作項目排列次序為一、二、三、……，（一）（二）（三）……，1、2、3、……，（1）（2）（3）……，必要時可加甲、乙、……。

三、各層次內，可依處理情形，分別填寫「擬辦」、「審核」、「核定」等字樣。

附件二　電話紀錄用紙格式

2.5公分

（全銜）公務電話紀錄

協調事項	
發受話人通話內容	
發話人單位級職姓名	
受話人單位級職姓名	
通話時間	
備註	

2.5公分

3公分

1.0公分

1.5公分

裝訂線

說明：

一、本格式以Ａ４七十磅以上模造紙用黑色印製。

二、裝訂成冊後另將下列文字印刷於封面內頁：

（一）各機關間凡公務上聯繫、洽詢、通知等可以簡單正確說明的事項，均可使用本紀錄。

（二）本紀錄應由發話人認有必要時，複寫兩份，以一份送達受話人。

（三）本紀錄發話、受話雙方均應附卷，以供查考。

附件三簽稿會核單

2.5公分

（全銜）簽稿會核單

案情摘要								
受會單位								
會核意見或簽名								
主辦單位	總收文字號	收會時間						
		會畢時間						

裝訂線

1.0公分　1.5公分　3公分

2.5公分

說明：
一、本格式以A4七十磅以上模造紙（或再生紙）印製。
二、中間分隔之多少及寬窄可視需要自行調整。

使用說明：

一、各單位送請會核文件，除仍依照向例在簽、稿封面左上角眉端註明：「會○○單位」（會核單位較多時，單位之間的間隔距離酌予放大）外，並請填註本單，隨同簽稿附送。

二、送會文件經受會單位會核後，請主管人員（或代理人）在簽稿上緊接會核單位名稱之下蓋銜名章（代替簽名），其他有關承辦人員如同意或另有意見，請在本單內填列，並簽名。

三、本單「收會時間」欄由受會單位填註；「會畢時間」欄由主辦單位填註，受會單位有二個以上時，僅填最後一個單位的會畢時間。

附件四　會銜公文會辦單

裝訂線

（機關全銜）會銜（文別）會辦單

主辦單位	

機關／類別	主辦機關	會辦機關	會辦機關
機關名稱			
決行			
審核			
承辦			
會辦			
收發文日期及字號			

2.5公分　2.5公分　3公分　1.0公分　1.5公分

說明：

一、本格式以A4七十磅以上模造紙（或再生紙）印製。

二、會銜機關列銜次序，應以主稿機關在前，會稿機關在後。

三、各機關得視會銜機關之多寡可自行調整印製。

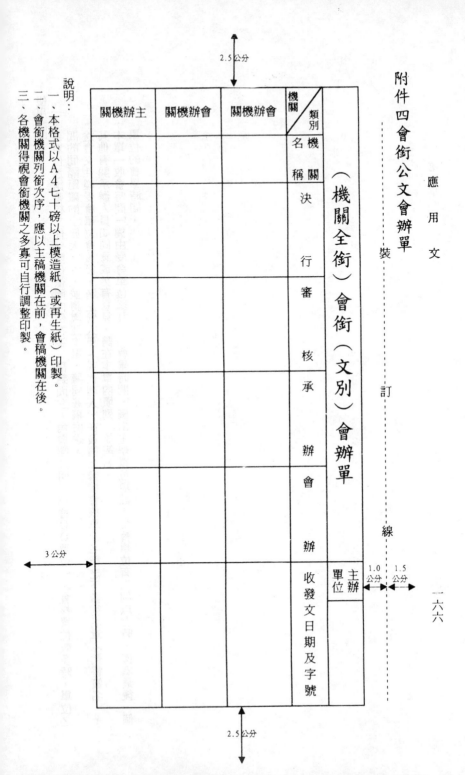

附件五開會通知單用紙格式

（機關全銜） 開會通知單

受文者：

密等及解密條件：
發文日期：
發文字號：
附件：

開會事由：
開會時間：
開會地點：
主持人：

出席者：

列席者：

副本：

備註：

聯絡人及電話：

（蓋章戳）

說明：
一、本格式以A4七十磅以上模造紙（或再生紙）製作。
二、依據「公文程式條例」，如以電子交換方式行之，得不蓋用印信。

2.5公分　3公分　1.0公分　1.5公分　裝　訂　線

附件六公文夾

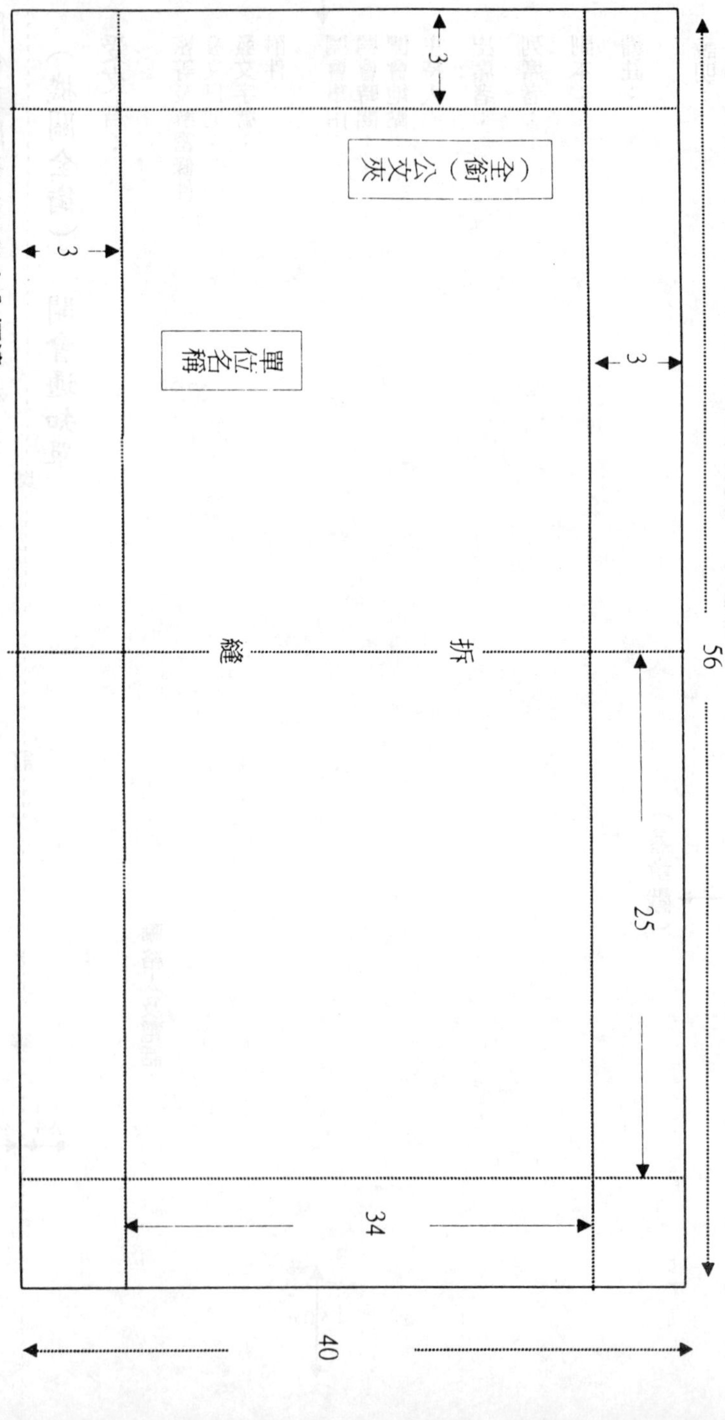

註：四邊虛線表示外向內摺邊

公文夾內面右頁印說明及注意事項，其形式如左：

說明及注意事項

一、公文夾專供機關內各單位遞送文件之用，分陳核、陳判、陳閱三種。
二、公文夾上須填明單位名稱。
三、公文夾顏色用途區分如左，各機關並得視實際需要自行訂定：
（一）紅色——用於最速件
（二）藍色——用於速件
（三）白色——用於普通件
（四）黃色——用於機密件
四、會簽會核時限如左：
（一）最速件　一小時
（二）速　件　二小時
（三）普通件　四小時
五、會簽、會核應依次傳遞，最後單位會畢後，仍送還原承辦單位。

附件七　公文紙格式

裝　訂　線

1.0公分　1.5公分

（機關全銜）（文別）（會銜公文機關排序：主辦機關、會辦機關）

機關地址：（會銜公文列主辦機關，令、公告不須此項）

傳　　真：（會銜公文列主辦機關，令、公告不須此項）

受文者：（令、公告不須此項）

速別：（令、公告不須此項）

密等及解密條件：（令、公告不須此項）

發文日期：

發文字號：（會銜公文機關排序：主辦機關、會辦機關）

附件：

（本文）（令：不分段

公告：主旨、依據、公告事項三段式

函、書函等：主旨、說明、辦法三段式）

（會銜公文：按機關排序蓋用機關首長簽字章

令：蓋用機關印信、機關首長簽字章

公告：蓋用機關印信、機關首長簽字章

函：上行文－署機關首長職銜蓋職章

下行文－機關首長簽字章

2.5公分

正本：（令、公告不須此項）

副本：（含附件者註明；含附件或含○○附件）

（蓋章戳）書函、一般事務性之通知等：蓋機關（單位）條戳）

3公分

說明：

一、本格式以A4七十磅以上模造紙（或再生紙）製作。

二、依據「公文程式條例」，如以電子交換方式行之，得不蓋用印信。

三、一般公文蓋用機關印信之位置，以在首頁中間偏右下方空白處用印為原則，簽署使用之章戳位置則在全文最後。

附件八　公文封套

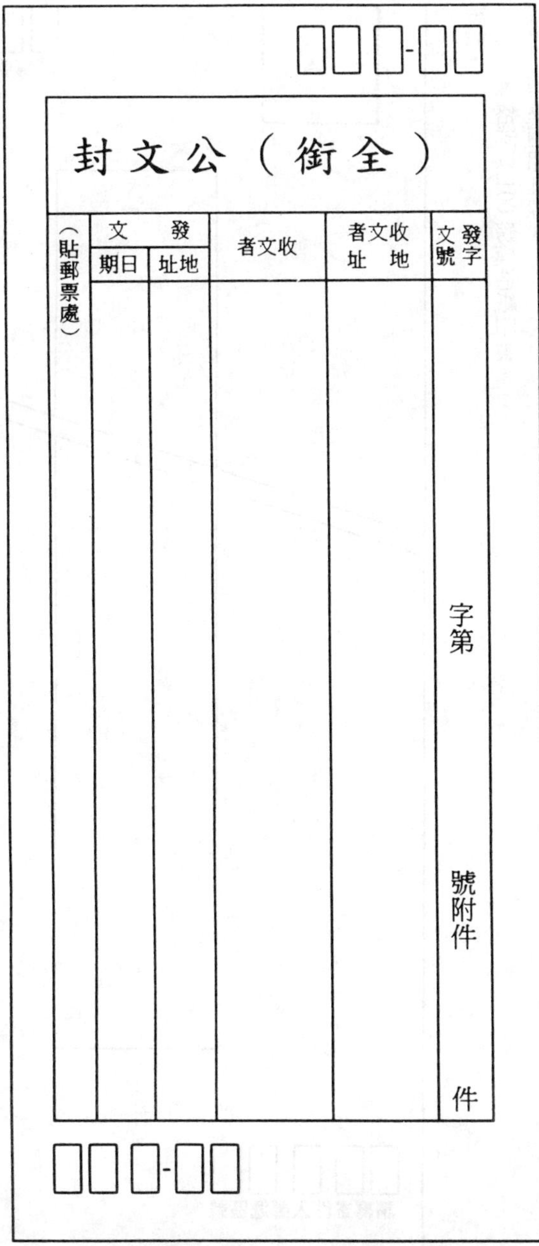

229x162 或 324x229

說明：

一、本格式採國家標準總號CNS3403之C4、C5尺度。

二、外框用較粗線，中間分隔用較細線。

三、尺寸計算單位：公釐。

四、郵遞區號位置請參考交通部郵政總局相關規定。

附件九公文封套

（信封背面請加印郵遞區號一覽表）

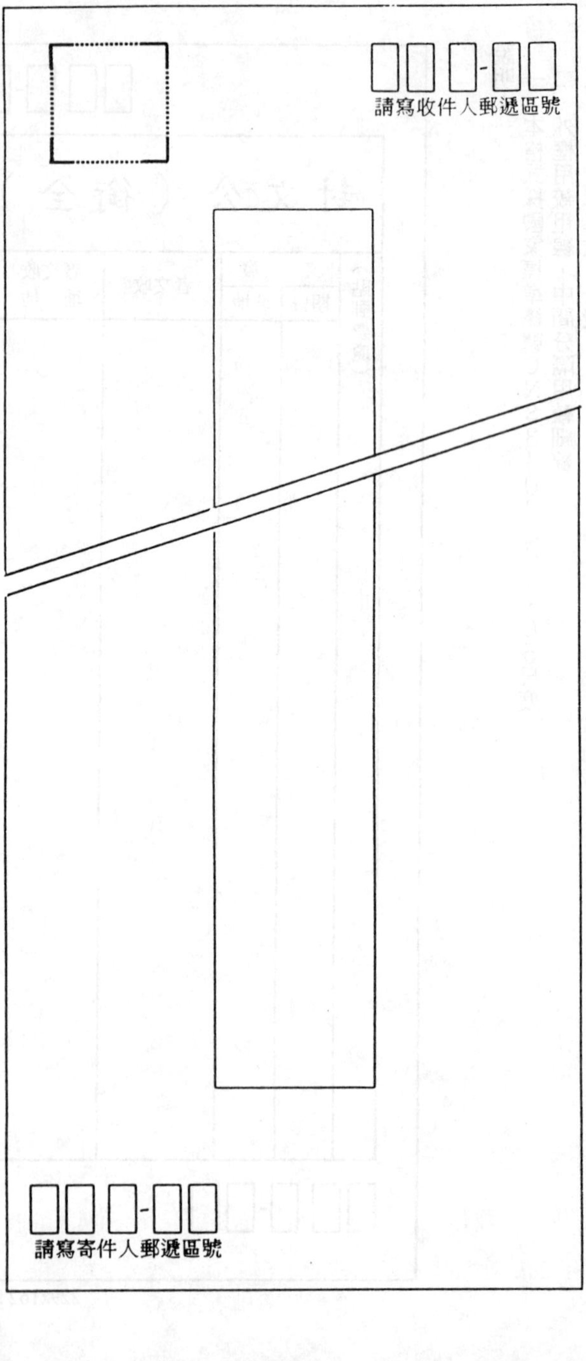

說明：

一、本格式以100磅模造紙印製。

二、中框用粗紅線。

三、郵遞區號位置請參考交通部郵政總局相關規定。

附件十

（全銜）機密文書機密等級變換或註銷處理意見表

檔號	發文日期	發文文號	發文文別	案由	受文機關	抄送副本機關	原機密等級	新等級或註銷	變換機密等級理由	備考

核　　陳

說明：

一、已辦之機密文書資料，已失保密時效，或因有關機關之建議，其機密等級應予註銷或變換者，先提出審查後，填此表陳核。

二、「絕對機密」「極機密」者，由機關權責長官核定，「機密」「密」者，由單位主管核定。

附件十一

（全銜）機密文書機密等級變換或註銷紀錄戳

通知機關	日期	字號
	年　月　日	字第　號

新等級或註銷

登記人
級職： 姓名： 年　月　日

說明：

一、機密文書機密等級奉准變換或註銷時先調出原卷核對。

二、將原案封面或公文紙上所標機密等級以雙線劃去，再於明顯處蓋上紀錄戳，加以填記蓋章。

三、原案照變換之等級或非機密文件保管。

附錄一　公文作法舉例

公（發）布令作法舉例

行政院令

發文日期：中華民國八十六年○○月○○日
發文字號：（八六）　字第　號

訂定「票據法施行細則」。
附「票據法施行細則」

院長　○○○

函稿蓋章戳參考範例

裝　訂　線

行政院　函稿

發文○○○　監印○○○
校對○○○

機關地址：台北市忠孝東路一段一號
傳　真：（○二）○○○○○○○

受文者：
速別：最速件
密等及解密條件：
發文日期：中華民國八十六年○○月○○日
發文字號：（八六）　字第　號
附件：

主旨：爲杜流弊，節省公帑，各項營繕工程，應依法公開招標，並不得變更設計及追加預算，請轉知所屬機關學校照辦。

說明：
一、依本院○年○月○日○○會議決議辦理。
二、據查目前各級機關學校對營繕工程仍有未按規定公開招標之情事，或施工期間變更原設計，以及一再請求追加預算，致弊端叢生，浪費公帑。

院長	副院長	秘書長	副秘書長
0720 1455	0720 1455	0720 1525	0720 1425

承辦單位

組室會主管	核稿	承辦人
0720 1420	0720 1410	0720 1400

保存年限：

辦法：

一、各機關學校對營繕工程應依法公開招標，並按「機關營繕工程及購置定製變賣財物稽查條例」辦理。

二、各單位之工程應將施工圖、設計圖、契約書、結構圖、會議紀錄等工程資料，報請上級單位審核，非經核准，不得變更原設計及追加預算。

院　長　〇〇〇

正本：台灣省政府、福建省政府、台北市政府、高雄市政府

副本：本院主計處、本院秘書處

說明：有關檔號、保存年限、收文日期、收文字號、承辦單位、簽名、批示、會稿單位、繕打、校對、監印等項目，由各機關於空白處自行規定填寫位置。

公文用印及蓋章戳參考範例

號：
存年限：

裝　訂　線

機關地址：台北市忠孝東路一段一號
傳　　真：（○二）○○○○○○○

印　信
（限：令、公告使用）

受文者：台北市政府

行政院　函

速別：最速件
密等及解密條件：
發文日期：中華民國八十六年○○月○○日
發文字號：（八六）　字第　號
附件：

敬會
○○○

主任○○○	
0723 1200	0723 1155

0723 1145	0723 1130	0723 1115

		科員○○○
0723 1110	0723 1105	0723 1100

86.7.22.府收字第 8655554554 號

主旨：爲杜流弊，節省公帑，各項營繕工程，應依法公開招標，並不得變更設計及追加預算，請轉知所屬機關學校照辦。

說明：

一、依本院○年○月○日○○會議決議辦理。

二、據查目前各級機關學校對營繕工程仍有未按規定公開招標之情事，或施工期間變更原設計，以及一再請求追加預算，致弊端叢生，浪費公帑。

市長○○○	
0723 1610	

政務副市長	事務副市長
0723 1555	0723 ..25

秘書長	副秘書長
0723 1455	0723 ..25

承辦單位

局長○○○	
0723 1000	0723 0945

0723 0855	0723 0845

0723 0815	0723 0810

辦法：

一、各機關學校對營繕工程應依法公開招標，並按「機關營繕工程及購置定製變賣財物稽查條例」辦理。

二、各單位之工程應將施工圖、設計圖、契約書、結構圖、會議紀錄等工程資料，報請上級單位審核，非經核准，不得變更原設計及追加預算。

院　長　○○○

正本：台灣省政府、福建省政府、台北市政府、高雄市政府

副本：本院主計處、本院秘書處

說明：有關檔號、保存年限、收文日期、收文字號、承辦單位、簽名、批示、會稿單位、繕打、校對、監印等項目，由各機關於空白處自行規定填寫位置。

二段式函作法舉例（平行文）

行政院　函

機關地址：台北市忠孝東路一段一號
傳　　真：（〇二）〇〇〇〇〇〇〇

受文者：立法院

速別：
密等及解密條件：
發文日期：中華民國〇〇年〇〇月〇〇日
發文字號：（〇〇）　字第　　號
附件：銀行法修正草案一份

主旨：函送銀行法修正草案，請　查照審議。

說明：

一、財政部〇年〇月〇日〇字第〇號函以現行銀行法係於民國二十二年三月公布，施行至今，已四十年，其間由於社會經濟環境的重大變遷，原法規定事項，對國家經濟計畫的實施與工商各業的發展，均已不足因應實際需要。於是經成立修改銀行法專案小組，完成銀行法修正草案，請核轉立法院審議。

二、經提出〇年〇月〇日本院第〇次會議決議：「修正通過，送請立法院審議」。

正本：立法院
副本：財政部

院長　〇〇〇

二段式函作法舉例（下行文）

臺北市政府　函

機關地址：台北市市府路○○號
傳真：（○二）○○○○○○○

受文者：本府工務局

速別：
密等及解密條件：
發文日期：中華民國○○年○○月○○日
發文字號：（○○）　字第　號
附件：

主旨：「臺北市環境美化會報設置要點」自○年○月○日廢止，請　查照。
說明：依據本府人事處案陳　貴局○年○月○日○字第○號函辦理。

正本：本府工務局
副本：本府工務局公園路燈管理處

市長　○○○

二段式函作法舉例（上行文）

臺北市松山區公所　函

機關地址：台北市○○路○○號
傳真：（○二）○○○○○○○

受文者：臺北市政府

速別：
密等及解密條件：
發文日期：中華民國八十六年○○月○○日
發文字號：（八六）　字第　號
附件：○○年下期公文處理合於獎勵人員名冊五份
主旨：函送本所○○年下期公文處理合於獎勵之主任秘書以上人員名冊五份，請　核獎。
說明：
一、依　鈞府○年○月○日○字第○號函辦理。
二、其他人員俟按權責核定後再行報備。

正本：臺北市政府
副本：

區長　○○○

會銜函作法舉例

外交部、財政部、經濟部　函

機關地址：台北市○○路○○號
傳真：（○二）○○○○○○○

受文者：行政院

速別：
密等及解密條件：
發文日期：中華民國八十六年○○月○○日
發文字號：（八六）　字第　號
（八六）　字第　號
（八六）　字第　號
附件：「加強中約暨中沙友好關係方案」三份

主旨：檢送「加強中約暨中沙友好關係方案」，請　核備。
說明：
一、爲進一步加強我國與約旦暨沙烏地阿拉伯兩王國之友好關係，本財政部○部長、本經濟部○部長、○次長及本外交部○部長、○次長、○司長於○年○月○日在外交部舉行會議，經依照中約雙方會商決定之項目及○部長訪問沙國所建議之事項，逐項縝密商討，擬定「加強中約暨中沙友好關係方案」一種，並決定由主辦單位負責籌劃，迅付實施。
二、附前述方案一式三份。
正本：行政院
副本：

部長〇〇〇
部長〇〇〇
部長〇〇〇

臺北市○○國民中學 書函

機關地址：台北市○○路○○號
傳真：（○二）○○○○○○○

受文者：台北市市立動物園

速別：速件
密等及解密條件：
發文日期：中華民國八十六年○○月○○日
發文字號：（八六） 字第 號
附件：

主旨：本校爲舉辦課外教學需要，擬前往 貴園參觀，敬請惠予協助、指導，請 查照。

說明：

一、本校○年級學生計○○人，訂於○年○月○日前往 貴園參觀，屆時惠請派員導引、解說。

二、本案本校聯絡人：○○○，電話：○○○○○○○。

正本：台北市市立動物園
副本：台北市政府教育局

（台北市○○國民中學條戳）

機關地址：台北市忠孝東路一段一號
傳真：（〇二）〇〇〇〇〇〇〇

行政院　交辦（議）案通知單

交辦（議）案件通知單作法舉例

受文者：行政院主計處

速別：最速件
密等及解密條件：
發文日期：中華民國八十六年〇〇月〇〇日
發文字號：（八六）　字第　號
附件：檢附原函影本暨附件一份

主旨：有關交通部函陳「政府機關公文電子交換系統」營運可行性規劃書一案，奉交　貴機關研提卓見，請於文到後二週內見復。

正本：行政院主計處、行政院研究發展考核委員會
副本：

（行政院秘書處條戳）

催辦案件通知單作法舉例

行政院　催辦案件通知單

機關地址：台北市忠孝東路一段一號
傳真：（〇二）〇〇〇〇〇〇〇

受文者：〇〇〇

速別：最速件
密等及解密條件：
發文日期：中華民國八十六年〇〇月〇〇日
發文字號：（八六）　字第　號
附件：

主旨：有關〇〇〇案，已於〇年〇月〇日以〇字第〇號交議案件通知單奉交　貴〇辦理，
請剋日見復，以便轉陳。

（行政院秘書處條戳）

正本：〇〇〇
副本：

移文單作法舉例

行政院密書處　移文單

機關地址：台北市忠孝東路一段一號
傳真：（〇二）〇〇〇〇〇〇〇

受文者：內政部

速別：
密等及解密條件：
發文日期：中華民國八十六年〇〇月〇〇日
發文字號：（八六）　字第　號
附件：如文

主旨：台北縣政府〇年〇月〇日〇字第〇號函有關配合推行社區發展案，因案屬　貴管，
　移請卓辦。

正本：內政部
副本：

（行政院秘書處條戳）

機密文書機密等級變換或註銷建議單作法舉例

（全銜）機密文書機密等級變換或註銷建議單

機關地址：
傳真：

受文者：

速別：最速件
密等及解密條件：密（註銷後解密）
發文日期：中華民國八十六年○○月○○日
發文字號：（八六）　字第　號
附件：

主旨：有關（來文機關）○年○月○日○○字第○○○○○○號（文別），建請惠予（變換或註銷）其機密等級。

說明：有關前述文號之（案由）一案，原為（原機密等級），因（建議再分類理由），建請惠予（建議再分類等級）。

（條戳）

正本：○○○、○○○、○○○
副本：○○○、○○○

機密文書機密等級變換或註銷通知單作法舉例

（全銜）機密文書機密等級變換或註銷通知單

機關地址：
傳真：

受文者：

速別：最速件
密等及解密條件：密（註銷後解密）
發文日期：中華民國八十六年〇〇月〇〇日
發文字號：（八六）　字第　號
附件：

主旨：（原發文機關）〇年〇月〇日〇〇字第〇〇〇〇〇〇號（文別），有關（案由）乙案原為（原機密等級），請惠予（變換為新機密等級或註銷）。

正本：〇〇〇、〇〇〇、〇〇〇
副本：〇〇〇、〇〇〇

（條戳）

簽作法舉例（具有幕僚單位性質的機關首長對上級機關首長用）

簽　於（機關或單位）

主旨：○○部爲亞洲開發銀行請撥付亞洲蔬菜研究發展中心補助費新台幣○○○元，擬准動支本年度第二預備金，簽請　核示。

說明：○○部函爲○○銀行以亞洲開發銀行請自該行B帳戶我國繳付本國幣股本內支付亞洲蔬菜研究發展中心新台幣○○○元，業已先行墊撥，上項亞洲蔬菜研究發展中心補助費，本年度未列預算，既由○○銀行墊付，請准在○○年度第二預備金項下撥還歸墊。又本案事關涉外重要案件，特專案簽辦。

擬辦：擬准照○○部所請在本年度中央政府總預算第二預備金項下動支。

敬陳

副○長

○　長

○○○（蓋職章）（日期）

公告作法範例（登報用）

內政部　公告

發文日期：中華民國八十六年〇〇月〇〇日
發文字號：（八六）　字第　號

主旨：公告民國〇年出生的役男應辦理身家調查。

依據：徵兵規則

公告事項：

一、民國〇年出生的男子，本年已屆徵兵年齡，依法應接受徵兵處理。

二、請該徵兵及齡男子或戶長依照戶籍所在地（鄉、鎮、市、區）公所公告的時間、地點及手續，前往辦理申報登記。

附錄二　機關公文傳真作業辦法

中華民國八十二年四月七日台八十二秘字第〇八六四一號令訂定發布

第一條　本辦法依公文程式條例第十二條之一訂定之。

第二條　機關公文傳真作業，除法律另有規定外，依本辦法之規定。但總統府及立法、司法、考試、監察四院另有規定者，從其規定。

第三條　本辦法之規定，於公營事業機構及公立學校適用之。

本辦法所稱傳真，係指送方將文件資料，以電話等通訊設備，透過電信網路傳輸，受方於其通訊設備上，即可收受該文件資料影印本之傳達方式。

第四條　各機關應指定單位或指派適當人員，負責辦理公文傳真作業。

第五條　傳真之公文，以公文程式條例第二條第一項第四款及第六款所定之公文為限。但左列公文，非經核准不得傳真：

一、機密性公文。

二、受文者為人民、法人或非法人團體之公文。

三、附件為大宗文卷、書籍、照（圖）片，或超過八開以上圖表之公文。

四、其他因傳真可能影響正確性之公文。

第六條　各機關對於內容涉及重要事項，須迅予處理之公文，得以先行傳真，事後應即補送原件之方式處理，並於文面註明。

第七條　承辦人員對於擬傳真之公文，應於公文原稿適當位置註明；並依規定程序陳核、繕校、蓋用印信或簽署及編號登記後始得傳真。

第八條　公文傳真應以原件爲之；如係影印本，應經核准，其附件亦同。

第九條　公文傳真作業發文程序如左：

一、登錄傳真公文登記表（簿），記載受文者、發文字號、案由、傳送日期、時間、頁數及承辦單位（人員）等。

二、加蓋傳真作業辦理人員名章，於公文末頁適當位置。

三、撥通受方傳真電話，確認接收者身分後，開始傳真。

四、傳畢再通話對照傳真頁數無誤，文面加蓋傳真文件戳，附原稿歸檔。

第十條　受文單位傳真作業辦理人員收到傳真公文時，應於文面加蓋機關全銜之傳真收文章，註明頁數及加蓋騎縫章，並按收文程序辦理。

前項傳真公文，如有頁數不全或其他有關問題，傳真作業辦理人員應通知發文單位補正。

第十一條　各機關收受傳真公文用紙之質料及規格，均應照規定標準使用。

第十二條　各機關因處理傳真公文需要之章戳，得自行刻用之。

第十三條　各機關爲配合實際業務需要，得依本辦法及有關規定，訂定公文傳真作業要點。

第十四條　傳真公文之保管、保密及其他未盡事宜，依事務管理規則及其手冊等有關規定辦理。

第十五條　本辦法自發布日施行。

附錄三：機關公文電子交換機作業辦法

中華民國八十三年六月三日八十三台院秘字第一九九九三號令訂定發布

第一條　本辦法依公文程式條例第十二條之一訂定之。

第二條　機關公文電子交換作業，依本辦法之規定。但總統府及立法、司法、考試、監察四院另有規定者，從其規定。

第三條　本辦法所稱電子交換，係指將文件資料透過電腦系統及電信網路，予以傳遞收受者。

第四條　各機關對於適合電子交換之機關公文，於設備、人員能配合時，應以電子交換行之。

第五條　機關公文以電子交換行之者，得不蓋用印信或簽署。

第六條　各機關應由文書單位負責辦理機關公文電子交換作業。

第七條　機關公文電子交換作業發文處理應注意事項如左：

一、公文於電子交換前應列印全文，並校對無誤後做爲抄件。

二、發文作業人員應輸入識別碼、通行碼或其他識別方式，於電腦系統確認相符後，始可進行發文作業。

三、檢視電腦系統已發送之訊息。

四、行文單位兼有電子交換及非電子交換者，應列印清單，以資識別。

五、電子交換後應於公文原稿加蓋「已電子交換」戳記，並將抄件併同原稿退件或歸檔。

六、透過電子交換之公文，至遲應於次日在電腦系統檢視發送結果，並爲必要之處理。

發文機關得視需要將所傳遞公文及發送紀錄予以存證。

第一項第五款之章戳，由各機關自行刊刻。

第八條　機關公文電子交換作業收文處理應注意事項如左：

一、收文作業人員應輸入識別碼、通行碼或其他識別方式，於電腦系統確認相符後，即時或定時進行收文作業。

二、列印收受之公文，同時由收文方之電腦系統加印頁碼及騎縫標識，並按收文處理作業程序辦理。

三、來文誤送或疏漏者，通知原發文機關另爲處理。

第九條　機關公文電子交換之收、發文程序，各機關得視需要增加其他安全管制措施。

第十條　機關公文電子交換之管理事項，由行政院指定機關辦理。

第十一條　各機關辦理機關公文電子交換事宜，其電腦化作業應依行政院訂頒之相關規定行之。

第十二條　各機關爲配合實際業務需要，得依本辦法及有關規定，自行訂定機關公文電子交換作業要點。

第十三條　受文者爲人民之機關公文，以電子交換行之者，得不適用第六條至第八條之規定，由各機關依其業務需要另定之。

第十四條　本辦法之規定，於公營事業機構及公立學校準用之。

第十五條　本辦法自發布日施行。

附錄四 檔案法

總統令 中華民國八十八年十二月十五日華總一義字第八八〇〇二九七四八〇號

第一章 總則

第一條 爲健全政府機關檔案管理，促進檔案開放與運用，發揮檔案功能，特制定本法。
本法未規定者，適用其他法令規定。

第二條 本法用詞，定義如下：
一、政府機關：指中央及地方各級機關（以下簡稱各機關）。
二、檔案：指各機關依照管理程序，而歸檔管理之文字或非文字資料及其附件。
三、國家檔案：指具有永久保存價值，而移歸檔案中央主管機關管理之檔案。

第三條 關於檔案事項，由行政院所設之專責檔案中央主管機關掌理之。檔案中央主管機關未設立前，由行政院指定所屬機關辦理之。
前項檔案中央主管機關，最遲應於本法公布後二年內設立。
檔案中央主管機關之組織，以法律定之。
檔案中央主管機關設立國家檔案管理委員會，負責檔案之判定、分類、保存期限及其他爭議事項之審議。

第四條 各機關管理檔案，應設置或指定專責單位或人員，並編列年度計畫及預算。

第五條 檔案非經該管機關依法核准，不得運往國外。

第二章 管理

第六條　檔案管理以統一規劃、集中管理爲原則。
檔案中有可供陳列鑑賞、研究、保存、教化世俗之器物，得交有關機構保管之。

第七條　檔案管理作業，包括下列各款事項：
一、點收。
二、立案。
三、編目。
四、保管。
五、檢調。
六、清理。
七、安全維護。
八、其他檔案管理作業及相關設施事項。

第八條　檔案應依檔案中央主管機關規定之分類系統及編目規則分類編案、編製目錄。
各機關應將機關檔案目錄定期送交檔案中央主管機關。
檔案中央主管機關應彙整國家檔案目錄及機關檔案目錄定期公布之，並附目錄使用說明。
檔案中央主管機關應設置研究部門，加強檔案整理與研究，並編輯出版檔案資料。

第九條　檔案得採微縮或其他方式儲存管理，其實施辦法，由檔案中央主管機關定之。
依前項辦法儲存之紀錄經管理該檔案之機關確認者，視同原檔案。其複製品經管理該檔案機關確認者，推定其爲眞正。

第十條　檔案之保存年限，應依其性質及價值，區分爲永久保存或定期保存。

第十一條　永久保存之機關檔案，應移轉檔案中央主管機關管理。其移轉辦法，由檔案中央主管機關擬訂，報請行政院核定之。

第十二條　定期保存之檔案未逾法定保存年限或未依法定程序，不得銷毀。
各機關銷毀檔案，應先制定銷毀計畫及銷毀之檔案目錄，送交檔案中央主管機關審核。
經檔案中央主管機關核准銷毀之檔案，必要時，應先經電子儲存，始得銷毀。
機關檔案保存年限及銷毀辦法，由檔案中央主管機關擬訂，報請行政院核定之。

第十三條　公務員於職務移交或離職時，應將其職務上掌管之檔案連同辦理移交，並應保持完整，不得隱匿、銷毀或藉故遺失。
前項規定，於民營事業企業機構移轉公營，或公營移轉民營者，均適用之。

第十四條　私人或團體所有之文件或資料，具有永久保存價值者，檔案中央主管機關得接受捐贈、受託保管或收購之。
捐贈前項文件或資料者，得予獎勵，獎勵辦法由檔案中央主管機關定之。

第十五條　私人或團體所有之文字或非文字資料，各機關認爲有保存之必要者，得請提供，以微縮或其他複製方式編爲檔案。

第十六條　機密檔案之管理方法，由檔案中央主管機關報請行政院定之。

第三章　應　用

第十七條　申請閱覽、抄錄或複製檔案，應以書面敘明理由爲之，各機關非有法律依據不得拒絕。

第十八條　檔案有下列情形之一者，各機關得拒絕前條之申請：

一、有關國家機密者。

二、有關犯罪資料者。

三、有關工商祕密者。

四、有關學識技能檢定及資格審查之資料者。

五、有關人事及薪資資料者。

六、依法令或契約有保密之義務者。

七、其他爲維護公共利益或第三人之正當權益者。

第十九條　各機關對於第十七條申請案件之准駁，應自受理之日起三十日內，以書面通知申請人。其駁回申請者，並應敘明理由。

第二十條　閱覽或抄錄檔案應於各機關指定之時間、處所爲之，並不得有下列行爲：

一、添註、塗改、更換、抽取、圈點或污損檔案。

二、拆散已裝訂完成之檔案。

三、以其他方法破壞檔案或變更檔案內容。

第二十一條　申請閱覽、抄錄或複製檔案經核准者，各機關得依檔案中央主管機關所定標準收取費用。

第二十二條　國家檔案至遲應於三十年內開放應用，其有特殊情形者，得經立法院同意，延長期限。

第四章　罰　則

第二十三條　違反第五條規定，未經核准將檔案運往國外者，處二年以下有期徒刑、拘役或科或併科新臺幣五萬元以下罰金。

前項未遂犯罰之。

第二十四條　明知不應銷毀之檔案而銷毀者，處二年以下有期徒刑、拘役或科或併科新臺幣五萬元以下罰金。

違反第十二條之銷毀程序而銷毀檔案者，亦同。

違反第十三條之規定者，亦同。

第二十五條　以第九條微縮或其他方式儲存之紀錄及其複製品，關於刑法僞造文書印文罪章之罪及該章以外各罪，以文書論。

第二十六條　違反第二十條規定者，各機關得停止其閱覽或抄錄。其涉及刑事責任者，移送該管檢察機關偵辦。

第五章　附　則

第二十七條　本法公布施行後，各機關之檔案管理，與本法及依本法發布之命令規定不相符合者，各機關應於檔案中央主管機關指定期限內調整之。

第二十八條　公立學校及公營事業機構準用本法之規定。

第二十九條　本法施行細則，由檔案中央主管機關定之。

第三十條　本法施行日期，由行政院定之。

附二　民國六十五年至七十二年高普特考公文試題答案

1. 擬臺灣省政府教育廳覆教育部函：爲提倡勤儉淳樸、遵守法紀之社會風氣，遵照部頒『輔導青少年有關事項』之規定，擬訂『臺灣省政府教育廳輔導青少年實施辦法草案』，覆請鑒核。（六五年高考）

臺灣省政府教育廳函

〇年〇月〇日
〇字第〇號

受文者：教育部

主　旨：擬定『臺灣省政府教育廳輔導青少年實施辦法草案』，覆請　鑒核。

說　明：

一、爲提倡勤儉淳樸、遵守法紀之社會風氣，謹依　鈞部〇年〇月〇日〇字第〇號函頒『輔導青少年有關事項』之規定，擬訂『臺灣省政府教育廳輔導青少年實施辦法草案』一種。

二、附上述草案一式〇份。

廳長　〇〇〇

2. 擬臺北市政府致所屬各機關學校函，訂頒『臺北市政府嚴禁所屬公教人員賭博冶遊執行要點』，希轉知所屬照辦。（六五年普考）

臺北市政府函

〇年〇月〇日
〇字第〇號

受文者：本府所屬各機關學校

主　旨：訂頒『臺北市政府嚴禁所屬公教人員賭博冶遊執行要點』乙種（如附件），希轉知所屬照辦。

說　明：

一、公教人員賭博冶遊早經明令禁止，然尚有部份人員陽奉陰違，敗壞政治及教育風氣至鉅。

二、爲貫徹蔣院長指示，有效杜絕上述不良風氣，特訂頒『嚴禁公教人員賭博冶遊執行要點』。

三、附『臺北市政府嚴禁所屬公教人員賭博冶遊執行要點』一份。

市長○○○

3. 擬財政部致國內各銀行函：注意改進櫃臺業務，尤以款項收支，更不可疏忽錯誤，希轉知所屬遵照。

（六五年稅務金融人員丙等特考）

財政部函

○年○月○日
○字第○○號

受文者：國內各銀行

主　旨：請注意改進櫃臺業務，尤以款項收支，更不可疏忽錯誤，希轉知所屬照辦。

說　明：

一、近來迭聞銀行發生溢領、冒領情事，致與顧客發生糾紛，造成社會不良印象。

二、應確保各金融機構與顧客存取現款之正確安全，加強爲顧客服務，並免爭端。

三、應督導所屬行員注意改進櫃臺業務及提高警惕，尤以款項收支，更不可疏忽錯誤，影響金融機構之聲譽。

部長〇〇〇

4. 試擬行政院人事行政局上行政院函：為擬訂行政院暨所屬部會處局署員工自強及康樂活動實施要點，報請核定實施。（六六年高考）

行政院人事行政局函

〇年〇月〇日
〇字第〇號

受文者：行政院

主旨：擬訂『行政院暨所屬各部會處局署員工自強及康樂活動實施要點』，報請　核定後通函各機關實施。

說明：

一、中央機關員工自強及康樂活動，自實施以來，一般反映甚佳，對增進員工身心健康，加強單位間聯繫，及培養團隊精神，均具成效。

二、本局六十七年度預算業已列有此項經費，擬仍照往例繼續辦理。

三、為期今後辦理有所準據起見，特訂定本要點。

辦法：

一、參加對象：包括本院所屬一級機關員工，並邀請國民大會、總統府及其他四院各一級機關員工參加。

二、活動項目：分各種球類比賽、橋藝比賽、棋藝比賽、書畫攝影展覽、登山健行活動、員工運動會等。

三、活動時間：每會計年度開始時，由本局按照預定計畫，分項分月進行。

四、經　費：在本局所列康樂活動經費項下支應。

五、附擬訂實施要點一份。

局　長　陳〇〇

5.行政院國家科學委員會鑒於配合國家經濟發展之需要，亟應加強培植科技人才，其有關充實大專院校理工科系師資及設備等事項，宜由教育部統籌規劃，試擬國科會致教育部函。（六六年高考）

行政院國家科學委員會函

〇〇年〇月〇日
〇〇字第〇〇號

受文者：教育部

主　旨：函請就主管業務，統籌規劃，積極培植科技人才，俾教育與經濟建設相配合，以適應當前情勢之需要。

說　明：

一、近年國內經濟迅速發展，各項建設正加緊進行，根據本會調查資料顯示，各負責工程單位，普遍缺乏科技人才，如不及時補救，其後果將更趨嚴重。

二、貴部職掌全國教育，如何培植科技人才以配合國家建設，似應作全盤規劃，迅付實施。

辦　法：

一、各大專院校應寬籌經費，充實理工科系師資及設備，擴充班次，增設獎學金，並擬訂其他獎助辦法，以鼓勵青年就學。

二、建議由教育部邀集有關機關及大專院校負責人，舉行會議，商討關於充分發揮教育功能，積極培植科技人才之具體可行辦法。

主任委員　徐〇〇

6. 試擬臺灣省糧食局致各縣市政府函：爲最近颱風過境，造成各地農田災害，本局爲協助農民復耕生產，特訂定輔助辦法一種，玆檢送該辦法，希查照辦理。（六六年高考）

臺灣省糧食局函

〇年〇月〇日
〇字第〇號

受文者：各縣市政府

副　本：
收受者　臺灣省政府祕書長、建設廳、農林廳

主　旨：爲針對颱風災情，協助農民復耕生產，擬訂輔助辦法一種，函請查照辦理。

說　明：

一、最近『賽洛瑪』及『薇拉』颱風先後侵襲省境，造成各地農田重大災害，本局報奉省府指示，應針對災情，迅採善後措施。

二、關於勘查風災工作，業由本局派遣小組分赴各縣市災區勘查完畢。

辦　法：

三、為使災農得以早日復耕生產，特訂定本辦法。

一、視農民受災之程度，分別採取撥款救濟，洽請行庫貸款，及增配肥料等措施。

二、協助搶修倉庫，調節各地糧食供應，輔導農民迅速恢復生產。

三、檢附輔助辦法一份。

局長　黃〇〇

7.擬臺北市教育局致本市各中學函：希加強學生生活輔導，促進品德修養，以消弭越軌行動。（六六年普考第一梯次）

臺北市政府教育局函

〇〇年〇月〇日
〇字第〇號

受文者：本市各中學

主　旨：希加強學生生活輔導，促進品德修養，以消弭越軌行動。

說　明：

一、據報近來各中學屢有學生越軌行動發生，破壞教學風氣，戕害學生身心，影響社會秩序。

二、中學學生血氣方剛，性情未定，容易衝動，致好勇鬥狠，滋生事端，亟宜糾正。

三、中學教育，不僅在知識之灌輸，尤重德育之培養，俾學生敬謹守法，成為良好國民。

辦　法：

一、身教重於言教，各教師應以身作則，循規蹈矩，謹言慎行，使學生平日耳濡目染，效法步趨，以收潛移默化之效。
二、利用週會朝會等時間，多講述修養品德格言或故事，使學生明瞭品德與人生之關係，進而重視品德修養。
三、多獎勵品德優良學生，並予隆重表揚，以資砥礪，俾見賢思齊，蔚成風氣。
四、布置教室及公共場所，多貼有關修身格言，俾資警惕。
五、國文公民歷史等課，應多灌輸民族精神倫理道德觀念，涵濡感化，俾循正道。
六、作文或講演比賽等，應重品德方面之闡述，藉以增進認識。
七、導師應利用機會教育，隨時隨地，多予學生關心照拂，化暴戾為祥和，預防越軌行動之發生。
八、今後將憑各校校風，作為評鑑重要依據。

局長施○○

8.擬臺灣省政府致所屬各縣市政府函：希切實辦好今年本省各項地方公職人員選舉。（六六年普考第二梯次）

臺灣省政府函

○年○月○日
○字第○號

受文者：所屬各縣市政府
主　旨：希切實辦好今年本省各項地方公職人員選舉。

說　明：

一、今年本省各項地方公職人員選舉，業奉　行政院本年○月○日○字第○號函：核定於本年十一月十九日全省同時舉行。本府於本年○月○日以○字第○號函：將應注意辦理事項，轉達　貴府查照在案。

二、民主政治，首重選賢與能，選舉得人，則政治推行順利，方能造福地方。故今年本省各項地方公職人員選舉，關係今後政治前途甚鉅，自應愼重將事，力求圓滿完成。

辦　法：

一、應本　蔣院長所指示之公正、公開、公平三原則，嚴格執行。各地選舉事務所業務，希縝密策劃，切實檢查，做好各項準備工作。

二、選舉監察委員應發揮監察功能，端正選風，確保社會秩序安定，使選舉在守法節約原則下完成，嚴防發生弊竇。

三、候選人政見發表會之言論，如故意歪曲事實，譁衆取寵，偏激違紀，應設法制止，以免淆惑聽聞，並應事先通知候選人，藉資預防。

四、候選人遊行車輛，張貼標語，散發傳單，應防製造噪音與髒亂。

五、如有不法之徒，擾亂選舉場所，應嚴加制止，繩之以法。

六、附發『省地方公職人員選舉宣導要點』○份。

主　席　謝　○　○

9.擬某縣政府致某工廠函：該工廠排出煤烟及廢水，致附近空氣及水源嚴重污染，影響居民健康，請卽設法改善。（六六年普考）

某某縣政府函

〇年〇月〇日
〇字第〇號

受文者：某某工廠

副本收受者：本縣警察局、衞生局

主　旨：貴廠排出煤烟及廢水，影響附近居民健康，請卽設法改善。

說　明：

一、現代國家對於公害，均法有明文，嚴加取締，以維國民健康。

二、據貴廠附近居民報稱：貴廠每日排出煤烟，致黑灰散佈附近天空一帶，又排出廢水甚多，注入附近河流，致水源亦受嚴重污染，影響居民健康甚鉅，函請本府取締。

三、經本府派員實地勘察上情屬實。

辦　法：

一、請卽停止燃燒生煤，改用其他燃料，以免再有煤烟排出。

二、請卽採用廢水過濾辦法，將其所含廢物沉澱，俾水質淨化。

三、請於函到壹週內照辦。

四、今後如再有上項情事，當按『防制公害辦法』之規定：第一次處罰金三千元，第二次處罰金五千元，如仍不改善，當依法查封，禁止開工。
五、除函復附近居民外，請即照辦見復。
六、附行政院頒『防制公害辦法』壹份。

縣長 ○○○

10.擬衛生署致臺灣省政府臺北市政府函：希加強食品衛生檢驗，以免產生中毒事件，而維國民健康。（六六年普考建設人員）

行政院衛生署函

△年△月△日
△字第△號

受文者：臺灣省、臺北市政府
副本收受者：內政部警政署、經濟部商品檢驗局
主旨：希加強食品衛生檢驗，以免發生中毒事件，而維國民健康。
說明：
一、近據報載：各地食品商店及餐廳，屢有不潔食品供應，致食用者發生中毒事件。
二、不少食品商及餐廳工作人員，衞生知識缺乏，商業道德低落，濫用硼砂或防腐劑，保持鮮度。或用色素，增加美觀。或用糖精香料等有害人體之化學物品，減低成本。或將已陳腐及污染食品，仍予出售。但圖私人利益，罔顧民衆健康，實有嚴加取締之必要。
辦法：

一、請轉知各地衞生機構，隨時派人會同警員，至轄區各食品商店餐廳，抽樣檢驗，如不合衞生者，嚴加取締，勒令銷燬。
二、依據『食品衞生管理法』之規定：有關食品飲料製造，應標明製造日期及保存期限。如已逾時，應不准發售。
三、如發生食品中毒情事，應檢查原因，化驗食品，並嚴究責任，繩之以法。
四、檢查各食品製作場所，應力求衞生設備完善，並予消毒，避免污染。
五、勸導各食品商及餐廳負責人，應本良心，自動自發，加強食品管理，力求合於衞生，不使食用者受害。如有不接受勸導者，依『食品衞生管理法』之規定，得處壹萬伍千元以上、陸萬元以下之罰款。
六、玆印發『食品製作保管應注意衞生事項』△份，請轉發各食品商及餐廳照辦。

署長　王○○

11.擬行政院函所屬各機關：就現職人員保薦優秀人員參加在職訓練及進修，檢附保薦要點，希照辦。（六十六年金融乙等特考）

行政院函

△年△月△日
△字第△號

受文者：各部會處局署及省市政府

主　旨：各機關應就現職人員保薦優秀人員參加在職訓練及進修，今檢附保薦要點，希切實照辦。

說　明：
一、社會科技進步，各種專業技能日新又新，現職公務人員之在職訓練及進修，益形重要及迫切。
二、予公務人員在職訓練及進修之機會，不僅補充人員技術之不足，更可以激勵人員之工作潛能，提高效率。
辦　法：
一、每年度保薦若干優秀之在職人員，予以在職訓練，並就各類人員所需技能、知識，施以不同的訓練。
二、鼓勵在職公務人員時常研讀、進修，並給予出國深造之機會，以取他人之長。
三、獎勵在職訓練或進修之有成者，如給予升遷機會等。
四、檢附『保薦要點』一份。

院　長　○○○

12.擬臺灣省政府致所屬各機關學校：爲各級主管人員，應密切注意所屬員工品德生活，加強輔導考核，俾能防微杜漸，端肅政風。希遵照辦理。（六十七年高考）

臺灣省政府函

△年△月△日
△字第△號

受文者：所屬各機關學校
主　旨：各級主管人員應密切注意所屬員工品德生活，加強輔導考核。

說　明：公教人員生活應敦品勵行，爲民表率，近查有少數人員，生活不檢，品德不端，爲社會所詬病，嚴重影響公教人員清譽。今後各級主管，應密切注意所屬員工品德生活，加強輔導考核，俾能防微杜漸，端肅政風。

主　席　○○○

13. 擬臺灣省政府教育廳致省屬各級學校函：爲時值暑假，學生參加游泳及登山活動增多，各校游泳池開放期間，應注意加強安全措施，附近危險山區，應聯絡當地主管機關於進口處作安全檢查，以免發生意外。希照辦。（六十七年普考第一梯次）

臺灣省政府教育廳函

△△年△月△日
△△字第△號

受文者：省屬各級學校

主　旨：時值暑假，各校游泳池開放期間，應注意加強安全措施，附近危險山區，應聯絡當地主管機關於進口處作安全檢查，以免發生意外，希照辦。

說　明：暑假期間，學生參加游泳及登山活動日多，鑒於以往迭有意外事故發生，爲防患未然，各校應加強各種安全措施。

辦　法：

一、游泳池開放期間，學校應派管理員及救生員駐池管理。

二、游泳池水深處應設警戒線，並嚴禁不會游泳者進入。
三、登山組隊應派熟識山路者爲隊長，負責領隊。
四、組隊作登山活動，應事先向學校登記報備，返回之後，亦應向學校報告。
五、學校附近危險山區，應聯絡當地主管機關於進口處作安全檢查，以免發生意外。

廳　長　○　○　○

14. 擬臺灣省政府通函各縣政府：本省各偏僻鄉鎮，應限期成立圖書館，購置有益身心之書籍，僱用專人管理，以利民衆閱讀。其用人及購書經費，得專案申請補助。希照辦。（六十七年普考第二梯次）

臺灣省政府函

△年△月△日
△字第△號

受文者：各縣政府

主　旨：本省各偏僻鄉鎮，應限期成立圖書館，購置有益身心之書籍，僱用專人管理，以利民衆閱讀。其用人及購書經費，得專案申請補助。希照辦。

說　明：本省各偏僻鄉鎮，民智未開，文化落後，亟應積極啓導，除普設學校之外，對於社會教育亦應加強，現政府正積極推動文化建設，列爲十二項建設之一，其中普設圖書館卽爲其重點。各縣政府應擬定計畫，在各偏僻鄉鎮成立圖書館，充實圖書。

辦　法：

一、在轄區偏僻鄉鎮內成立圖書館，以一鄉鎮一所爲原則。

二、圖書館內應充實圖書設備，圖書之選購應以有益身心者爲主，並配合當地之職業分布，多選有益職業知能之書籍。

三、圖書館應僱用專人管理。

四、所須用人及購書經費，得專案申請本府補助。

主席〇〇〇

15.試擬省政府轉省議會建議考選部，請求每年高普考試於南部設立考區，以便民應試，並省民資。（六十七年臺省基層人員乙等特考）

臺灣省政府函

△年△月△日
△字第△號

受文者：考選部

主旨：請每年高普考試於南部設立考區，以便民應試，並省民資。

說明：

一、據本省省議會〇〇年〇月〇日〇〇字第〇〇號函辦理。

二、查每年高普考試報考人數達六、七萬人之多，南部應考人士幾佔半數，均集中在臺北市舉行，不但造成北市食宿交通問題，亦且增加南部考生旅途奔波費時費錢之苦，實有另設南部考區之必要。爲此建議　貴部每年高普考試於南部另設考區，以便民應試，並省民資。

主　席　○○○

16. 試擬某縣政府致所屬各機關學校人民團體，響應冬令救濟，請踴躍捐贈函。（六十七年臺省基層人員丙等特考）

○○縣政府函

△△年△△月△△日
△△字第△△號

受文者：所屬各機關學校及人民團體

主　旨：請響應冬令救濟，踴躍捐贈。

說　明：歲暮已屆，貧苦人家正待救濟，爲此，本府特發起冬令救濟運動，自十二月一日起至十二月三十一日止，共計一個月，請轉知所屬員工及會員踴躍捐贈。

辦　法：

一、捐贈不限於現金，食物、衣服及其他物品皆可。

二、各機關學校團體捐得之現金或物品，一律交由各該鄉鎮區公所民政課匯齊，統籌分配予轄區內登記有案之貧戶。

三、熱心捐贈及捐贈特多者，請報由本府予以表揚。

縣　長　○○○

17.試擬臺灣省政府函各縣市政府，指示應於人口密集地區，成立緊急醫療中心，以便及時救護臨時性災變之傷患民衆。附發『緊急醫療中心設置要點』一份。（六十八年高考行政人員各類科）

臺灣省政府函

中華民國△年△月△日
△字第△△△號

受文者：各縣市政府

主　旨：各縣市應即成立緊急醫療中心，以便及時救護臨時性災變之傷患民衆，附發『緊急醫療中心設置要點』，請照辦。

說　明：

一、都市地區因人口集中，如遇天然或人爲災害，對於受災民衆，常因搶救失時，造成重大傷亡，類此不幸事件，近年時有發生。

二、爲減少傷亡損失，各縣市人口密集地區，應即設置『緊急醫療中心』，以應付突發災難事件。

三、茲經本府邀集有關單位研訂『緊急醫療中心設置要點』一種，分行各縣市辦理。

主席　林洋港

緊急醫療中心設置要點

一、縣市應於境內人口密集地區，設置『緊急醫療中心』，全縣市不以一處爲限。

二、本中心之主要任務，爲統籌搶救臨時性災變之傷患民衆，發揮整體工作精神，使傷亡人口減少至最低數量。

三、縣市轄區內公私立醫院之設備及人力均應納入編組，接受中心統一指揮，擔負急救任務。

四、裝設專用電話，接受民衆報案，隨時指揮各醫院並協調當地警察及消防機構，與中心保持密切聯繫。

五、凡編配本中心之醫護人員，均須施以急救訓練。

六、縣市預算應增列『災害救濟』與『急難輔助』專款，遇有不足時，得申請省府補助之。

18.試擬行政院農業發展委員會函省市政府，爲輔導農村青年創業，改進農業技術，提高農民收益，特擬訂輔助撥款計畫，函請查照。（六十八年高考建設人員各類科・專門職業及技術人員各類科）

行政院農業發展委員會函

中華民國△年△月△日
△字第△△△號

受文者：臺灣省政府
臺北、高雄市政府

主　旨：爲輔導農村青年創業，改進農業技術，提高農民收益，特擬訂輔助撥款計畫，函請查照。

說　明：奉　行政院指示：爲配合政府長期經建計畫，應鼓勵優秀青年參加農業生產，改進技術，提高收益，使地方經濟益臻豐裕。著由本會負責推動。

辦　法：特擬訂『輔助農村青年增產創業撥款計畫』，函請查照實施。

主任委員　李　崇　道

輔助農村青年增產創業撥款計畫

一、本計畫以獎勵青年參與農村建設、繁榮地方經濟爲目的。
二、農村青年購置生產器具，得申請補助金。
三、農村青年獨立創業或改進農場經營者，得提出計畫申請貸款。
四、前項補助金及貸款之對象，以曾受政府舉辦之農技訓練或曾就讀農業系科畢業者爲優先。
五、本會預定本年度撥款新臺幣伍億元，分配省市政府轉發各級地方政府核實支用。

19.試擬行政院衛生署通函省、市、縣衛生行政主管機關，爲維護國民健康，應注意查禁僞藥劣藥及危害人體之食品出售，違者從嚴處罰。（六十八年高考律師）

行政院衛生署函

△中華民國△年△月△日
△字第　△△△號

受文者：臺灣省政府衛生處
　　　　臺北、高雄市政府衛生局
副　本
收受者：各縣市衛生局
主　旨：爲維護國民健康，希注意查禁僞藥劣藥及危害人體之食品出售，違者從嚴處罰，請照辦，並轉行照辦。
說　明：查強化藥物及食品之管理，爲現代國家維護國民健康之必要措施，最近常有不肖商人出售僞藥劣藥及危害人體之食品，以誇大不實之宣傳，愚騙民衆，貽害深遠，亟應從嚴取締。
辦　法：各級衛生行政機構應將取締僞藥劣藥及不合規格之食品，列爲中心工作，指派專員經常定期檢驗及不定期抽查，並獎勵檢舉，擬訂執行取締及檢舉獎金辦法，以弘實效。

署長　王　金　茂

20. 擬臺北市政府致所屬警察局函：市區內嚴禁儲藏易燃易爆之危險物品，希轉所屬，按戶清查取締，以策公共安全。（六十八年普考普通行政人員等各類科）

臺北市政府函

△年△月△日
△字第△號

受文者：臺北市警察局

副本收受者：臺北市民政局、建設局、社會局、工務局

主旨：市區內嚴禁儲藏易燃易爆之危險物品，即轉所屬，按戶清查取締，以策公共安全，希照辦。

說明：

一、最近本市撫遠街及重慶北路先後發生爆炸慘案，人民生命財產損失甚鉅。

二、爲免類似慘案再度發生，希督促所屬，嚴加預防。

三、茲檢附『危險物品管理辦法』三十份，希轉發參考。

辦法：

一、排定清查取締危險物品日程表，逐里按戶清查。

二、清查對象：

㈠列管有案之危險物品行業。

㈡製造、加工、儲存危險之地下工廠。
㈢儲存汽油或高度揮發性油類之場所。
㈣民衆檢舉可疑危險物品戶。

三、發現危險物品，限其遷至安全郊區，如不照辦，可即依法予以嚴格取締。

市長　李　登　輝

21.擬行政院致所屬各機關函：請鼓勵同仁，節約消費，並依本院所訂『鼓勵公教人員儲蓄要點』，踴躍儲蓄。（六十八年普考經濟行政人員等各類科）

行政院函

△年△月△日
△字第△號

受文者：所屬各機關

主　旨：請鼓勵同仁節約消費，並依本院所訂『鼓勵公教人員儲蓄要點』，踴躍儲蓄。希　照辦。

說　明：

一、當前國步多艱，大部分財力需用於充實國防及發展經濟，以厚植國力。政府關注公教人員，於本年總預算中，仍編列調整待遇之鉅額經費，以期改善公教人員生活。希各公教人員共體時艱，節約消費。

二、依行政院主計處統計，公教人員調整待遇，平均幅度約爲百分之十三點八，去年七月至今年六月，一年中都市消費者物價指數上升爲百分之六點九九，亦卽公教人員實質增加收入約百分之六強。如節約消費，當可有力儲蓄。
三、爲配合『改善社會風氣』方案之推行，希各同仁以身作則，簡化生活，積極推行儉樸風尙，並踴躍儲蓄，充實國力，

辦法：

一、凡屬可撙節減免之消費，應儘量減免，尤忌鋪張浪費。
二、儲蓄採志願參加方式，利率採優惠存款利率計算。
三、享受免徵所得稅。
四、詳細辦法請參閱『鼓勵公敎人員儲蓄要點』。

院長孫運璿

22. 擬內政部致工業總會函：希轉各工廠，加強機器防護措施，及新進人員訓練，預防暑期工讀生被機器軋傷事件，以維工業安全。（六十八年普考建設人員各類科）

內政部函

△年△月△日
△字第△號

受文者：工業總會
副本收受者：各地方工礦及勞工安全衞生檢查單位。
主旨：希轉各工廠，加強機器防護措施，及新進人員訓練，預防暑期工讀生被機器軋傷事件，以維工

業安全。

說明：

一、工業災害之發生，原因固多，而最主要是工廠安全防護措施不合理想。

二、勿惜小利，而忽視工業安全，一旦發生意外災害，業主不但應負法律責任，同時由於傷害勞動者，造成殘障，必使良心永遠不安。

三、新進人員，技能猶欠熟練，易遭意外傷害，尤其暑期工讀生，賺取微薄工資，貼補學費，極應予以照拂。故如何致力消除意外災害，加強職前訓練，實有必要。

辦法：

一、依法嚴格取締缺乏安全防護設施之工廠，責令改善。

二、新進人員予以職前訓練，講授工業安全方面之知識，學習期滿，方可正式參加工作行列。

三、對工讀生實習工作期間，應給予勞工福利。

部長邱創煥

23試擬內政部函各省市政府：為辦好本屆增額中央民意代表選擧，特提供注意事項，希照辦。（六十九年高考行政人員各類科）

內政部函

〇年〇月〇日
〇字第〇號

受文者：各省市政府

主　旨：為辦好本屆增額中央民意代表選擧，特提供注意事項，希照辦。

說　明：為辦好本屆增額中央民意代表選擧，除應遵照總統於五月十四日公佈之『動員戡亂時期公職人員選擧罷免法』以及本部六月五日訂定之『動員戡亂時期公職人員選擧罷免法施行細則』有關規定外，特提供注意事項於后：

一、中央選擧委員會已於六月中旬成立，有關本屆增額中央民意代表選擧各項規定將由該會陸續通令發布，請隨時注意並遵照辦理。

二、各省市應成立選務工作研究小組，其成員由名地選擧委員會有關人員兼任，並推選一人為召集人，每月召開會議一次，研究選務工作之推行，會議決議並請報部備查。

三、各省市應協調司法與警察機關密切注意民情反應，以防意外事件。

四、各省市應責成各地選擧委員會遴選社會公正廉能之士擔任監察小組委員，確切注意候選人競選活動，愼防賄選情事。

部長　邱　創　煥

24擬行政院致所屬各機關函：希嚴格執行預算，恪遵節約原則，非必要開支，不得請求追加預算。（六十九年普考第一梯次）

行政院函

〇〇年〇月〇日
〇字第〇號

受文者：本院所屬各機關

主　旨：希嚴格執行預算，恪遵節約原則，非必要開支，不得請求追加預算。

說　明：

一、依本院第×××次院會決議辦理。

二、邇來各單位常以經費不足請求追加預算，所列數額及所述理由部分有浮報及不實之現象，希恪遵節約原則，今後除物價大幅波動或報請有案之新增業務外，不得再事請求。

三、各單位確仍須追加預算者，統希於九月底以前將數額、理由詳予核算、述明，報院彙核。

院長　孫　運　璿

25試擬台灣省政府函各縣市政府：希充實衛生機構，加强醫療服務，以促進人民保健工作。（六十九年普考第二梯次）

臺灣省政府函

〇〇年〇月〇日
〇字第〇號

受文者：各縣市政府

副本：
收受者：臺灣省衞生處

主旨：爲促進人民保健工作，希充實衞生機構，加强醫療服務。

說明：

一、强國必先强種，而强種必先强身，國民身心健康，關係民族前途至鉅。

二、欲使國民身體健康，除平時注意環境衞生外，促進保健工作，亦爲有效措施。

辦法：

一、各衞生機構醫護人員應確守上班時間，不得藉故外出兼營他業，如經查出，當嚴加懲處。

二、對於民衆查詢有關保健疑難，應詳加說明，不得相應不理。

三、各鄉鎭衞生所每週應擇一日派醫護人員二人巡廻各地，作醫療服務，若其醫護人員不足時，可向縣市衞生局或省立醫院請求支援，縣市衞生局及省立醫院不得拒絕。

四、凡罹重病之民衆，各衞生機構應主動協助轉赴各公立醫院就醫，其所需費用當視民衆之經濟狀況，層報本府專案補助。

五、凡預防注射或幼兒保健，各衞生機構應先通知各住戶，並赴約定之地點免費爲民衆注射。

主席 林洋港

26 擬台灣省政府函財政部：茲計劃闢建台東縣境濱海公路一帶觀光區，目前地方經費困難，擬請中央撥款補助，以利實施。（六十九年關稅丙等特考）

台灣省政府函

〇年〇月〇日
字〇第〇號

受文者：財政部

主　旨：玆計劃闢建台東縣境濱海公路，請撥款補助。

說　明：

一、台東濱海公路一帶風景宜人，爲旅遊之佳境，闢爲觀光區，可供國人及觀光客旅遊休憩之去處，且可促進東海岸地區之繁榮。

二、本府因經費不充裕，雖有意開闢該觀光區，而頗有心餘力絀之憾，請中央惠予撥款補助，以利實施。

主席林洋港

27擬行政院函所屬各機關：希全面推行『工作簡化』，切實簡化法令規章與作業程序，以提高工作效率，加强為民服務。（七十年高等考試各類行政人員）

行政院函

中華民國〇年〇月〇日
〇〇字第〇〇號

受文者：各部、會、行、局、署。

主　旨：希全面推行『工作簡化』，切實簡化法令規章與作業程序，以提高工作效率，加強爲民服務。

說　明：

一、各機關之原有法令規章，繁瑣重複，作業程序亦每多不合精簡要求，以致工作效率降低，造成困擾不便，有乖便民之旨，深爲各方所詬病。

二、爲期切實改進此項缺失，必須貫澈推行『工作簡化』，以科學方法，確實分析現行工作處理實況，消除不必要流程，訂定更理想進步之工作程序與作業要領，以收事半功倍之效果，各機關並應將『工作簡化』列爲長期性重點工作。

辦　法：

一、對於現行法令規章，應詳加檢討整理，力求統一簡化，其不適用者，分別予以合併或廢止，以避免重複累贅。

二、爲使工作方法符合標準化與簡單化，應對現行工作方法詳加研析，詳予紀錄，以備改進措施之

三、『工作簡化』之主要着眼，必須以加強爲民服務爲依歸，萬勿有本末倒置之失，是所至要。

參考。

院長○○○

28擬行政院函內政部：邇來不法商人，常有濫墾、濫建情事；每遇颱風豪雨，山洪挾泥沙以俱下，往往釀成水災。希轉知主管單位，今後對山坡地之開發建築，必須作好水土保持工作及公共安全設施，始准核發建築執照，以策安全。（七十年高等考試建設人員各類科、專門職業及技術人員各類科（除律師））

行政院函

中華民國○年○月○日
○○字第○○號

受文者：內政部

主旨：邇來不法商人，常有濫墾、濫建情事；每遇颱風豪雨，山洪挾泥沙以俱下，往往釀成水災。希轉知主管單位，今後對山坡地之開發建築，必須作好水土保持工作及公共安全設施，始准核發建築執照，以策安全。

說明：

一、濫墾濫建，不僅影響國土保安，對居民生命財產亦有隨時遭受重大損害之虞，早爲政府所厲禁，斷不容日久玩生，致啓弊竇。

二、防止之道，端在管制措施，故主管單位必須認眞執行審查，務使玩法者不致有蒙蔽徼倖獲致通過之可能，以確保國土民命之安全。

辦　法：主管單位核發建築執照時，應先會同管考與督察單位，共同實地勘察，確認合乎要求標準後始行核發，並按月列表陳報上級機關核備。

院　長　○　○　○

29擬司法院函各級法院：為期遏止竊盜猖獗，嗣後法院對於竊盜案件，應依法酌予從重量刑，以懲頑劣，而確保社會治安。（七十年高等考試律師）

司法院函

中華民國○年○月○日
○○字第○○號

受文者：各級法院

主　旨：爲期遏止竊盜猖獗，嗣後法院對於竊盜案件，應依法酌予從重量刑，以懲頑劣，而確保社會治安。

說　明：邇來竊盜之猖獗，與日俱進，尤在犯罪技巧與範圍擴大方面，有不斷昇高之勢，其膽大妄爲之處，嚴重影響人民生命財產之安全，如不及時遏止，實不足確保社會治安，抑且造成國家社會之不良形象，除另函請警政機關加強治安工作之外，今後各級法院對於承審之竊盜案件，應酌予依法從重量刑，以收嚇阻之效，而杜頹風。

院　長　○　○　○

30擬臺灣省政府函各縣市政府，最近颱風過境，豪雨成災，有關災後各項復建工作，希即按輕重緩急，

切實辦理。（七十年普通考試第一梯次各類行政人員）

臺灣省政府函

中華民國○年○月○日
○○字第　○　○號

受文者：各縣市政府

主　旨：最近颱風過境，豪雨成災，有關災後各項復建工作，希即按輕重緩急，切實辦理。

說　明：日前×××颱風侵襲本省各地區，豪雨成災，造成公民營事業及人民生命財產極大損失，據悉各地無家可歸者輒以萬計，各縣市政府應即採取各種有效措施，積極辦理各項災後復建工作，尤應發揮痌瘝在抱之愛民便民精神，一切工作均以救災爲第一，復建爲優先，並儘量減少不必要之繁複程序，爭取時間，講求實效，尤須注意輕重緩急，優先次序，切實辦理。

辦　法：

一、中央及本府撥發之緊急救災補助款項，應立即按實際需要核予發放。

二、所有災民凡可依規定申請減免各項賦稅者，應適時轉知各地稽征機關會同市鄉鎮公所派員專赴災區，輔導協助申報減免。

三、盡速協助交通、電信及生產事業復工復業，受災農戶復耕。

主　席　○　○　○

31擬衛生署復行政院：遵照指示擬訂『空氣污染防制法修正草案』復請鑒核。（七十年普通考試建設人員各類科、專門職業及技術人員各類科）

行政院衛生署函

中華民國○年○月○日
○○字第　○　○號

受文者：行　政　院

主　旨：遵照指示擬訂『空氣汚染防制法修正草案』，復請鑒核。

說　明：

一、復鈞院○年○月○日○字第○○號函。

二、年來由於國內經濟成長快速，各大都市及交通便捷地區，大多工廠林立，機動車輛大量增加，展望未來，更將有增無已，逐漸形成嚴重空氣汚染，有礙人體健康，莫此爲甚。

三、爲加強對空氣汚染有效防制，以維護國民身心健康，敬謹依照鈞院指示，提報『空氣汚染防制法修正草案』恭請鑒核。

四、附陳上述『空氣汚染防制法修正草案』一式○份。

署長　○　○　○

32 擬行政院函經濟部、財政部、中央銀行：希就當前工商界困境，儘速研擬解決方案見復。（七十年普通考試第二梯次各類科）

行政院函

中華民國○年○月○日
○○字第　○　○號

受文者：經濟部、財政部、中央銀行。

主　旨：希就當前工商界困境，儘速研擬解決方案見復。

說　明：

一、近年以來，國內經濟情況，呈現重大變化，物價不斷上昇、工資相對提高，兼以國際貿易紛紛採取保護主義，以致出口衰退，生產停滯，工商兩界面臨極大困境，投資意願亦屬低沉，影響經濟發展至深且鉅。

二、此一經濟低迷情勢，必須加以改善，以促成經濟復甦，希即定期會商檢討有關財經政策、金融政策，針對實際需要，迅提解決方案，以資紓解。

辦　法：本方案之會商研討，由經濟部負召集與綜合之責，並請於文到二週內報院憑核。

院　長　○　○　○

33擬考選部函請考試院轉請行政院核撥專款，就臺灣北、中、南部，各籌建國家試場壹所，以利考政。

（七十年臺灣省基層公務人員乙等特考）

考選部函

△年△月△日
△字第△△號

受文者：考試院

主　旨：函請轉請行政院核撥專款，就臺灣北、中、南部，各籌建國家試場壹所，以利考政。

說　明：

一、考試爲國家掄才大典，理應有固定場所，以昭愼重，今雖有考試大樓一棟，惟只能容納千名考生而已，每逢大規模考試，均須借用其他場所，管理不便，固不待言，而於時間安排，亦頗費周章，對於考政之推行，影響至大，實有籌建國家試場之必要。

二、國家大規模考試若集中於臺北一市舉行，勢必造成考生往返奔波之苦，現大規模考試已分區舉行，故國家試場亦應分區籌建。

三、國家試場之籌建，所費甚鉅，實非本部經常預算所能支應，故建議轉請行政院提撥專款，以供所需。

辦　法：

一、就臺灣地區北、中、南部，分建三所。

二、籌建經費轉請行政院核撥專款支應。

部長　○　○　○

34試擬內政部函臺灣省政府、臺北市政府、高雄市政府：妥善管理國宅社區，以維持其環境整潔及社區安寧與秩序。（七十年基層丙等特考）

內政部函

△年△月△日
△字第△△號

受文者：臺灣省政府、臺北市政府、高雄市政府

主　旨：請妥善管理國宅社區，以維持其環境整潔及社區安寧與秩序，並將管理辦法報部備查。

說明：近來迭據反應，國宅社區，髒亂不堪，出入人等，閙雜紛亂，不但有礙觀瞻，且屢滋事端，影響社區安寧與秩序至巨。

辦法：

一、研訂國宅管理辦法，報請備查。

二、責令警政單位加強督導，遇有破壞環境整潔及社區安寧與秩序者，將依違警罰法從嚴裁處。

部長林〇〇

35試擬法務部函所屬各有關機關：為本年度地方公職人員選舉日期將屆，亟應加強查察各種不法活動，以端選風，而維法紀，希照前頒注意事項，督率所屬切實辦理。（七十年司法特考）

法務部函

△年△月△日
△字第△△號

受文者：所屬各機關

主旨：本年度地方公職人員選舉日期將屆，各機關應加強查察各種不法活動，以端選風，而維法紀。

說明：地方公職人員選舉定於本年〇月〇日舉行，在選舉期間，常有各種不法活動，例如賄選、譭謗、造謠、煽惑羣衆、製造事端……等等，花樣繁多，不一而足，各機關均應事先防範，加強查察，以端選風，而維法紀。

辦法：依照前頒注意事項，督率所屬切實辦理，如有特殊妨害選舉行動，應即函報本部。

部長〇〇〇

36擬財政部函各行庫：近來冒領及監守自盜等情事屢次發生，希加強檢核工作，以防杜弊端。（七十年中央銀行特考）

財政部函

中華民國○○年○○月○○日
○○○字第○○○○號

受文者：各行庫

主　旨：近來冒領及監守自盜等情事屢次發生，希加強檢核工作，以防杜弊端。

說　明：

一、近來迭聞冒領情事，致與顧客發生糾紛，造成社會不良印象。

二、邇來少數行庫人員利用工作之便，監守自盜，破壞行庫形象，莫此爲甚，希加強檢核，以防杜弊端。

辦　法：

一、行庫工作人員在領款手續中，須小心謹愼，以防假冒，同時各級警察單位應隨時派員至各行庫督核。

二、如發現屬員行爲不檢，有自盜事件，情節嚴重者，應即呈報主管長官依法議處。

部長　○　○　○

37擬行政院人事行政局上行政院函：為修正『天災停止辦公作業要點』報請核定施行。（七十一年高考）

行政院人事行政局函

中華民國○○年○○月○○日
○○○字第○○○○號

受文者：行政院

主　旨：函送『天災停止辦公作業』修正草案乙種，報請　鈞院核定施行。

說　明：

一、『天災停止辦公作業要點』業經本局協調有關單位並聘請專家觀察實際情形予以修正。

二、檢附該修正要點乙份，報請核定施行。

局長〇〇〇

38擬法務部函所屬檢察機關：政府為加強保障人民，經將刑事訴訟法部分條文修正公布，今後辦案應特別注意其新增規定，不得有所疏誤，希查照並飭所屬知照。（七十一年高考律師）

法務部函

中華民國〇〇年〇〇月〇〇日
〇〇〇字第〇〇〇〇〇號

受文者：所屬檢察機關

主　旨：爲加強保障人權，今後辦案應特別注意刑事訴訟法部分修正條文及新增規定，不得有所疏誤，希查照並飭所屬知照。

說　明：

一、政府爲促使民主法治更臻健全，以期充分保障人民之自由權利，業於七十一年八月四日公布修正刑事訴訟法部分條文及新增規定，今後辦案務必特加注意，不可輕忽。

二、修正之條文爲第二十七條、二十九條、三十條、三十一條、三十三條、三十四條、一〇五條、二四五條及二五五條，新增第七十一條之一、八十八條之一條文。

部長李　○　○

39年來經濟性及暴力犯罪案件，層出不絕，亟應由檢察官主動檢舉，縝密偵查，嚴為追訴，藉收防制之效，試擬行政院函法務部轉知照辦文。（七十一年司法特考）

行政院函

中華民國○○年○月○日
○○○字第○○○○○號

受文者：法務部

主　旨：爲減少經濟性及暴力犯罪案件，亟應由檢察官主動檢舉，縝密偵查，嚴爲追訴，藉收防制之效，希轉知所屬照辦。

說　明：

一、近年來經濟性及暴力犯罪案件，層出不窮，嚴重威脅人民之生命財產及社會秩序，爲確實保障人民權益，維持社會秩序，應採有效措施，切實執行。

二、應由各級檢察機關指派檢察官主動檢擧，縝密偵查，嚴爲追訴，藉收防制之效。

三、並應將執行成果報院備查。

院長孫　○　○

40擬行政院函教育部：為提高公務人員素質，推廣高等教育，應將『國立政治大學附設空中行政專科進修補習學校』改制為大學，請擬訂具體週密之辦法見復。（七十一年普考）

行政院函

△年△月△日
△字第△△號

受文者：教育部

主　旨：爲提高公務人員素質，推廣高等教育，應將『國立政治大學附設空中行政專科進修補習學校』改制爲大學，請擬訂具體週密之辦法見復。

說　明：

一、公務人員素質之高低，影響行政效率至深且鉅，現今各機關常遭辦事效率低落之譏，與公務人員素質之參差不齊，不無關聯。

二、爲全面提高公務人員素質，加強在職教育，實不容再緩，前所設立之『國立政治大學附設空中行政專科進修補習學校』，在學制上僅屬專科程度，在教材、師資各方面均難符合在職公務人員進修之需要，擬予改制爲大學，以收宏效。

三、請依據實際情形，擬定具體週密之辦法見復。

院長　孫○○

41 臺灣省政府為加强推行工作簡化，致所屬各機關及各縣（市）政府函。（七十一年基層乙等特考）

臺灣省政府函

△年△月△日
△字第△△號

受文者：所屬各機關、各縣（市）政府

主　旨：爲提高行政效率，請加強推行工作簡化。

說　明：

一、工作簡化是以科學方法，有系統地分析現行工作處理情形，消除不必要過程，實爲提高各機關行政效率的有效手段。

二、工作簡化推行有年，但效果不彰，今後爲提高工作效率，各機關應加強推行。

辦　法：各機關實施工作簡化，應切實從下列三點著手：

一、對現行方法詳加研究分析，並對實作、傳遞、存留、考察、阻滯等行爲，詳予研究記錄。

二、發現問題之所在，並具體列出。

三、檢討並尋求解決之道。

主席李○○

42 依據下列提示要點，撰擬公文一件。

發文單位：臺北市光復區公所

主管姓名：張志强

內容要點：

㈠臺北市政府曾以（七一）北市社二字第三五二四號函通令各區公所限期整頓攤販，消除髒亂。

㈡光復區公所經如期執行，呈報實施成果。

㈢執行有功人員計有股長李光宗、課員方誠中、王維立，請予敍奬。（七十一年中小企銀特考）

臺北市光復區公所函

中華民國〇〇年〇〇月〇〇日
〇〇〇〇字第〇〇〇〇號

受文者：臺北市政府

主　旨：爲貫徹消除髒亂工作，整頓攤販，呈報執行成果及有功人員，請　查照。

說　明：

一、依　鈞府（七一）北市社二字第三五二四號函指示辦理。

二、該案經本區公所有關人員協調警務單位，派員至各巷道嚴格執行督導並取締。

三、檢附『本區整頓攤販消除髒亂成果表』乙份，並將有功人員計有股長李光宗、課員方誠中、王維立，請　鈞府酌予敍奬。

區長　張　志　强（職章）

43擬行政院函立法院：爲檢送『刑事訴訟法部分條文修正草案』，請予審議。（七十一年臺灣省公務人員升等考試——簡任職、第十職等）

行政院函

中華民國七十一年〇〇月〇〇日
〇〇字第〇〇〇〇號

受文者：立法院

主　旨：玆檢送『刑事訴訟法部分條文修正草案』乙種，請　審議。

說明：

一、『刑事訴訟法部分條文修正草案』業由內政部整理竣事，並經本院第○次院會討論通過，函請貴院審議。

二、茲附『刑事訴訟法部分條文修正草案』乙種。

院長 孫 ○ ○

44 擬臺灣省警務處通函所屬各縣市警察局：希加強取締各區內攤販及不潔飲食，以維護國民健康。（七十二年退除役軍人轉任公務人員乙等特考）

臺灣省警務處函

中華民國七十二年○月○日
○○字第○○○○號

受文者：各縣市警察局

主旨：希加強取締各區內攤販及不潔飲食，以維護國民健康。

說明：

一、目前各地區零售攤販彌望皆是，嚴重破壞安寧，妨礙交通秩序，且所販賣食物、飲料，露天風吹日晒，蚊蠅塵埃飛落不停，行人隨意購買飲食，極易傳染疾病，危害身體健康。

二、爲維護國民健康及交通安全秩序，須有效加強取締各區內不合規定之攤販。

辦法：

一、在各區選擇適當位置，作爲固定攤販場所，所有攤販應在指定地區設攤。

二、攤販必須向轄區警察機關申請登記營業，經核准發給營業執照者，始得營業。
三、各區衞生機關應經常抽樣檢查，公布不合衞生要求之攤販及食品名稱，並勒令即時改善，否則嚴加取締，絕不姑息。
四、各區警察機關應常派員警加強巡邏，適時糾正取締。

處長　○　○　○

45 擬國防部通令各級部隊官兵：為春節期近，應加强戒備，嚴防敵人滲透、偷襲、破壞，以確保復興基地安全。（七十二年國防部行政及技術軍法人員乙等特考）

國防部令

中華民國七十二年○月○日
○○字第○○○○號

受文者：各級部隊官兵
主旨：春節期近，應加強戒備，嚴防敵人滲透、偷襲、破壞，以確保復興基地安全。
說明：
一、我三軍將士以保國衞民爲職責，平時嚴守紀律，戮力操練，增進戰鬥技能，戰時服從命令，精誠團結，奮勇作戰，消滅敵人，以完成神聖使命。
二、春節期近，敵人可能趁我官兵歡度佳節精神鬆弛之時，對我侵犯，故全體官兵應提高警覺，加強戒備，嚴防敵人滲透、偷襲、破壞，以確保我復興基地安全。

部長　○　○　○

46擬行政院國軍退除役官兵輔導會函各榮民之家：際此歲末冬寒，請對衰老榮民善加照顧。（七十二年退除役軍人轉任公務人員丙等特考）

行政院國軍退除役官兵輔導會函

中華民國七十二年〇月〇日
〇〇字第〇〇〇〇號

受文者：各榮民之家

主　旨：際此歲末冬寒，應對衰老榮民善加照顧，希照辦。

說　明：

一、國軍退除役官兵，或輔導就業，或因病就醫，或因年老就養，彼等有曾參與武昌起義、東征、北伐、抗日、戡亂者，身經百戰，功在國家。

二、政府爲體念退除役官兵之辛勞及貢獻，曾頒贈『榮譽國民』榮銜，實值得推崇與欽敬。際此歲末冬寒，理應視如親人，善加照顧，以發揚『老吾老以及人之老』之精神。

辦　法：

一、請遵照行政院前頒『輔導榮民就業、就醫、就養優惠辦法』辦理。

二、平日在食、衣、住、行、育、樂等方面給予妥善照顧外，每逢時令佳節，尤須致送禮品，親切慰問，以示政府妥善照顧榮民生活之至意。

主任委員　鄭　爲　元

第三章　實用書牘

第一節　書牘釋名

書牘爲書信之總稱，乃應用文中最重要之一種。蓋書以代言，言以達意，良朋遠隔，積想爲勞，苟非信札往還，將何以溝通感情，相互存問。若乃三年不見，東山歎遠，五色增采，花箋抒情，使受書者讀之，永留佳象，人生之樂，曷逾於此。漢末阮瑀稱書記翩翩，晉初山濤有山公啓事，文采風流，喧騰衆口。曾國藩以書生總師干，與羣將通書，多自握管，用能上下輯睦，協和有成，卓然號一代中興名臣。論者謂曾氏蓋世之武功，有辭翰之勳績焉。書信之要，從可知矣。故善爲書札者，立意尚簡明，措辭貴得體，格式宜合時。人事紛紜，寸陰尺璧，若意雜辭蕪，則觀者生厭，旨明言暢，則聽者忘疲，此立言之尚簡明也。行輩有尊卑，交誼有深淺，至親無文，語宜質樸，長幼有序，言戒輕佻，或有所諮商，則宜委婉陳說，或有所申辯，則宜虛己剖分，此措辭之貴得體也。稱謂不訛，行款無誤，封緘有法，紙墨相宜，此格式之宜合時也。凡此種種，略事講求，不難諳練。至於性靈溢於紙上，笑語生於毫端，開函則如見其人，雒誦則如聞其語，自非廣涉名篇，勤加練習，神明於規矩之中者，不能至也。

書牘起源於何時，已難稽考，但自有文字後即有書牘，則可斷言。今所見最早之書牘，爲尚書之君奭篇，乃周公致召公奭之書函。下逮戰國，有樂毅報燕惠王書、魯仲連遺燕將書等。秦時有李斯諫逐客書。漢初有司馬遷報任少卿書、李陵答蘇武書、楊惲報孫會宗書等。東漢以後，作者益衆，佳構紛陳，屈指難數矣。

至於書牘之名稱，向極紛歧，未嘗統一，蓋以年世綿遠，文明日進，所用之材料變，則名稱亦隨之俱變。曾國藩編經史百家雜鈔，列有書牘類，曾作簡明之詮釋云：

書牘類，同輩相告者，經如君奭，左傳鄭子家、叔向、呂相之辭皆是。後世曰書，曰啓，曰移，曰牘，曰簡，曰刀筆，曰帖，皆是。

按呂相之辭，乃指春秋晉卿呂宣子絕秦之外交辭令（詳見左傳成公十三年），並非私人書信，應列入公文書中。而『移』亦非私人書信，其性質與『檄』相近，乃公文書之一種。此蓋曾氏之偶失，無須爲賢者諱也。茲將書牘之別名詳列於後：

(1)**書**　文心雕龍書記篇：『書者，舒也，舒布其言，陳之簡牘。』書牘之名稱紛繁，以『書』最爲世所習用。

(2)**啓**　文心奏啓篇：『啓者，開也。高宗云：「啓乃心，沃朕心」，取其義也。孝景諱啓，故兩漢無稱，至魏國箋記，始云啓聞。』自魏以降，以『啓』代『書』者，時時可見。

(3)**啓　事**　作書札白事曰啓事。晉書山濤傳：『濤爲吏部尚書，凡用人行政，皆先密啓，然後公奏，舉無失才，時稱山公啓事。』

(4)**書　信**　晉書陸機傳：『機有駿犬，名曰黃耳，甚愛之。既而羇寓京師，久無家問，笑語犬曰：

「我家絕無書信，汝能齎書取消息不。」犬搖尾作聲，機乃爲書以竹筩盛之而繫其頸，犬尋路南走，遂至其家，得報還洛。其後因以爲常。』此爲書信二字連用之始。

(5)**書　疏**　曹丕與朝歌令吳質書：『歲月易得，別來行復四年。三年不見，東山猶歎其遠，況乃過之，思何可支。雖書疏往返，未足解其勞結。』

(6)**書　記**　曹丕與朝歌令吳質書：『元瑜書記翩翩，致足樂也。』按記亦書類，書記係同義之複合詞。

(7)**書　啓**　歐陽修與陳員外書：『吏以私自達於其屬長，則曰牋記書啓。』古時蓋以施於尊貴者，近世則概指書牘，前清州縣廨署，有專司書啓之事者。

(8)**尺　素**　文選飲馬長城窟行：『客從遠方來，遺我雙鯉魚，呼兒烹鯉魚，中有尺素書。』呂向注：『尺素，絹也。古人爲書，多書於絹。』

(9)**雁　書**　漢書蘇武傳：『天子射上林中，得雁，足有係帛書，言武等在某澤中。』李白送友人遊梅湖詩：『莫惜一雁書，音塵坐胡越。』

(10)**雁　封**　王瑳詩：『雁封歸飛斷，鯉素還流絕。』

(11)**雁　帛**　柳貫舟中睡起詩：『江驛北來無雁帛。』

(12)**雁　音**　林景熙答柴主簿詩：『銅槃消息無人問，寂寞西樓待雁音。』

(13)**魚　雁**　宋无次友人春別詩：『波流雲散碧天空，魚雁沈沈信不通。』琵琶記臨妝感歎：『雁杳魚沈，鳳隻鸞孤。』

⒁雁信　溫庭筠寄湘陰閻少府乞釣輪子詩：『若向三湘逢雁信，莫辭千里寄漁翁。』

⒂雙鯉　韓愈寄盧仝詩：『先生有意許降臨，更遣長鬚致雙鯉。』古人寄書，常以尺素結成雙鯉形，故云。

⒃雙魚　李白贈漢陽輔錄事詩：『漢口雙魚白錦鱗，令傳尺素報情人。』

⒄魚書　韋皋憶玉簫詩：『長江不見魚書至，爲遣相思夢入秦。』

⒅魚素　蔡伸卜算子詞：『望極錦中書，腸斷魚中素。』

⒆魚箋　福惠全書：『暫役魚箋，聊申燕賀。』

⒇尺書　岑參虢州酬辛侍御見贈詩：『相思難見面，時展尺書看。』古時書函長約一尺，故云尺書。下云尺牘、尺簡、尺翰、尺紙、尺楮、尺函，皆此義。

(21)尺牘　漢書陳遵傳：『遵贍於文辭，善書，與人尺牘，主皆藏去以爲榮。』

(22)尺簡　唐書藝文志：『安祿山之亂，尺簡不藏。』

(23)尺翰　陳書蔡景歷傳：『尺翰馳而聊城下。』

(24)尺紙　宋書序傳：『聊因尺紙，使卿等具知厥心。』

(25)尺楮　王邁謝辟不就啓：『敬裁尺楮，往白前茅。』

(26)尺函　福惠全書：『尺函遠錫。』

(27)玉札　對他人書牘之敬稱。皮日休懷華陽潤卿博士詩：『數行玉札存心久，一掬雲漿漱齒空。』

(28)玉函　書牘之美稱。

(29)玉音　書牘之美稱。楊億送劉秀州詩：『騎置迢迢阻玉音，左魚江海遂初心。』
(30)好音　史可法復多爾袞書：『南中向接好音，法遂遣使問訊吳大將軍。』
(31)瑤函　對他人信札之美稱。
(32)瑤章　同右。
(33)瑤札　同右。宇文融詩：『飛文瑤札降，賜酒玉杯傳。』
(34)瑤緘　書札之美稱。羅隱寄黔中王從事詩：『貪將醉袖矜鶯谷，不把瑤緘附鯉魚。』
(35)華翰　對他人書札之美稱。劉禹錫謝竇相公啓：『每奉華翰，賜之衷言。』
(36)簡　古無紙時，書寫於竹曰簡，於帛曰帖，於版曰牘，亦謂之牒，亦謂之札。說詳朱駿聲說文通訓定聲　世皆沿用爲書信之通稱。
(37)帖　詳右。
(38)牘　詳右。
(39)牒　詳右。
(40)札　詳右。
(41)箋　紙之精緻華美者曰箋，或曰牋，如花箋、錦箋，多供題詠書札之用，故書札通稱曰箋。
(42)牋　詳右。
(43)刀筆　宋楊億黃庭堅皆自稱其所著之尺牘曰刀筆。按古用竹簡木牘代紙，以木筆沾漆書寫，謬誤者以刀削而除之，後遂以刀筆爲書札之代稱，掌案牘之吏曰刀筆吏。

(44)朵雲　書札之美稱。唐韋陟常以五采箋作書，自謂所書陟字若五朵雲，時號五雲體。
(45)雲箋　書札之美稱。按俗稱他人之覆函曰『還雲』，所謂還雲、雲箋，蓋均係自朵雲而引伸者。
(46)緘札　書札之美稱。李商隱春雨詩：『玉璫緘札何由達，萬里雲羅一雁飛。』
(47)華簡　同右。
(48)華札　同右。
(49)琅函　同右。
(50)芝函　同右。
(51)瑤簡　同右。
(52)雲翰　同右。
(53)手書　對他人書札之敬稱。
(54)手札　同右。
(55)手翰　同右。
(56)大札　同右。
(57)惠書　同右。
(58)惠翰　同右。
(59)惠簡　同右。
(60)手筆　同右。後漢書趙壹傳：『報皇甫規書曰：「忽一匹夫，於德何損，而遠辱手筆，追路相尋，誠足愧也。」』

(61)手　畢　對他人書札之敬稱。爾雅釋器：『簡謂之畢。』郭璞注：『今簡札也。』山谷題跋：『子京別紙多云伏奉手畢，南人謂畢爲筆，因效之。』

(62)手　示　對他人書札之通稱，惟多用於地位較高之平輩，亦可用於長輩。

(63)手　紙　日本人稱書札曰手紙（てがみ）。

(64)慈　諭　對祖父母及父母書札之敬稱。

(65)手　諭　同右。

(66)嚴　諭　對祖父及父親書札之敬稱。

(67)鈞　諭　對尊長書札之敬稱。

(68)賜　書　同右。

(69)賜　函　同右。

(70)手　教　同右。

(71)翰　諭　同右。

(72)翰　示　同右。

(73)稟　函　對子孫書札之稱。

(74)來　稟　同右。

(75)來　書　對卑幼書札之稱。

⑺來函　同右。

以上七十六種書牘之名稱，乃二千餘年來世所習見者，隨時代之變遷，除少數名稱仍爲今人所沿用外，餘多廢置。

第二節　書牘之種類

書牘之種類繁多，要而歸之，『對人』『對事』兩大類而已。

一、對人

㈠**對長輩**　如對父母、祖父母、岳父母、長輩、長官、業師等是。

㈡**對平輩**　如對兄弟姊妹、堂兄弟姊妹、表兄弟姊妹、朋友、同學、同事等是。

㈢**對晚輩**　如對子女、孫曾、姪子女、晚輩、學生等是。

二、對事

㈠**發抒情感**　如通候、仰慕、求愛等是。

㈡**純粹應酬**　如祝壽、慶賀、慰唁等是。

㈢**實際應用**　如借貸、求職、貿易等是。

㈣**發表議論**　如論學、論事、論立身處世等是。

對人係以發信人之關係而言，對事係以發信人之目的而論，事實上人與事合爲一體，不容分割。書信之對象爲人，且爲特定之人，似宜以人分類爲是。惟寫信之目的在於敍事，無事則不必寫信，故又以事分類爲妥。

第三節　書牘之結構

書牘所以代晤談，故晤談之程序，即書牘之結構。假使因事詣人，自宜先通名刺（熟人可免，而改爲敍寒暄。），然後陳其來意，所懷既竭，於是道別而去。本此以觀書牘，大體可分三部分：首爲開頭應酬語，猶敍寒暄也。次爲正文，即書信主體，猶陳來意也。末爲結尾應酬語，猶臨去道別也。茲爲清晰計，將書牘範例及其結構表列如左：

書牘範例

賀友人當選省議員

某某吾兄左右：敬啓者，不覩英姿，又經匝月，想念之深，與時俱積。頃披中央日報，欣悉榮膺臺灣省議會第六屆議員，昭物望於圭璋，騰英聲於冠冕。行見秉持公意，歡洽輿情，奠民主之初基，展敬恭於　珂里。忝居同窗之末，亦與有榮焉。今後尚祈　不遺

在遠，南針時賜，以匡不逮，實爲至望。耑此奉賀，順頌

儷祺。

弟某某謹啓○月○日

伯母前祈叱名請安。

書牘結構

- 前文
  - ①稱　　謂：某某吾兄。
  - ②提 稱 語：左右。
  - ③啓事敬辭：敬啓者。
  - ④開頭應酬語：不覩英姿……與時俱積。
- 正文—⑤書牘主體：頃披中央日報……亦與有榮焉。
- 後文
  - ⑥結尾應酬語：今後尙祈不遺在遠……實爲至望。
  - ⑦結尾敬辭：耑此奉賀……順頌儷祺。
  - ⑧署名敬禮：弟某某謹啓。
  - ⑨月　　日：○月○日。
  - ⑩補　　述：伯母前祈叱名請安

上述各部分，往往因人因事，可斟酌情形，予以省略。如家人通信，③④⑥⑩各項，以率眞而可省。喪事唁問，③④⑩三項，以哀悼而可省。茲按上列結構次序，略加說明如下：

一、**稱謂**　此爲書牘發端重要部分，所以確定通訊人雙方關係。稱謂一誤，使人有其餘不足觀之感。

聞某大學有一畢業生，函請校長介紹工作，起首即書『某某校長仁兄大鑒』，似此不可原諒之錯誤，未有不令人噴飯者。如係求職，其結果如何，可以不問而知。又對方有字或號者，須稱其字號，確無字號，始可逕稱其名。

二、**提稱語** 提稱語在『稱謂』之下，表示請求受信人察閱之意，故與『稱謂』均宜適合收信人身分。如對父母當用『膝下』、『膝前』，對業師當用『函丈』、『壇席』，對婦女當用『慧鑒』、『妝次』，對朋友當用『惠鑒』、『足下』。

三、**啓事敬辭** 通常用在『提稱語』之下，爲陳述事情之發語詞。可分去信、回信兩種：普通對祖父母及父母，無論去信、覆信均用『敬稟者』、『敬肅者』。對親友長輩及業師，去信用『敬肅者』、『敬陳者』，覆信用『敬覆者』、『謹覆者』。對平輩去信用『逕啓者』、『茲啓者』，覆信用『逕覆者』、『茲覆者』。對晚輩去信可以不用，覆信可用『茲覆者』、『茲覆如左』之類，非以示敬，特作爲發語詞而已。其實此一項本非必要，現代書信多略而不用。惟有所商請，對長輩用『敬懇者』，對平輩用『茲有懇者』、對晚輩則用『茲有託者』。

四、**開頭應酬語** 在一般正式書信中，通常多有此項，其種類甚多，有表思慕，有敍別情，有頌揚德業，有祝福起居，或切時，或切事。如對男性尊長，則云『仰瞻 仁宇，時切葵忱』。對女性尊長則云『遠隔 慈雲，倍深瞻仰』。對平輩則云『久違 雅範，時切馳思』。對婦女則云『久別 芳儀，時深系念』。

五、**書牘主體** 爲作書主旨，最宜注意，既無定式，亦無定法，如何使意思顯豁，層次分明，端視作者之用心耳。

六、**結尾應酬語** 多寥寥數語，如對長輩則云『乞賜 俞允，無任盼禱』。對平輩則云『臨穎神往，不盡所懷』云。對情人則云『紙短情長，欲言難罄』。

七、**結尾敬辭** 可分為兩部分：一為敬語，如『肅此』、『專此』之類。二為問候語，如用『請』字，下宜用『安』字，如『敬請 崇安』、『即請 台安』。如用『頌』字，下宜用『祺』、『祉』、『綏』等字，如『順頌 秋祺』、『即頌 刻祉』、『祗頌 台綏』之類。

八、**署名敬禮** 署名在書牘中為不可缺少之部分。末尾署名宜與『稱謂』相呼應，所以示通訊人雙方關係。如對父母稱『男』或『女』，對業師稱『受業』或『學生』，對朋友稱『弟』或『妹』。署名下附有敬辭，如對尊親用『敬稟』或『叩稟』，對平輩用『拜啓』或『頓首』，對晚輩用『手啓』或『手泐』。又對家族及關係極親近之人，只署名而不書姓，此外則多全寫姓名。

九、**月日** 月日所以標明發信時間，在書信中亦不可缺。如韓愈姪十二郎既歿，僕人耿蘭之報不知當言月日，致橫生枝節，是其著例。

十、**補述** 書信首尾已完，或有遺漏之事，可於信末補述。開頭可用『再者』、『再啓者』，結尾可用『又啓』、『又及』。然此乃不得已之辦法，鄭重恭敬之信札，以不用為宜。又時下青年有以英文『P.S』(postscript) 代替『補述』者，務須戒絕。至於附帶問候之補述，如『伯父大人前敬祈叱名請安』、『某某姊前煩代致候』、『舍妹囑筆問候』之類，則無論對方身分，均一體適用。

以上書牘結構，大體略備於此，運用之妙，但存乎一心耳。

第四節　書牘之術語

書牘爲應用文，與人交際，自當從順時宜，但亦不可失之鄙俗。茲爲便檢閱參考起見，特將書牘慣用術語分別製表於後，並附加說明。

（一）稱謂

一、家族

稱人	自稱	對他人稱	對他人自稱
祖父 祖母	孫 孫女	令祖 令祖母	家祖父（或家大父） 家祖母（或家大母）
伯（叔）祖父 伯（叔）祖母	姪孫 姪孫女	令伯（叔）祖 令伯（叔）祖母	家伯（叔）祖 家伯（叔）祖母
父親 母親	男（或兒） 女	令尊（或尊公或尊翁） 令堂（或尊堂或尊萱）	家父（或君・尊・大人・嚴） 家母（或慈）
伯（叔）父 伯（叔）母	姪 姪女	令伯（叔） 令伯母（叔母）	家伯（叔） 家伯母（叔母）
兄（或某哥） 嫂（或某姊）	弟 妹	令兄 令嫂	家兄 家嫂

弟／弟婦（或某弟／妹）	兄／姊	令 弟／弟婦	舍 弟／弟婦
姊／妹	弟（妹）／兄（姊）	令 姊／妹	家姊／舍妹
夫子（或某哥・某兄・夫君）／某某（單稱名或字）	妻（或妹）／某某（單稱名或字）	某先生（或尊夫君）	外子（或某某・拙夫）
吾妻（或某妹・賢妻・愛妻）／某某（單稱名或字）	夫／某某（單稱名或字）	尊夫人（或閫）／嫂	內 子（或拙荊）／人（或賤內）
吾 兒／女（或幾兒／女或某某兒／女）	父／母	令 郎（或公子・郎君・嗣）／嬡（或媛・愛）	小 兒（或小犬・豚犬・賤息・豚兒）／女
賢媳（或某某或某某兒）	父（或愚）／母	令 媳	小 媳
某某 姪（或賢姪）／姪女（或賢姪女）	伯（叔）／伯母（叔母）	令 姪／姪女	舍 姪／姪女
幾 孫／孫女（或某某孫／孫女）	祖／祖母	令 孫／孫女	小 孫／孫女
賢姪 孫／孫女	伯（叔）祖／祖母	令姪 孫／孫女	舍姪 孫／孫女

君舅姑（或父母親）	媳（或兒）	令舅姑	家舅姑
伯（叔）翁姑（或伯（叔）父母）	姪媳	令伯（叔）翁姑	家伯（叔）翁姑

【說　明】

㈠凡尊輩已歿，『家』字應改爲『先』字。自稱已歿之祖父母，爲『先祖父母』或『先王父』、『先祖考』、『先王母』、『先祖妣』。稱已歿之父母，父爲『先父』、『先君』、『先嚴』、『先考』、『先君子』、『先府君』，母爲『先母』、『先慈』、『先妣』。

㈡稱人父子爲『賢喬梓』。對人自稱爲『愚父子』。稱人兄弟爲『賢昆仲』、『賢昆玉』，對人自稱爲『愚兄弟』。稱人夫婦爲『賢伉儷』，對人自稱爲『愚夫婦』。

㈢家族幼輩稱呼，『賢』字大可不用，卽媳婦亦可不用。

㈣舅、姑對媳婦，本多自稱愚舅、愚姑，因與舅父或姑母之稱有時相混，故用一『愚』字。其實可自稱父母，或逕寫字號爲宜。

㈤稱已故之兄姊曰『先兄』『先姊』，稱已故之弟妹曰『亡弟』『亡妹』。

二、親戚

稱人	自稱	對他人稱	對他人自稱

姑丈 姑母	姪(或內姪) 姪女(或內姪女)	令姑丈 令姑母	家姑丈 家姑母
外祖父 外祖母	外孫 外孫女	令外祖父 令外祖母	家外祖父 家外祖母
舅父 舅母	甥 甥女	令母舅 令舅母	家母舅 家舅母
姨丈 姨母	姨甥 姨甥女	令姨丈 令姨母	家姨丈 家姨母
表伯(叔)父 表伯(叔)母	表姪 表姪女	令表伯(叔) 令表伯(叔)母	家表伯(叔) 家表伯(叔)母
表舅父 表舅母	表甥 表甥女	令表母舅 令表舅母	家表母舅 家表舅母
岳父 岳母	子壻(或壻)	令岳 令岳母	家岳 家岳母
伯(叔)岳父 伯(叔)岳母	姪壻	令伯(叔)岳 令伯(叔)岳母	家伯(叔)岳 家伯(叔)岳母
姻伯(或叔)父 姻伯(或叔)母	姻姪 姻姪女	令親	舍親
親家(或親翁) 親母(或親家太太)	姻愚弟 姻妹(或姻侍生)	令親家(或令親翁) 令親母(或令親家太太)	敝親家(或敝親翁) 敝親母(或敝親家太太)

姊丈／倩	內弟／姨妹（或妹弟）	令姊丈	家姊丈／夫
妹丈／倩	內兄／姨姊（或姊兄）	令妹丈	舍妹丈／夫
表兄／嫂	表弟／妹	令表兄／嫂	家表兄／嫂
內兄／弟（或弟兄）	妹／姊壻	令內兄／弟	敝內兄／弟
襟兄／弟	姻愚弟／兄	令僚壻	敝連襟
姻兄／嫂	姻弟／侍生（或姻愚妹）	令親	舍親
賢內姪／女	姑丈／母	令內姪／女	舍內姪／女
賢外孫／女	外祖／母	令外孫／女	舍外孫／女
賢甥／女	愚舅／母	令甥／女	舍甥／女
賢壻／倩	愚岳／母	令壻（或令坦倩）	小壻

賢表姪　姪女	愚表伯（叔）　伯母（叔母）	令表姪　姪女	舍表姪　姪女
賢姻姪　姪女	愚姻親	令親	舍親

【說明】

㈠親戚中，『姻伯』、『姻叔』、『姻丈』乃指姻長中無一定稱呼者，如姊妹之舅姑及其兄弟姊妹，兄弟之岳父母及其父母兄弟姊妹，用此稱謂最富彈性。

㈡平輩者皆依表列定稱。

㈢幼輩稱呼『賢姻姪』三字，祇能用於極親近者。普通親戚雖屬晚輩，亦以『姻兄』相稱，而自稱『姻弟』或『姻末』。

三、師友同學

稱人	自稱	對他人稱	對他人自稱
太夫子　師母	門下晚生		
夫子（或吾師・老師）　師母	生（或受業・學生）	令業師　師母	敝業師　師母
太世伯（叔）父　母	世再姪　姪女		

世伯（叔）父 世伯（叔）母	世姪 世姪女		
世丈 仁丈	晚		
世兄（或吾兄） 世姊（或吾姊）	世弟（或弟） 世妹（或妹）	令友	敝友
學長（或學兄） 學長（或學姊）	學弟（或弟） 學妹（或妹）	貴同學	敝同學
同學（或學弟） 同學（或學妹）	小兄（或友生） 愚姊（或友生）	令高足	敝門人 敝學生
世講（或世臺） 世講（或世兄）	愚		

【說明】

㈠『夫子』二字，常為妻對夫之稱。女學生對師長，則以稱『老師』、『吾師』或『業師』為宜。

㈡世交中伯叔字樣，視對方與自己父親年齡而定，較長者稱『伯』，較幼者稱『叔』。

㈢世交而兼有戚誼者，按尊長年齡比較，稱『太姻世伯（叔）』、『姻世伯（叔）』。

㈣確有世誼關係，年長於己二十歲以上，而行輩不易確定者，稱『仁丈』或『世丈』。

㈤世交平輩中，如係交誼深厚者，可稱『吾兄』、『我兄』，一則表示親近，再則免與通稱晚輩為『世兄』者相混。

㈥對女老師之夫可稱『師丈』或『某（姓）先生』，不可稱『師公』或『師父』。

四、工友

稱人	自稱	對他人稱	對他人自稱
某某（稱名字）	某某（單具名字）	尊紀（或貴价女工友）	某某（或小价敝女工友）

除右列四表外，尚有其他關係之稱謂，如部屬對長官，通常稱『鈞長』或『鈞座』，或稱職銜，如『某公部長』，自稱『職』。如對舊時長官，則自稱『舊屬』。稱他人長官，則在職銜上加『貴』字，如『貴部長』。對他人稱自己長官，則曰『敝部長』。

(二)提稱語

用途	語彙
用於祖父母及父母	膝下・膝前・尊前・道鑒
用於尊長輩	尊前・尊鑒・賜鑒・鈞鑒・崇鑒・尊右・侍右・道鑒
用於師長	函丈・壇席・講座・尊前・尊鑒・道鑒
用於平輩	台鑒・大鑒・惠鑒・左右・足下・閣下・雅鑒・偉鑒・英鑒
用於同學	硯右・硯席・文几・文席（上欄『台鑒』等語亦可通用）
用於晚輩	青鑒・青覽・如晤・如握・如面・收覽・知悉・知之・收悉・收閱

用於政界	勛鑒・鈞鑒・鈞座・台座・台鑒・閣下・左右
用於軍界	麾下・鈞鑒・鈞座・幕下
用於教育界	講席・座右・麈次・有道・著席・撰席・史席・道鑒
用於弔唁	苫次・禮席・禮鑒・禮次・素覽
用於哀啓	矜鑒・荃詧
用於釋家	方丈・法鑒
用於道教	法鑒
用於耶教	道鑒
用於婦女	妝次・奩次・閫照・慧鑒・妝鑒・繡次・妝閣・芳鑒・淑覽・懿鑒

【說　明】

㈠對直屬長官，可參酌尊長及軍政兩欄，以用『鈞鑒』、『賜鑒』為普通。

㈡對晚輩欄，凡用『鑒』均客氣成分較多，『覽』次之。『如晤』至『如面』，用於晚輩較親近者。『收覽』以下，大都用於己之卑親屬。

㈢喜慶函無一定之提稱語，可按關係依表列酌用。

(三) 啓事敬辭

用途	語彙
用於祖父母及父母	敬稟者・謹稟者・叩稟者
用於長輩及長官	茲肅者・敬肅者・謹肅者・敬啓者・謹啓者（覆信：謹覆者・敬覆者・肅覆者）
用於通常之信	敬啓者・謹啓者・啓者・茲啓者・逕啓者（覆信：茲覆者・敬覆者・逕覆者）
用於請求之信	茲懇者・敬懇者・茲託者・敬託者・茲有懇者・茲有託者
用於祝賀	敬肅者・謹肅者・茲肅者
用於訃信	哀啓者・泣啓者
用於補述	又・再・再啓者・再陳者・又啓者・又陳者

【說明】

通常『請求』、『補述』各種用語，有時可成四字句，如『茲敬陳者』、『茲有懇者』、『茲再陳者』、『茲有啓者』，行文時視文氣需要而定。

(四) 開頭應酬語

一、思慕語

㈠對人思慕

用於祖父母及父母	▲引領○慈雲㈠，倍切孺慕。▲引瞻○慈顏㈡，良深孺慕。▲仰望○慈暉，孺慕彌切。▲翹首○慈雲，倍切依依。▲瞻企○慈雲，彌殷孺慕。▲○慈雲翹首。孺慕彌殷。
用於親友長輩	▲○光輝仰望，思慕時深。▲引領○吉輝，倍切神往。▲仰企○光輝，時深傾慕。▲仰慕○光輝，神情遙注。▲遙仰○山斗㈢。系念殊殷，而停鸞峙鵠㈣，無日不懸心目間也。……惟有翹首○鈞顏，徒切瞻依耳。
用於師長	▲遙望○門牆㈤，輒深思慕。▲瞻仰○斗極，殊切依馳。▲翹瞻○星嶽，倍切神馳。▲路隔山川，神馳○絳帳㈥。▲仰瞻○道範，倍切依依。▲未知何日重立○程門㈦，再聆○孔鐸㈧，而依依○絳帳之思，未嘗不寤寐存之。▲山川修阻。立雪無從，陶鑄之恩㈨，未嘗頃刻去懷也。▲程門立雪，何日忘懷，遙企○斗山，時深馳慕。
用於長官	▲翹企○斗山，輒深景仰。▲○仁風德化，仰慕彌殷。▲○雲天翹望，○泰斗瞻馳。▲引領○福星㈩，彌殷仰慕。▲○雲天在望，心切依馳。▲○斗山之仰，深切私衷。
用於親友平輩	▲望風懷想，時切依依。▲風雨晦明，時殷企念。▲瞻企○芝標(十一)，渴念殊極。▲每念○故人，輒深神往。▲相思之切，與日俱增。▲言念○故人，精爽飛越。▲神馳○左右，夢想爲勞。▲屋梁落月(十二)，時念○故人。▲伊人秋水(十三)，倍覺黯然。▲久未晤敎，渴念良殷，極思一見爲快也。

㈡對景思慕

用於春季	▲仰對春光，懷深雲樹㈣。▲暮雲春樹，想念殊殷。▲春深南國，人佇春風。▲對此鳥語花香之際，倍深懷思馳念之情。

用於夏季	▲薰風披處，時念○故人。▲薰風拂拂，楊柳依依，長夏無聊，倍念○知己。 ▲靜對荷塘，翹瞻倍切。▲對此柳線牽愁之日，忽憶春宵共話之歡。
用於秋季	▲每對秋光，彌深葭溯。▲風清月朗，輒念○故人。▲秋水蒹葭，倍切洄溯。 ▲對此銀河瀉影之時，頓起異苔同岑之感。▲對此白露蒼蒼之候，殊深伊人渺渺之思。 ▲悵望秋風，神馳夢寐。
用於冬季	▲雪梅霜樹，仰企良殷。▲寒燈夜雨，殊切依馳。▲梅影橫窗，懷念倍切。 ▲對此寒窗煮茗之時，益增落月屋梁之感。▲瘦影當窗，懷人倍切。 ▲寒梅將放，能不黯然神往也。

㈢未會思慕

用於親友長輩	▲久仰○斗山，時深景慕。▲久欽○碩望，時切神馳。▲仰企○慈仁，無時或釋。 ▲每懷○德範，輒深神往。▲久仰○芳型，未瞻○道範，未知何時得能暢聆○教益也。 ▲夙仰典型，未領清誨，譬如北斗在天，可望而不可及，悵何如之。
用於親友平輩	▲景仰已久，趨謁無從。▲瞻○韓徒切㈤，御○李無由㈥。▲久仰○仁風，未親○儀範。 ▲久慕○高風，未親○雅範。▲久欽○叔度㈦，○謦欬未親㈧，未知何時能慰夙願耳。 ▲久耳○大名，○清芬莫挹，仰跂○德門，悵惘靡已。

㈣復信思慕

用於親友長輩	▲方殷思慕，忽奉○頒函。▲仰企方殷，忽接○翰諭。▲翹企正切，忽蒙○賜函。 ▲仰企正殷，辱蒙○翰示。▲仰企正殷，蒙頒○雲翰，迴環捧誦，眷注殊深。 ▲瞻仰正切，○手翰惠頒，如親○謦欬。

用於親友平輩	
	▲仰企正殷，忽奉○大札。　▲懷思正切，忽奉○琅函。　▲馳念正殷，忽得○手示。 ▲方深景念，○華翰忽頒。　▲正欲修函致候，而○朶雲忽至，迴環雒誦(一九)，不啻晤言。 ▲正深企念，忽奉○瑤章(二〇)。捧誦之餘，恍親○芝宇(二一)。

【說　明】

㊀上列各表，句中凡有『○』記號者，其下一字應平抬，或挪抬，表示禮貌。以下各表悉同，不另說明。

㊁思慕語爲開頭應酬語之一種，先述自己仰慕之忱，以示敬意者。惟此類套語，習用已久，表中所列，舉例而已。作書時，仍以別立新意，自撰新詞爲佳。

【注　釋】

㊀引領慈雲　引領，延頸遠望也，望則伸其頸，故云。孟子梁惠王篇：『孟子曰：「如有不嗜殺人者，則天下之民皆引領而望之矣。」』慈雲，佛家語，喻佛之慈心廣大如雲也，世每借以稱祖父母或父母。

㊁慈顏　稱尊長之容顏也。張萬頃登天目山下作詩：『宦遊偏不樂，長爲憶慈顏。』

㊂山斗　亦曰泰斗，泰山北斗之合稱。唐韓愈以六經之文爲諸儒倡，蓋自比孟軻，以荀況揚雄爲未淳，自愈沒，其言大行，學者仰之如泰山北斗。見唐書本傳贊。按泰山、高山。北斗，北辰。皆爲人所景仰者。

㊃停鸞峙鵠　頌揚賢人之辭。韓愈殿中少監馬君墓誌銘：『鸞鵠停峙，能守其業者也。』

㊄門牆　論語子張篇：『叔孫武叔語大夫於朝曰：「子貢賢於仲尼。」子服景伯以告子貢，子貢曰：「譬之宮牆，賜之牆也及肩，窺見室家之好。夫子之牆數仞，不得其門而入，不見宗廟之美，百官之富。得其門者或寡矣，夫子之云，

不亦宜乎。」』後遂稱師門曰宮牆、門牆。

⑥絳帳　後漢書馬融傳：『融居宇器服，多存侈飾，常坐高堂，施絳紗帳，前授生徒，後列女樂。』按馬融爲一代大儒，世因美稱講座曰絳帳，或曰絳帷。

⑦立程門　朱子語錄：『游楊二子初見伊川，伊川瞑目而坐，二子侍，既覺曰：「尚在此乎，且休矣。」出門，門外雪深一尺。』按游楊謂游酢楊時，均程頤之高第弟子。

⑧孔鐸　論語八佾篇：『儀封人請見曰：「君子之至於斯也，吾未嘗不得見也。」從者見之，出曰：「二三子何患於喪乎，天下之無道也久矣，天將以夫子爲木鐸。」』鐸，鈴也，金口木舌，施政教時，振之以警衆。

⑨陶鑄　范土曰陶，鎔金曰鑄，蓋即因材造作，使成一定形式之義。

⑩福星　舊時稱地方官有恩德及民者曰一路福星，言一路之人頌爲福星也。戴翼賀陳待制啓：『福星一路之歌謠，生佛萬家之香火。』

⑪芝標　稱人儀表之美。

⑫屋梁落月　杜甫夢李白詩：『落月滿屋梁，猶疑照顏色。』書札中常用爲懷念朋友之辭。

⑬伊人秋水　詩經秦風蒹葭：『蒹葭蒼蒼，白露爲霜，所謂伊人，在水一方。溯洄從之，道阻且長，溯游從之，宛在水中央。』

⑭雲樹　暮雲春樹之簡稱。杜甫春日憶李白詩：『渭北春天樹，江東日暮雲，何時一樽酒，重與細論文。』渭北，杜所居地，江東，李所居地，此借雲樹以寫相思之感。後因習用爲思念遠方友人之辭。

⑮瞻韓　李白與韓荊州書：『白聞天下談士相聚而言曰：「生不用封萬戶侯，但願一識韓荊州。」何令人之景慕，一至於此。』按韓朝宗時任荊州長史。後人因以瞻韓、識荊爲宗仰賢人之敬辭。

(六)御李　東漢李膺，負天下重望，荀爽謁之，因爲之御，旣還，喜曰：『今日得御李君矣。』見後漢書李膺傳。後因以御李爲敬慕賢者之辭。

(七)叔度　黃憲字。憲東漢愼陽人，夙有高名，荀淑稱爲顏子。陳蕃謂時月之間，不見黃生，則鄙吝之萌復存於心。郭泰謂叔度汪汪若千頃陂，澄之不淸，淆之不濁，不可量也。其爲士流景慕如此，天下號曰徵君。見後漢書本傳。

(八)謦欬　喻言笑。莊子徐无鬼篇：『況乎兄弟親戚之謦欬其側者乎。』

(九)雒誦　猶言反覆讀誦，亦作洛誦。莊子大宗師篇：『副墨之子，聞諸洛誦之孫。』王先謙集解：『謂連絡誦之，猶言反復讀之也。洛絡同音借字。』

(一〇)瑤章　對他人書札之敬稱。按上文『翰諭』、『翰示』、『雲翰』、『手翰』、『大札』、『手示』、『華翰』、『朶雲』亦同。

(一一)芝宇　唐書元德秀傳：『房琯每見德秀，歎息曰：「見芝紫(德秀字)眉宇，使人名利之心都盡。」』此借眉宇以稱容顏。按宇，眉也，面之有眉，猶屋之有宇。後因美稱他人曰芝宇。

二、闊別語

(一)按人敍別

用於祖父母及父母	▲叩別○尊顏，於茲數載。　▲自違○膝下，倏忽一年。　▲拜別○慈顏，忽已半載。 ▲自違○慈顏，業經匝月。
用於親友長輩	▲睽違○教範，荏苒經年。　▲拜別○尊顏，轉瞬數月。　▲不覩○芝儀，瞬又半載。 ▲自違○雅教，倏忽一年。　▲睽違○清誨，裘葛頻更(一)。

用於師長	▲不坐○春風，倏已匝月。▲不親○教誨，幾度寒暄。▲自違○提訓，屈指經年。▲拜別○尊顏，倏逾旬日。
用於平輩	▲不奉○清談，又匝月矣。▲不親○雅範，倏忽經年。▲揖別○丰儀，蟾圓幾度㈠。▲自違○雅教，數月於茲。
用於軍政界	▲不瞻○德曜，倏已經年。▲溯隔○棨輝，幾度蟾圓。▲不親○仁宇，數載於茲。▲自睽○星標，數更寒暑。

(二)按時敘別

春別至夏	春風握別，又到朱明㈢。憶風雨別離，正綠野人耕之候，而光陰迅速，已碧荷藕熟之時矣。
春別至秋	送君南浦㈣，春復徂秋。賦別離於昔日，楊柳依依㈤，數景物於今晨，蒹葭采采㈥。
春別至冬	春初話別，又屆歲寒。鳥哢春園，折楊柳而握別，驛馳冬嶺，撫梅蕚以增懷。
夏別至秋	麥天一別，又屆秋風。昔聽蟬噪青槐，方攄別意，今覩雁飛紫塞㈦，頓感離懷。
夏別至冬	不通音問，經夏徂冬。炎日當空，方賦離情於涼館，寒風吹沼，忽牽別恨於灞橋㈧。
秋別至冬	自經判袂，秋去冬來。玉露初凝，爾日別離不舍，雪梅將綻，今宵感慨偏多。

(三)按地敘別

近處相別	不親○叔度，倏爾數月，咫尺相違，如隔千里。
遠處相別	憶隔○光儀，又更裘葛，關河修阻，跋涉維艱。

旅中相別	前在旅邸聚談，辱荷○殷殷關注，旋以睽違兩地，頓覺歲序推移。
途中相別	某日邂逅相逢，得聆○雅教，別後關山遠阻，頓覺節序催人。
異地相別	楚水吳山，江河迢遞，一經隔別，境異情疏。江湖浪迹，同是他鄉，又賦別離，情何能已。

㈣按事敘別

臨別贈詩文者	前者握別，雅荷○拳拳，承錫○佳章，實壯行色。
臨別賜筵宴者	臨賦驪歌，辱承○賜宴，醉心飽○德㈠，感媿殊深。
臨別賜財物者	行李在途，正增別緒，忽邀○厚貺，備感○深情。
臨別人送己	辱承○走送，笑語良歡，兩地停雲㊁，益增棖觸㊂。
臨別己送人	憶自行旌遠指，趨送長途，別來物換星移㊂，不覺蟾圓幾度矣。

【說　明】

表中所列，僅供參考而已。蓋此類詞句，沿用甚久，已成習套，上乘之書牘，自當別鑄新辭，不可襲用。曹丕稱美建安七子之作云：『於學無所遺，於辭無所假。』（典論論文）『於辭無所假』云者，即昌黎韓氏所謂『惟陳言之務去』之意也。建安七子作品之獨有千古，即以此焉。雖然，初學儉腹，藝事未精，悉空依傍，自造美辭，未免陳義過高，不切實際。故模擬爲創作之初階，已爲古今文家所公認。董其昌氏論書有云：

其始必與古人合，其後必與古人離。（畫禪室隨筆）

姚鼐氏論文亦云：

學古人必始而迷悶，苦毫無似處，久而能似之，又久而自得，不復似之。（惜抱尺牘）

近人陳曾則氏言之尤爲精闢。

初學者必從摹擬入手，雖出於有意，無礙也。其學旣進，其境旣熟，其術日深，而後能去其形貌，而得其神理。張廉卿先生云：『與古人訢合於無間』，非好學深思，安能得之。（古文比）

僉謂初學者不可不多所規摹，以求與古人相合，亦取法乎上之意也。良以初學不從模擬入手，便求與古人離，是猶登高而不自卑，行遠而不自邇，其終無所成也必矣。惟模擬旣久，須能自化，模擬而不能化，則終身役於古人，必不能自成家數。凡百詞藝皆然，固不獨書牘一端而已。

【注釋】

㈠裘葛　謂一歲也。冬衣裘，夏衣葛，以禦寒暑，故以裘葛爲一歲之代詞。柳貫詩：『裘葛屢催年。』

㈡蟾圓　俗傳月中有蟾蜍，故稱月爲蟾光、蟾魄、蟾圓、蟾宮、蟾窟。歐陽詹長安玩月詩序：『稽於天道則寒暑均，取於月數則蟾兔圓。』

㈢朱明　謂夏也。爾雅釋天：『春爲青陽，夏爲朱明，秋爲白藏，冬爲玄英。』邢昺疏：『云夏爲朱明者，言夏之氣和，則赤而光明也。』

㈣南浦　泛指送別之地。文選江淹別賦：『送君南浦，傷如之何。』

㈤楊柳依依　詩經小雅采薇：『昔我往矣，楊柳依依。』依依，柔貌。

㈥蒹葭采采　詩經秦風蒹葭：『蒹葭采采，白露未已，所謂伊人，在水之涘。溯洄從之，道阻且右，溯游從之，宛在水中沚。』毛氏傳：『采采，猶萋萋也。』馬瑞辰傳箋通釋：『萋萋，猶蒼蒼，皆謂盛也。』

㊆紫塞　秦所築長城，土皆紫色，故稱紫塞。見崔豹古今注。

㊇灞橋　在陝西長安縣東，橋橫灞水上，古人多於此送別，故又名銷魂橋。

㊈叔度　黃憲字。已見前注。

⑩醉心飽德　孟子告子篇：『詩云：「既醉以酒，既飽以德。」言飽乎仁義也，所以不願人之膏粱之味也。』

⑪停雲　陶潛停雲詩序：『停雲，思親友也。』今人書札中常以停雲表思慕之意。

⑫根觸　感觸也。李商隱戲題樞言草閣詩：『君時臥根觸，勸客白玉盃。』

⑬物換星移　謂時節景物之變更也。王勃滕王閣序：『閒雲潭影日悠悠，物換星移幾度秋。』

三、頌揚語

㈠頌揚各界

用於政界	▲匡時巨擘，濟世長才。▲三臺俊碩㊀，一代耆英。▲龍門俊品㊁，鳳閣仙才㊂。
用於軍界	▲允文允武，如虎如貔。▲孫吳偉略㊃，韓范雄才㊄。▲伊周事業㊅，頗牧韜鈐㊆。▲投筆文場，播聲威於中外，飄纓武帳，奠偉績於山河。
用於學界	▲胸藏萬卷，筆掃千軍。▲懷抱澄清，風儀俊拔。▲詞壇祭酒，藝苑名家。▲擷來宋豔班香㊇，詞壇譽駿，摘得江花謝草㊈，藝苑才鴻。▲雄詞倒峽，豪氣凌雲。
用於商界	▲運籌有策，貨殖多能。▲居有爲之地，吐氣揚眉，展致富之才，業崇財裕。▲陶朱駿業⑩，子貢經營⑪。▲大隱於市⑫，企業宏開。

用於醫界	▲肱傳三折㊂，方列千金㊃。▲全心濟世，妙手成春。▲祕傳金匱㊄，功著杏林㊅。▲術妙軒岐㊆，望隆盧扁㊇。
用於人品	▲德潤珪璋，才含錦繡。▲手姿嶽峙，雅量淵深。▲琠璠粹品㊈，岱岳崇標㊉。▲高懷霽月(十一)，雅度春風。

(二)頌揚親友

用於長輩	▲香山比算(十二)，洛社齊名(十三)。▲虛懷若谷，和氣如春。▲多煖宜人，春和煦物。▲譽隆望重，德劭年高。▲齒德俱尊，才名並重。▲算衍椿齡(十四)，望隆梓里(十五)。▲萬頃澄波，黃叔度之器量(十六)，千尋聳榦，嵇中散之楷模(十七)。
用於平輩	▲矯然之鶴，卓爾飛龍。▲秀鍾山嶽，志聳雲霄。▲襟期高曠(十八)，吐屬溫和。▲叔度光儀，元龍氣量(十九)。▲度靄春風，氣和冬日。▲風流倜儻，意氣騰驤。
用於婦女	▲月魄精光，冰心慧質。▲風傳林下(二十)，秀占璇閨(二十一)。▲韋曹比美(二十二)，鍾郝播徽(二十三)。▲夙聞懿範，咸仰坤儀(二十四)。

【說　明】

頌揚語旨在恭維受信者，使書信之效用格外加強。用時應考量對方之身分地位，以及雙方之關係，務求恰如其分。倘頌揚太過，恐對方誤爲有意挖苦，反爲不妙。

【注　釋】

㈠三臺　臺灣地區之別稱。蓋臺灣地區有臺北臺中臺南三大城市，故有此稱。

㈡龍門　三秦記：『江海魚集龍門下，登者化龍，不登者點額暴腮而還。』世因以龍門喻高名碩望，凡得其接引而增長聲價者，謂之登龍門。後漢書李膺傳：『膺獨持風裁，以聲名自高，太學中語曰：「天下模楷李元禮。」士有被其容接者，名爲登龍門。』

㈢鳳閣　即中書省。唐書百官志注：『光宅（武后年號）元年，改中書省曰鳳閣。』

㈣孫吳　春秋孫武、戰國吳起，並精兵法，世言善用兵者，輒稱孫吳。

㈤韓范　謂宋名臣韓琦與范仲淹。二氏在兵間久，爲朝廷所倚重，邊人謠曰：『軍中有一韓，西賊聞之心膽寒。軍中有一范，西賊聞之驚破膽。』見宋史韓琦傳及名臣言行錄。

㈥伊周　謂商伊尹、周周公也。二人並爲佐命之臣。文選潘岳西征賦：『彼負荷之殊重兮，雖伊周其猶殆。』

㈦頗牧韜鈐　頗牧，謂戰國時趙名將廉頗與李牧。世言名將，恆以頗牧並舉。韜鈐，爲六韜與玉鈐篇之合稱，皆古之兵書，後謂用兵之法曰韜鈐。張說赴朔方軍應制詩：『禮樂逢明主，韜鈐用老臣。』

㈧宋豔班香　戰國楚宋玉、漢班固，並以賦名，摛藻豔麗，故言文學之美者，多引用之。

㈨江花謝草　南朝宋謝靈運、梁江淹，俱以詩擅名一代，故言南朝文才之美者，恆以江謝並稱。

㈩陶朱　春秋楚范蠡善居積，既佐越破吳，變姓名，游江湖，後之陶山，爲朱公，居十九年，三致千金，因成巨富。見史記范蠡傳。

⑪子貢　端木賜之字。賜春秋衛人，孔子弟子，善貨殖，家累千金。見史記貨殖傳。論語先進篇：『子曰：「賜不受命，

而貨殖焉，億則屢中。」』

⑫大隱　謂隱於朝市也。文選王康琚反招隱詩：『小隱隱陵藪，大隱隱朝市。』

⑬肱三折　喻醫生之閱歷多也。左傳定公十三年：『三折肱，知爲良醫。』

⑭方千金　唐孫思邈撰千金要方九十三卷，其意以爲人命至重，貴於千金，一方濟之，德莫踰於此，故名。

⑮金匱　金匱要略之省稱，漢張機撰，凡二十五篇，二百六十二方，爲醫雜症者所祖，與素問難經並稱醫學名著。

⑯杏林　三國吳時，董奉居廬山，爲人治病，不取錢，病重者令植杏五株，輕者一株，數年，得杏十萬株，號董仙杏林。見神仙傳。後人以杏林爲稱頌醫家之詞。

⑰軒岐　黃帝軒轅氏與岐伯（亦作歧伯）並精醫術，其論醫之語備載於內經，醫家奉以爲祖，合稱岐黃。

⑱盧扁　戰國鄭人秦越人受禁方於長桑君，治病以診脈爲名，而洞見五臟癥結，遂以精醫名天下。家於盧，世稱盧醫。又以其術與黃帝時良醫扁鵲相類，故世以扁鵲號之。見史記扁鵲傳。

⑲璵璠　美玉也。左傳定公五年：『季平子卒於房，陽虎將以璵璠斂，仲梁懷弗與。』

⑳岱岳　泰山別名。

㉑霽月　儒雅清朗之喻。宋史周敦頤傳：『黃庭堅稱其人品甚高，胸懷灑落，如光風霽月。』

㉒香山　唐白居易晚年居洛陽之香山，與胡杲、吉旼、鄭據、劉眞、盧眞、張渾、狄兼謨、盧貞燕集，皆高年不預世事，人慕之，繪爲九老圖。見唐書白居易傳。

㉓洛社　宋神宗熙寧年間，文彥博以太子太師致仕，居洛陽，效唐白居易九老會故事，集士大夫老而賢者於富弼之第，置酒賦詩相樂，序齒不序官，賓主凡十有二人，時人謂之洛陽耆英會。見宋史文彥博傳。

㉔椿齡　謂年齡同於大椿也。莊子逍遙遊篇：『上古有大椿者，以八千歲爲春，以八千歲爲秋。』後遂假以爲祝壽之辭。

㉕梓里　謂故鄉也。劉迎詩：『吾不愛錦衣，榮歸誇梓里。』

㉖黃叔度　即黃憲。已見前注。

㉗嵇中散　晉嵇康仕至中散大夫，世稱嵇中散。山濤謂其為人，醒若孤松之獨立，醉若玉山之將頹。見晉書本傳。

㉘襟期　猶言胸懷、懷抱。杜甫醉時歌：『日糴太倉五升米，時赴鄭老同襟期。』

㉙元龍　陳登字。登東漢下邳人，為人忠亮高爽，有扶世救民之志，許汜嘗與劉備共論人物，汜曰：『陳元龍湖海之士，豪氣不除。』備曰：『元龍文武膽志，當求之於古耳，造次難得比也。』見三國志本傳。

㉚林下　世說新語賢媛篇：『王夫人（即謝道韞）神情散朗，故有林下風氣。』後因稱頌婦女舉止嫻雅者曰有林下之風。

㉛璇閨　閨房之美稱。沈佺期古歌詩：『璇閨窈窕秋夜長，繡戶徘徊明月光。』

㉜韋曹　謂韋逞母與曹世叔妻也。韋逞母宋氏，前秦人，其家世學周官，氏傳其父業，苻堅登位，令就其家立講堂，置生員百二十人，隔絳紗幔而受業，號氏為宣文君。見晉書列女傳。曹世叔妻班昭，東漢安陵人，博學高才，和帝召入宮，令皇后諸貴人師事之，號曰大家，世稱曹大家。見後漢書列女傳。

㉝鍾郝　謂晉賢婦鍾氏與郝氏也。鍾氏為王渾妻，太傅鍾繇之曾孫女，聰慧弘雅，博涉載籍，禮儀法度，為中表所則。郝氏為渾弟湛之妻，亦有德行。鍾雖出自貴族，而與郝雅相親重，郝不以賤下鍾，鍾不以貴陵郝，時人稱鍾夫人之禮，郝夫人之法。見晉書列女傳。

㉞坤儀　猶言母儀、婦德。

四、疏候祝福語

用於親友尊長	山川遙阻，稟候多疏，恭維○福履增綏，○維時納祜，爲頌爲祝。（路遠） 俗務冗繁，致稽稟候，敬維○福躬安吉，○潭第康寧㈠，定符私頌。（事忙） 病魔纏擾，片楮莫呈，敬維○杖履沖和，○優游林壑，爲祝爲頌。（因病）
用於親友平輩	道途修阻，尺素鮮通，比維○興居佳勝，○潭福著臻，爲頌無量。（路遠） 勞人草草㈡，音問常疏，遙維○公私如意，○道履延康，爲祝爲頌。（事忙） 偶嬰小極㈢，尺素未通，辰維○起居勝常㈣，諸事順適，爲幸爲祝。（因病） 考期將届，未遑箋候，遙維○動定咸亨，○潭祺叶吉，定符所頌。（應試）
用於師長	雲山阻隔，稟候多稽，恭維○道履增祥，○講壇納福，式符所頌。（路遠） 冗瑣紛乘，久疏稟候，恭維○春風靄吉㈤，○化雨溫良㈥，爲無量頌。（事忙） 微軀久病，稟候用疏，敬維○絳帳春深㈦，○杏壇祥集㈧，定符下祝。（因病）
用於政界	久疏函候，時切馳思，敬維○德懋棠陰㈨，○名播海內，爲祝爲頌。 稟候多稽，徒深瞻慕，恭維○勛猷卓越，○動定綏和，以欣以慰。
用於軍界	箋候久疏，下懷殊切，恭維○威望遠隆，○動定叶吉，至以爲頌。 瞻慕雖殷，稟候竟缺，敬維○戎旌著績，○軍府揚威，定符所祝。
用於學界	函候久疏，時深懷念。敬維○道履佳勝，○筆陣縱橫，爲祝爲慰。 自違○雅範，音問多疏，比維道履康綏，○蘊抱宏遠，以欣以慰。
用於商界	久疏音問，懷念爲勞，辰維○駿業日隆，○百務順遂，爲頌。 不通函候，倏逾多時，比維○商務亨通，○指揮如意，爲祝爲頌。

【說　明】

㈠『疏候語』用於久不通信者，久不通信，自有原因，上列諸種事由，用時須按照事實，分別參酌。

㈡『祝福語』乃祝福收信人之生活起居，對尊長尤不可免。因其常與疏候語連用，以求語氣相貫，故予以合併。其下再加一句，作爲欣慰之表示，此一部分卽告完成。

㈢凡用『恭維』『敬維』均客氣成分較多，宜施之於尊長。『辰維』『遙維』『比維』則宜施之於平輩。

【注　釋】

㈠潭第　猶言全家。韓愈符讀書城南詩：『一爲公與相，潭潭府中居。』按潭潭，深廣貌，後人因美稱他人之居宅曰潭府、潭第。

㈡勞人草草　詩經小雅巷伯：『驕人好好，勞人草草。』草草，勞心也。

㈢嬰小極　謂遭遇小病，爲所困也。文選李密陳情表：『而劉夙嬰疾病，常在牀蓐。』世說言語篇：『顧司空和詣王丞相導，丞相小極，對之疲睡。』

㈣辰維　猶言時思。

㈤春風　喻教育之被於衆生，如春風之被於萬物。宋朱光庭詣汝州，就學於程顥，歸語人曰：『在春風中坐了一月。』見伊洛淵源錄。

㈥化雨　言敎化及人，若時雨之澤物也。孟子盡心篇：『君子之所以敎者五，有如時雨化之者。』

㈦絳帳　講座之美稱。已見前注。

㈧杏壇　孔子講學處，在今山東曲阜孔廟大成殿前。莊子漁父篇：「孔子遊乎緇帷之林，休坐乎杏壇之上。」

㈨棠陰　喻去官有遺愛也。周召公巡行南國，勸政勸農，或止舍於甘棠之下，既去，民愛其樹而不忍傷，爲作甘棠之詩。見詩經召南甘棠注疏。後因以棠陰爲稱頌賢吏之辭。

五、一般開頭應酬語

寄信語	▲前肅安稟，度呈○慈鑒。▲昨肅寸稟，諒已呈○鑒。▲前肅蕪緘，諒邀○霽鑒。
	▲前肅寸箋，計呈○鈞鑒。（對親友長輩用）
	▲昨上蕪緘，諒達○台鑒。▲前具寸函，度已達○鑒。▲前遞寸緘，計早呈○覽。
	▲日前郵寄蕪函，諒已早邀○惠察。（對親友平輩用）
	▲昨寄一函，諒已收覽。▲前覆手函，想早收閱。▲前寄手諭，當早收讀。
	▲昨寄手函，想必收悉。（對家族卑幼用）
接信語	▲頃奉○手諭，敬悉種切。▲刻奉○鈞示，敬悉種切。▲刻奉○翰諭，敬悉各節。
	▲昨奉○賜諭，敬承一一。▲頃承○鈞誨，拜悉一切。（對親友長輩用）
	▲辱承○惠示，敬悉一切。▲昨奉○台函，拜悉種切。▲昨展○華函，就讅一一。
	▲展誦○瑤函，如親○芝宇。▲○惠函獎借，媿不敢當。（對親友平輩用）
	▲昨接來函，已悉一切。▲頃得家書，知客中安好。▲昨接來信，足慰懸念。
	▲前由某君便攜之函，已照收悉。（對家族卑幼用）

訪謁語

▲日前走謁○崇階，適值○公出未遇，臨風翹首，徒切依馳。▲趨謁尊齋，未值爲悵。

▲昨以某事趨談，未能相遇，悵惘何如。▲昨經尊處，正擬謁談，適聞座有佳賓，遂未遽相驚擾，疏略之罪，尚祈○諒之。

會晤語

▲昨承○枉駕，把晤良歡，雞黍未陳，實深簡慢，辱在知交，定邀○曲諒。▲辱降○玉趾，備領○教言，飢渴之懷，得以消釋，中心快慰，無可言宣。▲昨謁○崇階，多承○教益，望風懷想，能不依依。▲日前晉謁○高門，叨承○盛饌，飲和食德，齒頰猶芬。▲日昨承○教，獲益良多，昔人謂聞君一夕話，勝讀十年書，誠非虛言。

告幸語

▲幸處事周詳，未貽隕越。▲幸各事安適，足告○雅懷。▲幸知勗勉㈠，尚免愆尤㈡。

▲所○囑之事，已圓滿達成，足釋○遠注。（對事）

▲幸舉家安好，足紓○綺注。▲幸全家平善，乞釋○錦懷。（對家庭）

▲幸賤體粗安，乞紓○錦注。▲幸頑軀粗適，足慰○遠懷。（對身體）

▲學慚窺豹㈢，業愧囊螢㈣。▲探囊無智㈤，學冶不能㈥。▲鞭策雖加，驅馳無效。

▲才疏學淺，刻鵠不成㈦。▲天賦旣薄，學殖尤荒㈧。（學淺）

▲鉛刀一割㈨，其效立見。▲才粗智薄，隕越時虞。▲任重材輇㈩，時虞竭蹶。

▲汲深綆短㈡，匱乏堪虞。▲遼東之豕㈢，徒自懷慚。（智薄）

▲性類拙鳩㈢，識慚老馬㈣。▲見類蛙鳴，識同蠡測㈤。▲井蛙之見㈥，不值一哂。

▲孤陋寡聞，世事未習。▲一管所窺，寧知全豹。（識短）

▲家徒四壁㉗，囊乏一文。▲乞米有書㉘，點金無術㉙。▲家貧志墜，浪迹風塵。

▲送窮無韓子之文㉚，乞米濫顏公之帖。（家貧）

▲株守有地㉛，托鉢無門㉜。▲樗櫟庸材㉝，學難問世。▲久賦閒居，終非善計。

▲凌雲有志，接引無人。▲碌碌家居㉞，終非了局。（謀拙）

自愧語

▲自攖世網，塵俗益多。▲塵穢未盡，俗務難淸。▲俗務冗繁，塵囂雜沓。

▲瑣務紛乘，苦無暇晷。▲俗事蝟集，瑣務絲紛。（事冗）

▲遇事多蹇，近狀潦倒。▲命舛時乖，事多拂逆。▲事多偃蹇㉟，境又迍邅㊱。

▲窘境迫人，飢來驅我。▲命途多乖，時運不齊㊲。（困頓）

▲一身落落㊳，兩鬢蕭蕭㊴。▲兩鬢已斑，一身多病。▲鬢添霜色，面少歡容。

▲桑榆晚景㊵，老大堪悲㊶。▲去日苦多，來時可想。（老大）

▲一身無寄，四海爲家。▲遠涉關河，靡所棲止。▲天涯飄泊，旅況艱難。

▲骨瘦如梅，身輕似絮。▲枝棲動盪，旅食艱辛。（旅愁）

▲貿易無方，經營乏術。▲有心營業，無術生財。▲欲覓蠅頭㊷，還慚鼠目㊸。

▲欲謀微利，自愧薄才。（無術）

▲歲月蹉跎，依然故我。▲栗六如恆㊹，一無善狀。▲故我依然，毫無善狀。

▲平居碌碌，乏善可陳。（通用）

謝贈語

▲蒙賜○瑤章，過承獎譽，迴環諷誦，感媿良深。

▲辱賜○佳什，褒獎備至，展誦之餘，感激無已。（詩詞）

▲酒承○厚惠，錫我○多珍，拜領之餘，感激無似。
▲辱荷○隆情，下頒○厚貺，卻之不恭，受之有媿。（禮物）

時令語

（春）

▲日麗風暄，鶯啼燕舞。▲鳳曆春回(三五)，洪鈞氣轉(三六)。▲三陽啓泰(三七)，四序履端(三八)。
▲歌管迎年，樓臺不夜。▲三元肇慶(三九)，萬象更新。（正月）
▲暖吐花脣，晴舒柳眼。▲探花穀旦(四〇)，問柳芳辰。▲花容正麗，柳葉方新。
▲舞蝶良辰，育蠶令節。▲桃腮暈赤，柳眼舒青(四一)。（二月）
▲嫩綠凝眸，深青横黛。▲人逢拾翠(四二)，候居踏青(四三)。▲東風作節，暗雨銷魂。
▲綠楊堤外，紅芍烟中。▲韶光三月，春色十分(四四)。（三月）

（夏）

▲隴麥辭春，畦田迎夏。▲梅肥紅樹，麥秀青疇。▲雨釀黃梅，日蒸綠李。
▲鳥呼布穀(四五)，人正分秧。▲長風扇暑，茂樹連陰。（四月）
▲甘雨蘇苗，薰風解慍(四六)。▲榴火舒丹(四七)，槐陰結綠。▲蘭湯薦浴(四八)，蒲酒浮觴(四九)。
▲風自南來，日方北至。▲榴紅噴火，暑氣逼人。（五月）
▲荷風扇暑，麥雨流膏。▲蓮渚風清，梅庭月朗。▲祝融司令，炎帝當權。
▲氣蒸千里，炎煽八荒。▲炎威可畏，夏景偏長。（六月）

（秋）

▲涼風消夏，淡月横秋。▲水天一色，風月雙清。▲白露迎秋，澄江如練。
▲爽氣朝來，新涼初透。▲銀漢風清，星河波淡。（七月）

▲碧天似水，丹桂初芬。▲蟾光皎潔，桂影婆娑。▲玉輪光滿(五〇)，銀漢秋高。
▲梧葉風高，桂枝月滿。▲滿天月朗，永夜風清。（八月）

▲楓雕江錦，菊綻籬金。▲白雁書天，黃花匝地(五一)。▲葉正辭青，蘆將颺白。
▲風淒露冷，霜肅秋高。▲節逢泛菊，序屬佩萸(五二)。（九月）

（冬）

▲橙黃橘綠，蘆白楓丹。▲時為陽月(五三)，景屬小春(五四)。▲日行北陸(五五)，春到南枝。
▲景入梅花，香分荔葉。▲霜凌梅蕊，雪冷楓林。（十月）

▲松風一枕，梅月半窗。▲長天凍雪，大地飛霜。▲寒梅欲放，臘柳將舒。
▲春惜三分，陽添一線。▲月淡梅寒，霜凋楓冷。（十一月）

▲竹葉浮杯，梅花照席。▲梅信傳春，椒觴開臘(五六)。▲風消宇宙，雪霽乾坤。
▲多殘臘盡，歲暮春回。▲畫閣迎春，錦筵守歲(五七)。（十二月）

【說　明】

(一)『寄信語』意在向收信人探問前信是否收到，以免隔閡。
(二)『接信語』為接到他人來信，覆信時順便提及，以釋對方懸念。
(三)『訪謁語』係日前趨訪或趨謁未遇，寫信時順便提及，使對方知已去過。
(四)『會晤語』用於相識不久之人，信中提及，亦可增進感情。
(五)『告幸語』係以己之近況尚佳，請對方勿以為念，惟事類繁多，當分別應用。

㈥『自愧語』乃自謙之辭，謙虛爲國人傳統之美德，自當酌量使用，但用之不可太過，太過則流於虛僞，反爲不美。

㈦『謝贈語』係收到他人之餽贈表示謝意者，雖寥寥數語，亦不可省。

㈧『時令語』在書牘中爲不可或缺之應酬語，蓋開頭卽入正題，令收信人有突如其來之感，未免唐突，故應酌量加入若干無關宏旨之語句，以資點綴。惟是，表中所列各語，僅供參考，寫信時仍當自鑄新辭，如五月用『蟬鳴荔熟』，六月用『夏木含風』，八月用『晶盤高掛』，九月用『丹桂飄香』，十二月用『寒流肆虐』之類。

【注　釋】

㈠黽勉　勉力也。詩經邶風谷風：『黽勉同心，不宜有怒。』

㈡愆尤　過失也。李白古風十八：『功成身不退，自古多愆尤。』

㈢窺豹　喻所見不廣。晉書王獻之傳：『獻之年數歲，嘗觀門生樗蒲，曰：「南風不競。」門生輩曰：「此郎亦管中窺豹，時見一斑。」』言從管孔中視豹，僅見一處之斑文，而不及全豹也。

㈣囊螢　晉書車胤傳：『胤博學多通，家貧不常得油，夏月則練囊盛數十螢火以照書，以夜繼日焉。』

㈤探囊　言事之易也。五代史南唐世家：『李穀曰：「中國用吾爲相，取江南如探囊中物耳。」』

㈥學冶　喻克承家業。禮記學記：『良冶之子，必學爲裘，良弓之子，必學爲箕。』孔穎達疏：『積世善冶之家，其子弟見父兄陶鑄金鐵，使之柔合，以補治破器，使之完好，故子弟仍能學爲裘袍補續獸皮，片片相合，以至完全也。』

㈦刻鵠　喻摹仿而得其近似也。馬援誡兄子嚴敦書：『龍伯高敦厚周愼，謙約節儉，吾愛之重之，願汝曹效之。杜季良豪俠好義，清濁無所失，吾愛之重之，不願汝曹效也。效伯高不得，猶爲謹敕之士，所謂刻鵠不成尙類鶩者也。效季良不得，陷爲天下輕薄子，所謂畫虎不成反類狗者也。』見後漢書馬援傳。

㈧學殖　左傳昭公十八年：『夫學，殖也，不學將落。』杜預注：『殖，生長也，言學之進德如農之殖苗，日新月益。』

㈨鉛刀　不利之刀，喻無用也。後漢書班超傳：『超上疏請兵曰：「昔魏絳列國大夫，尚能和輯諸戎，況臣奉大漢之威，而無鉛刀一割之用乎。」』

㈩材輇　小才也。莊子外物篇：『後世輇才諷說之徒，皆驚而相告也。』按才材通叚字。

㈡汲深綆短　才小不堪任重之喻。荀子榮辱篇：『短綆不可以汲深井之泉，知不幾者不可與及聖人之言。』綆，汲井索也。

㈢遼東之豕　少見多怪之喻。後漢書朱浮傳：『往時遼東有豕，生子白頭，異而獻之，行至河東，見羣豕皆白，懷慚而還。』

㈢拙鳩　禽經：『鳩拙而安。』張華注：『鳩，尸鳩也。方言云：「蜀謂之拙鳥，不善營巢，取鳥巢居之，雖拙而安處也。」』今用爲性拙之謙辭。

㈣老馬　韓非子說難篇：『管仲隰朋從於桓公而伐孤竹，春往冬返，迷惑失道。管仲曰：「老馬之智可用也。」乃放老馬而隨之，遂得道。』今謂老於其事堪爲先導曰老馬識途。

㈤蠡測　喻所見之小。漢書東方朔傳：『以管窺天，以蠡測海。』

㈥井蛙之見　喻識見不廣。莊子秋水篇：『井蛙不可以語於海者，拘於墟也。夏蟲不可以語於冰者，篤於時也。曲士不可以語於道者，束於教也。』

㈦家徒四壁　謂室中一無長物，徒見牆壁也。史記司馬相如傳：『文君夜奔相如，相如乃與馳歸，家居徒四壁立。』

㈧乞米書　即乞米帖，唐顏眞卿所書，其略云：『拙於生事，舉家食粥，而已數月，今又罄矣。』蘇軾次韻米黻二王書跋尾詩：『忍飢看書淚如洗，至今魯公餘乞米。』

⑲點金術　古仙人之術。列仙傳：『許遜，南昌人，晉初爲旌陽令，點石化金，以足逋賦。』

⑳送窮文　唐韓愈有送窮文，蓋遊戲之作。

㉑株守　喻拘泥不知變通。韓非子五蠹篇：『宋人有耕田者，田中有株，兎走觸株，折頸而死，因釋其耒而守株，冀復得兎，兎不可復得，而身爲宋國笑。』

㉒托鉢　佛家語。僧人之食器曰鉢，以手承鉢曰托鉢，食時必托鉢以取食，又出外沿門乞食時亦必托鉢。

㉓樗櫟　不材而無用之喻。莊子逍遙遊篇：『吾有大樹，人謂之樗，其大本擁腫而不中繩墨，其小枝卷曲而不中規矩，立之塗，匠者不顧。』又人間世篇：『匠石至齊，至於曲轅，見櫟社樹，其大蔽數千牛，絜之百圍。匠石不顧曰：「散木也，是不材之木也，無所可用，故能若是之壽。」』

㉔碌碌　無能貌。史記酷吏傳贊：『九卿碌碌奉其官，救過不贍，何暇論繩墨之外乎。』

㉕偃蹇　猶言不順利。

㉖迍邅　謂處境艱難不敢前進也。周易屯卦：『屯如邅如。』按屯迍通叚字。

㉗時運不齊　言時運人各不同也。語見王勃滕王閣序。

㉘落落　不苟合也。後漢書耿弇傳：『將軍前在南陽建此大策，常以爲落落難合，有志者事竟成也。』

㉙蕭蕭　猶言稀疏。

㉚桑榆　日落之時，其迴光尚留於桑榆之上，故借爲晚暮之稱。後漢書馮異傳：『始雖垂翅回谿，終能奮翼黽池，可謂失之東隅，收之桑榆。』又世說言語篇：『謝太傅語王右軍曰：「中年傷於哀樂，與親友別，輒作數日惡。」王曰：「年在桑榆，自然至此，正賴絲竹陶寫，恆恐兒輩覺，損欣樂之趣。」』

㉛老大堪悲　文選樂府古辭長歌行：『少壯不努力，老大徒傷悲。』

㉜蠅頭　蘇軾滿庭芳詞：『蝸角虛名，蠅頭微利。』謂利薄也。

㉝鼠目　眼小而外突，以喻識見之小。元好問送奉先從軍詩：『虎頭食肉無不可，鼠目求官空自忙。』

㉞栗六　俗稱事務忙迫曰栗陸，亦作栗六。

㉟鳳曆　曆也。鳳知天時，少皥時以鳳鳥氏爲曆正，故後世謂曆曰鳳曆。詳見左傳昭公十七年注疏。杜甫上韋丞相詩：
『鳳曆軒轅紀，龍飛四十春。』

㊱洪鈞　文選張華答何劭詩：『洪鈞陶萬類，大塊稟羣生。』李善注：『洪鈞，大鈞，謂天也。大塊，謂地也。』李周翰注：『洪鈞，造化也。大塊，自然也。』又杜甫上韋丞相詩：『八荒開壽域，一氣轉洪鈞。』

㊲三陽啓泰　亦作三陽開泰、三陽交泰，世俗歲首稱頌之辭。因周易正月爲泰卦（䷊），三陰在上，三陽在下，象徵天地交而萬物通，故稱。翰墨全書：『元旦，三陽交泰，萬象昭蘇。』

㊳四序　謂春夏秋冬四時也。魏書律曆志：『四序遷流，五行變易。』

㊴三元　陰曆之正月初一日爲年月日三者之始，謂之三元。南齊書武帝紀：『緣淮戍將，久處邊勞，三元行始，宜沾恩慶。』

㊵穀旦　吉日也。詩經陳風東門之枌：『穀旦于差，南方之原。』毛氏傳：『穀，善也。』鄭玄箋：『旦，明。』孔穎達疏：『陳國男女，棄其事業，候良辰美景而歌舞淫泆，見朝日善明，無陰雲風雨，則曰可以行樂矣。』

㊶柳眼　柳葉初生，細長如眼也。江采蘋樓東賦：『花心颺恨，柳眼弄愁。』

㊷拾翠　文選曹植洛神賦：『或采明珠，或拾翠羽。』杜甫秋興詩：『佳人拾翠春相問，仙侶同舟晚更移。』古時少女遊春，每拾花草以爲樂。

㊸踏青　古人於夏曆三月三日上巳或清明節出遊郊野，謂之踏青。

㊹春色十分　猶言春意盎然。某尼詩：『盡日尋春不見春，芒鞋踏偏嶺頭雲，歸來偶把梅花嗅，春在枝頭已十分。』見鶴林玉露。

㊺布穀　鳥名，即尸鳩，每穀雨（夏曆三月中旬）後始鳴，夏至（夏曆五月中旬）後乃止，農家以爲候鳥，以其聲似呼布穀，故名。

㊻薰風解慍　尸子：『帝舜彈五弦之琴，以歌南風。其詩曰：「南風之薰兮，可以解吾民之慍兮，南風之時兮，可以阜吾民之財兮。」』

㊼榴火　石榴花開時紅如火，世稱之爲榴火。曹伯啓謝朱鶴皋招飲詩：『滿院竹風吹酒面，兩株榴火發詩愁。』

㊽蘭湯薦浴　蘭草味香，古時婦女常煮以洗浴。庾信祀圜丘歌：『沐蕙氣，浴蘭湯。』顧瑛天寶宮詞：『後宮學做金錢會，香入蘭盆浴化生。』（七夕俗以蠟作嬰兒形，浮水中以爲戲，爲婦人宜子之祥，謂之化生。）

㊾蒲酒　即菖蒲酒，舊俗於端午日飲以避邪。殷堯藩端午日詩：『不效艾符趨世俗，但祈蒲酒話昇平。』

㊿玉輪　謂月也。韋莊絳州過夏留獻鄭尚書詩：『光景暗銷銀燭下，夢魂長寄玉輪邊。』

(51)黃花　菊花之代名。李清照醉花陰詞：『東籬把酒黃昏後，有暗香盈袖，莫道不銷魂，簾卷西風，人比黃花瘦。』

(52)佩萸　舊俗以夏曆九月九日重陽節登高飲菊花酒，佩帶茱萸，可避災厄。續齊諧記：『汝南桓景（東漢人）隨費長房遊學累年。長房謂之曰：「九月九日汝家當有災厄，急令家人各作絳囊，盛茱萸以繫臂，登高飲菊花酒，此禍可消。」景如言，舉家登山，夕還，見雞犬牛羊一時暴死。長房聞之曰：「代之矣。」今世人每至九日登高飲酒，婦人帶茱萸囊，蓋始於此。』

(53)陽月　夏曆十月俗稱陽月。爾雅釋天：『十月爲陽。』

(54)小春　夏曆十月也。初學記：『十月天時暖似春，故曰小春。十月爲陽月，故又名小陽春。』

(55)日行北陸　左傳昭公四年：『古者，日在北陸而藏冰。』又後漢書律曆志：『日行北陸，謂之冬。』按北陸，星名，二十八宿之一，又名虛宿。

㊱椒觴　盛椒酒之觴也。椒酒者，以椒置酒中，取其馨烈也。荊楚歲時記注引四民月令：『過臘一日謂之小歲，拜賀君親，進椒酒，椒是玉衡星精，服之令人身輕能（音義同耐）耐老。』

㊲守歲　東京夢華錄：『除夕，禁中爆竹山呼，聲聞於外，士庶之家，圍爐團坐，達旦不寐，謂之守歲。』

（五）結尾應酬語

臨書語	▲謹此奉稟，不盡欲言。▲謹肅寸稟，不盡下懷。▲肅此稟達，不盡縷縷㊀。 ▲臨稟惶恐，欲言不盡。▲耑肅奉達，不盡依依。▲肅此奉陳，不盡所懷。 ▲仰企○風規，馳忱曷已。（對親友長輩用）
	▲臨穎神馳，不盡所懷。▲臨楮眷念，不盡區區。▲耑此奉達，不盡欲言。 ▲臨書馳切，益用依依。▲爰修尺素，不盡所懷。▲冗次裁候㊁，幸恕草草㊂。 ▲紙短情長，莫盡萬一。（對親友平輩用）
請教語	▲如蒙○鴻訓，幸何如之。▲幸賜○清誨，無任銘感。▲乞賜○指示，俾有遵循。 ▲敬祈○訓示，不勝感禱。（對親友長輩用）
	▲乞賜○教言，以匡不逮。▲引企○金玉㊃，惠我實多。▲幸賜○南針，俾覺迷路。 ▲如蒙不棄，乞賜○蘭言㊄。（對親友平輩用）
	▲倘荷○玉成㊅，無任銘感。▲如蒙○噓植㊆，永鐫不忘。 ▲倘蒙○汲引㊇，感荷無既。（推薦）

請託語	▲倘蒙○照拂，永感○厚誼。▲得荷○支持，銘感無旣。▲倘承○青睞(九)，永矢不忘。 ▲如荷○關垂，感同身受。（關照） ▲如承○俯諾，實濟燃眉(一〇)。▲倘荷○通融，永銘肺腑。▲倘承○挹注(一一)，受惠實多。 ▲倘荷○雅愈，感且不朽。（借貸）
求恕語	▲不情之請，尚乞○見諒。▲區區下情，統祈○垂察。▲統希○籌照(一二)，不勝感禱。 ▲瀆費○清神，不安之至。（通用）
歉遜語	▲省度五中(一三)，倍增歉仄。▲心餘力絀，寤寐不安。▲夙夜撫懷，殊深歉仄。 ▲每一念至，倍覺汗顏。（通用）
恃愛語	▲恃在○愛末，冒昧直陳。▲辱在夙好，用敢直陳。▲恃愛妄瀆，幸祈○曲諒。（通用）
餽贈語	▲謹具不腆(一四)，聊申微意。▲謹具薄儀，聊申下悃。▲土產數包，聊申敬意。（贈物） ▲謹具芹獻(一五)，藉祝○鶴齡(一六)。▲附呈微儀，略表祝悃。▲敬具菲儀，用祝○椿壽(一七)。 ▲非儀將意，至祈○賞存。（祝壽） ▲附呈微儀，用佐巹筵(一八)。▲薄具菲儀，用申賀敬。▲奉上菲儀，敬申賀悃。（賀婚） ▲附上微儀，用申奩敬。▲謹具薄儀，用申奩敬。▲謹具薄儀，藉申奩敬。（送嫁） ▲謹具奠儀，藉申哀悃。▲附具奠儀，藉作楮敬(一九)。▲附具芻香(二〇)，聊申弔敬。 ▲因事遠羈，未能躬親執紼，良用歉然，謹具唁敬一緘，即乞○代薦爲感。（喪禮）

請收語	▲伏祈○台收。▲至祈○檢收。▲乞賜○莞存㊁。▲伏望○哂納。▲敬希○鑒納。 ▲乞賜○笑納。▲敬請○詧收。▲伏乞○鑒存。（通用）
盼禱語	▲無任禱盼。▲不勝企禱。▲是所至禱。▲至爲盼禱。▲是所至盼。 ▲實所企禱。▲是所至幸。▲是所企幸。▲禱企良殷。（通用）
求允語	▲倘荷○俞允㊂。▲務祈○慨允。▲乞賜○金諾㊂。▲至祈○慨諾。▲敬求○賜可。 ▲伏乞○允可。（通用）
感謝語	▲私衷銘感，何可言宣。▲銘感肺腑，永矢不忘。▲感荷○隆情，非言可喻。 ▲寸衷感激，沒齒不忘。▲東海恩深，圖報無日。▲腑篆心銘，感荷無已。（通用）
保重語	▲寒暖不一，千祈○珍重。▲乍暖猶寒，尚乞○珍攝。▲寒暖不一，○順時自保。 ▲秋風多厲，幸祈○保重。▲寒風凜冽，伏祈○珍衛。（對親友長輩用）
	▲寸心千里，寄語加餐。▲春寒料峭㊃，尚乞○自珍。▲暑氣逼人，諸祈○珍衛。 ▲秋風多厲，○珍重爲佳。▲寒氣襲人，諸希○珍攝。（對親友平輩用）
	▲伏祈○節哀順變。▲伏希○勉節哀思。▲還乞○稍節哀思。▲伏祈○節哀自愛。 ▲伏祈○勉節哀思，順時自保。（對居喪者用）
干聽語	▲率瀆○清聽，不勝惶恐。▲恃在愛末，用敢瀆○聽。▲冒瀆○鈞聽，實非得已。 ▲不憚煩言，有瀆○清聽。▲冒昧上陳，有瀆○清聽。▲敢冒○崇威，上瀆○尊聽。 ▲冒觸○尊威，有瀆○鈞聽。（通用）

候覆語	▲如遇鴻便，乞賜○鈞覆。▲懇賜○鈞覆，無任盼禱。▲乞賜○覆示，不勝感禱。▲敬乞○不遺小草，○錫以誨言，俾永佩勿諼，良深禱幸。（對親友長輩用）▲佇盼○佳音，幸卽○裁答。▲幸賜○好音，不勝感禱。▲雁魚多便(三五)，幸賜○覆音。▲敬希○撥冗賜覆，不勝切盼。▲乞○惠好音(三六)，是幸是幸。（對親友平輩用）

【說　明】

㈠『臨書語』是表示信中所言未能盡情之意，『不盡下懷』、『不盡縷縷』、『不盡依依』諸語，亦可用之於平輩。

㈡『請教語』是表示願意接受對方指教之意，用在討論問題，或有所請示之函件爲多，用時對事件之性質與對方之身分，須加以斟酌。

㈢『請託語』是託人辦事，不勝感激之意，亦須按事類選擇使用。

㈣『求恕語』是請人對自己予以原諒，故措辭應力求委婉。致書尊長如用『伏乞』、『敬乞』、『至祈』字樣，則益顯恭敬。

㈤『歉遜語』是對受信人表示歉意，含有求恕成分，用詞亦以婉轉爲主。表中所列諸語，以施之於長輩、平輩爲宜。

㈥『恃愛語』是倚仗交情，直率陳說，以免對方見怪。

㈦『餽贈語』是送禮時所用，遣詞用字以誠懇、謙遜爲尙。

㈧『請收語』，是贈人財物，請人收納，常與『餽贈語』連用。

㈨『盼禱語』是有求於人之結束語，可與『請託語』比照使用。

⑩『求允語』是求助於人，以懇切爲主。

⑪『感謝語』是受人之惠，表示謝意，與上述『請教』、『請託』各類均有關連，可對照。

⑫『保重語』應切合時令，方爲得當。但對晚輩可免。

⑬『干聽語』多出於不得已，方干擾對方之聽，可與『求恕語』錯雜運用。

⑭『候覆語』應注意事情必須答覆者，方請對方答覆。與『請教語』略似，惟語氣較爲肯定而已。

【注釋】

㈠縷縷　謂情緒之多，不能一一細述也。

㈡冗次　謂在忙碌之中也。

㈢草草　潦草、草率之意。

㈣金玉　對他人言詞之敬稱，謂其言詞有如金玉之貴重也。

㈤蘭言　猶云美言。周易繫辭：『二人同心，其利斷金，同心之言，其臭如蘭。』謂言之氣味相投也。

㈥玉成　成全之意。張載西銘：『富貴福澤，將厚吾之生也。貧賤憂戚，庸玉汝於成也。』庸，殆也。言困窮卑賤，飽嘗憂戚，殆上天欲磨鍊汝，使汝有所成就也。

㈦嘘植　嘘，吹嘘，爲人揄揚之意。植，栽培也。

㈧汲引　引進人才之意。駱賓王上兗州刺史啓：『汲引忘疲，獎提不倦。』

㈨青睞　謂喜悅而正視也。晉阮籍能爲青白眼。詳見前注。

㈩燃眉　事急之喻。五燈會元：『僧問蔣山佛慧如何是急切一句，慧曰：「火燒眉毛。」』

(一一)挹注　詩經大雅泂酌：『挹彼注茲。』挹，酌取也。注，瀉入也。意謂挹彼大器之水，注之此小器之中。今謂挪移財物，取有餘以補不足曰挹注。

(一二)霽照　猶言明察。

(一三)五中　五臟也，即心、肝、脾、肺、腎五種內臟。

(一四)不腆　猶言不厚、不豐。左傳僖公三十三年：『不腆敝邑，爲從者之淹。』

(一五)芹獻　列子楊朱篇：『昔人有美戎菽、甘枲、莖芹、萍子者，對鄉豪稱之，鄉豪取而嘗之，蜇於口，慘於腹，衆哂而怨之，其人大慚。』今以物贈人，而自謙其品之不佳曰芹獻、獻芹，或云一芹。

(一六)鶴齡　世以鶴爲仙禽，故祝壽之辭每及之，如云松鶴遐齡。王建閑說詩：『桃花百葉不成春，鶴壽千年也未神。』

(一七)椿齡　謂年齡同於大椿也。莊子逍遙遊篇：『上古有大椿者，以八千歲爲春，以八千歲爲秋。』後遂借以爲祝壽之辭。

(一八)巹筵　即結婚酒席。以一瓠分爲兩瓢謂之巹，古婚禮既畢，壻與婦各執一瓢以飲之，世因稱夫婦成婚曰合巹。說詳禮記昏義。

(一九)楮敬　俗謂紙曰楮，謂紙錢（即冥幣）曰楮錢，故致送奠儀曰申楮敬。

(二〇)芻香　祭奠之物。東漢時，郭泰有母憂，徐穉往弔之，置生芻一束於廬前而去，衆怪不知其故，泰曰：『此必南州高士徐孺子也。詩不云乎：「生芻一束，其人如玉。」吾無德以堪之。』見後漢書徐穉傳。後人因稱祭奠之儀曰生芻。

(二一)莞存　猶言笑納。小笑曰莞。論語陽貨篇：『夫子莞爾而笑。』

(二二)兪允　兪，亦允也，兪允係同義之複合詞，猶今語曰許可。

(二三)金諾　稱人然諾能守信義之足貴也。史記季布傳：『楚人諺曰：「得黃金百千，不如得季布一諾。」』顧雲上路相公啓：『果踐玉音，不移金諾。』

㉔料峭　風寒貌。蘇軾送范德孺詩：『春風料峭羊角轉，河水渺綿瓜蔓流。』

㉕魚雁　書信之代名。已見前注。

㉖好音　稱他人書信之敬辭。已見前注。

（六）結尾敬辭

一、一般敬辭

申悃語
▲肅此敬達。▲肅此馳稟。▲耑肅寸稟。▲肅此專呈。▲敬此。▲謹此。
▲肅修寸簡。（對親友長輩用）
▲耑此奉達。▲匆此布臆。▲特此奉達。▲草此奉聞。▲耑此。▲草此。
▲特此布達。（對親友平輩用）
▲用申賀悃。▲藉申賀意。▲肅表賀忱。▲聊申賀悃。▲敬申賀悃。（申賀用）
▲恭陳唁意。▲藉表哀忱。▲藉申哀悃。▲泐函馳慰。▲肅此上慰。（弔唁用）
▲肅誌謝忱。▲肅此敬謝。▲藉鳴謝悃。▲用展謝忱。▲肅此鳴謝。（申謝用）
▲敬抒辭意。▲用申辭悃。▲敬達辭忱。▲心領肅謝。▲肅此鳴謝。（辭謝用）
▲敬抒別意。▲用抒離情。▲用申別意。▲特訴離悰。▲藉陳別緒。（送行用）
▲耑肅敬覆。▲耑此奉覆。▲肅函奉覆。▲耑此敬覆。▲匆此布覆。（申覆用）

請鑒語	▲伏乞○鑒察。▲伏祈○垂鑒。▲伏乞○荃詧。▲伏維○霽照。▲伏維○亮照。 ▲統希○藹照。▲統祈○愛鑒。▲諸乞○愛照。▲伏乞○朗照。▲並祈○垂照。 ▲乞賜○垂察。▲諸維○朗照。▲諸維○惠察。▲敬祈○亮察。▲諸維○鼎照。 ▲惟祈○霽詧。▲敬希○垂察。▲統維○澂詧。▲諸希○荃照。（通用）

【說　明】

㈠『申悃語』是申訴己意，使對方知之，信中已敍及，以此作結尾。

㈡『請鑒語』係請對方收鑒，與『申悃語』有連帶關係，可連用。

二、請安語

用於祖父母及父母	▲叩請○金安。▲恭請○福安。▲敬請○金安。
用於親友長輩	▲恭請○禔安。▲敬請○鈞安。▲恭請○崇安。▲敬頌○崇祺。▲祇頌○福祉。
用於師長	▲恭請○誨安。▲敬請○教安。▲敬請○講安。▲祗請○道安。▲叩請○絳安。
用於親友平輩	▲卽請○大安。▲敬請○台安。▲順頌○台祺。▲順頌○時綏。▲卽頌○時祺。 ▲卽祝○刻安。▲順候○起居。▲此頌○台綏。▲敬候○近祉。▲藉頌○日祉。
用於親友晚輩	▲順問○近祺。▲卽詢○近佳。▲卽問○刻好。▲卽問○近好。▲順詢○日佳。

用於政界	▲敬請○勛安。	▲恭請○鈞安。	▲祗請○政安。	▲虔頌○勛綏。	▲祗頌○勛祺。
用於軍界	▲敬請○戎安。	▲恭請○麾安。	▲肅請○捷安。	▲敬頌○勛綏。	▲祗頌○勛祺。
用於學界	▲敬請○學安。	▲祗頌○文祺。	▲即頌○文綏。	▲祗請○著安。	▲順請○撰安。
用於文士	▲敬祝○吟安。	▲祗頌○文祺。	▲順請○撰安。	▲敬候○文安。	▲藉頌○著祺。
用於婦女	▲敬祝○妝安。	▲順頌○閫祺。	▲即祝○壼安。	▲藉頌○閫祉。	▲敬候○繡安。
用於商界	▲敬請○籌安。	▲順頌○籌祺。	▲敬候○籌綏。	▲順候○財安。	
用於旅客	▲敬請○旅安。	▲順請○客安。	▲順頌○旅祺。	▲即頌○旅祉。	
用於家居者	▲敬請○潭安。	▲敬頌○潭綏。	▲即頌○潭祉。	▲順頌○潭祺。	
用於有祖父母及父母者	▲敬請○侍安。	▲敬頌○侍祺。	▲敬候○侍祉。	▲順頌○侍祺。	
用於夫婦同居者	▲敬請○儷安。	▲敬請○雙安。	▲敬頌○儷祉。	▲順頌○儷祺。	
用於賀婚	▲恭賀○燕喜。	▲恭賀○大喜。	▲恭請○喜安。	▲祗賀○大禧。	
用於賀年	▲恭賀○年禧。	▲恭賀○新禧。	▲敬頌○新禧。	▲祗賀○新禧。	
用於弔唁	▲敬請○禮安。	▲兼候○孝履。	▲並候○素履。	▲祗請○素安。	
用於問疾	▲恭請○痊安。	▲即請○衛安。	▲順請○痊安。	▲敬祝○早痊。	

用於按時令	▲敬請○春安。▲卽頌○春祺。▲順候○夏祉。▲此頌○暑綏。▲卽請○秋安。▲順候○秋祺。▲敬頌○冬綏。▲此請○爐安。

（七）署名下敬辭

用於祖父母及父母	謹稟・敬稟・叩稟・敬叩・謹叩・叩上・叩
用於長輩	謹上・敬上・拜上・謹肅・敬啓・謹啓・肅上・敬叩
用於平輩	敬啓・謹啓・拜啓・鞠躬・謹上・謹白・上言・頓首・上
用於晚輩	手泐・手書・字・白・諭・手示・手白・手諭・手字・手啓
用於補述	又啓・又啓者・又及・又陳・補啓・再啓・再啓者・再及・再陳・又稟者

（八）附候語

問候長輩	▲令尊（或堂）大人前，乞代叱名請安。▲某伯前祈代請安，不另。▲某伯處煩叱名道候。▲某姻伯前乞代叩安，恕不另箋。
問候平輩	▲某兄處祈代致候。▲令兄處乞代候。▲某兄處煩代道候。▲某姊前乞代道念。▲某弟處希爲道念。▲某弟處煩爲致候，不另。▲嫂夫人均此。

問候晚輩	▲順問○令郎佳吉。▲並候○令嫒等近好。▲順問○令姪等均佳。
代長輩附問	▲家嚴囑筆問候。▲某某姻伯囑筆問候。▲家母囑筆致候。
代平輩附問	▲某兄囑筆問好。▲某妹附筆致候。▲家姊囑筆請安。
代晚輩附問	▲小兒侍叩。▲兒輩侍叩。▲小孫隨叩。▲小女侍叩。

【說　明】

㈠『附候語』須另行書寫，既醒目，又所以示敬。

㈡以上三表中所列術語，可視實際情況，隨意選用，不必拘泥。

第五節　書牘之款式

㈠　信　箋

信箋行款格式，宜注意者，有下列五事：

一、信箋式樣繁多，對尊長或新交，以用中式八行信箋爲宜。弔喪忌用紅色行線。

二、信箋摺疊，先一直摺，次一橫摺，大小略如信封，此爲有禮貌之式樣。若反摺乃以報凶，或表示絕交之用，最宜避忌。

三、信箋繕寫，通幅必有一行到底，不宜行行弔腳。又舊有一字不成行，一行不成頁之說，亦以避免爲宜。其他應偏寫之字，不宜寫在平擡地位，名字不宜拆置兩行，亦應注意。

四、擡寫爲表示尊敬之法。普通有三擡、雙擡、單擡、平擡、挪擡五種。最通用者爲平擡、挪擡。平擡即涉及受信人時，提行書寫與各行相平。挪擡爲就原行空一格寫，稱自己尊親及受信人子姪輩時用之。惟今人則凡涉及收信人時，率以平擡、挪擡交互使用，亦頗見靈活。

五、字體以楷書小字爲尊敬，行草放大爲簡式。大抵對尊長，字體宜端正，行款宜正直，用於隆重儀式者亦然。此外不妨用行書，切勿近於潦草。

(二) 信　封

信封繕寫款式，宜注意者，有下列四事：

一、信封以中式且中間有長方紅格者最爲適宜，如用西式信封，以純白者爲最大方。如弔喪之信，信封宜用素色，或將長方紅格線條用墨塗黑。

二、字體以端楷表示尊敬。行書放大者，惟用於平輩及後輩。

三、信封可分左右中三路，繕寫時應各依中線，不可偏斜。右路寫受信人地址住所，上端應空二格寫起，字宜緊湊，地址宜詳明。受信人學校、商店等，寫在右路左行或中路右行，字可縮小擠緊。中路中行寫受信人姓名、稱呼、台啓等字樣。自信封上端寫起，至下端爲止，字宜略大，排列宜勻稱。（按此行某某先生等字，係郵差對受信人之稱謂，不可誤會。）左路寫發信人地址、處所、姓名等。掛號信件尤宜仔細，應自信封上端三分之一處寫起，下空兩字爲止，字宜擠緊。發信月日卽寫在左路之末端，字宜縮小，或寫在背面緘縫中亦可，普通多略去。

四、託人轉達信件，信封繕寫稱謂，皆有定式。大抵託人親交者，中路託致人與受信人宜並寫。但託致人一行，應縮小擠緊，受信人一行，仍宜自上排列到底，以資分別。右路不寫受信人地址，但寫『敬祈』、『敬煩』等字樣。中路託致人用適當稱謂，下加『面塵』、『面陳』、『面呈』、『吉便帶交』、『面交』、『吉便帶致』等字樣，如『某某學長面交』、『某某兄吉便帶致』……等是。受信人則用本人應稱稱謂，例如：『某某家兄親啓』、『家嚴大人安啓』等是。左路發信人應具名，或加對託致人稱謂，下附懇託字樣，例如：『某某敬託』、『弟某某拜干』……等是。又託人飭役送達之信，右路仍書『敬祈』等字，中路右行應提行書明『飭交』字樣，而受信人則用送信人稱呼，例如：『敬祈飭交某某先生啓』是。至派專人投送之信件，右路寫『專呈』、『卽送』等字樣。候回信者，可於左路上端寫『候覆』、『請片』字樣。回信交原送信人帶回者，不寫地址，右路爲『覆呈』、『藉呈』等字樣，中路寫『某某先生惠啓』……等。

茲將信封繕寫款式列舉於後，以備參閱。

100-56

臺北市羅斯福路四段
國立臺灣大學文學院

中國文學系公啓

國立臺灣師範大學沈緘
臺北市和平東路一段一六二號

106-10

114-01

臺北市內湖區
私立德明商業專科學校

陳校長光憲鈞啓

臺中市國光路一〇九巷三號二樓翁緘

402-26

237-13

臺北縣三峽鎮
光華新村中園街一五六號

閔蜀鵑小姐 惠啓

屏東縣新園鄉中山路七十四號邵緘

932-01

106-12

臺北市大安區
師大路九十三巷五號四樓

彭浪博士 大啓

花蓮縣光復鄉東富路七十號范緘

976-06

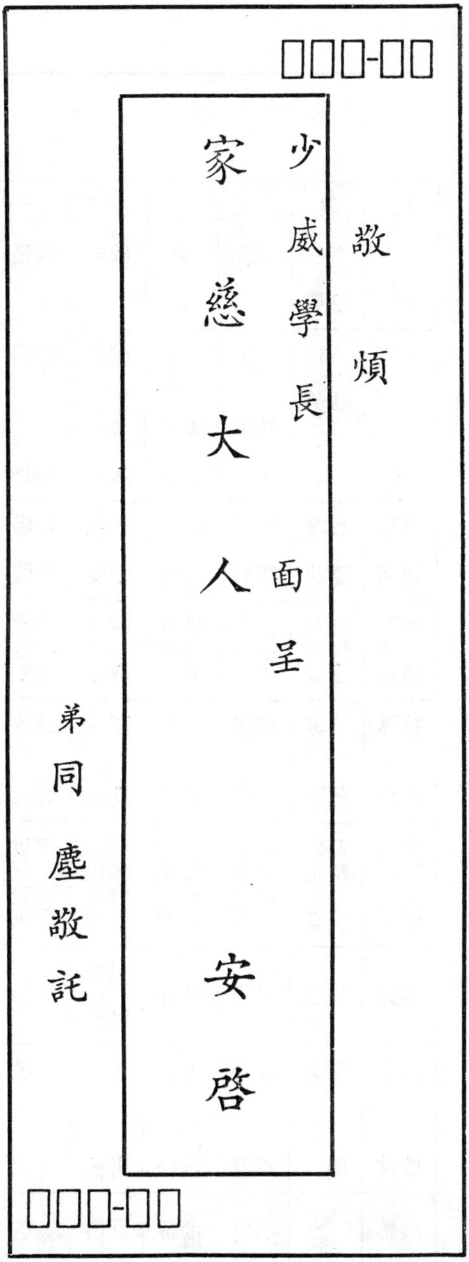

(三)明信片

明信片繕寫，正面照信箋格式，其受信人地址一面，照信封繕式。惟中路不用『啓』字，而代以『收』字。左邊不用『緘』字，而代以『寄』字。蓋啓義爲開，緘義爲封，皆指信封而言，明信片並無封套，萬不可誤用。

※ ※ ※ ※

茲爲便於初學者之參考，特將書信用語綜合表列於後：

㊆書牘用語簡表

類別	對象	稱謂	提稱語	啓事敬辭	結尾敬辭	問候語	自稱	署名下敬辭	信封
家族	祖父母	祖父母大人	膝下、膝前	敬稟者、叩稟者	專肅、肅此	恭叩頤安、恭請金安	孫男、孫女	稟上、敬叩	安啓
	父母親	父母親大人	膝下、膝前	敬稟者、謹稟者	耑肅奉稟、耑肅	叩請福安、敬叩金安	男、女	叩稟、叩上	安啓
	伯叔父・母	伯叔父・母大人	尊前、崇鑒	敬肅者、敬陳者	肅此、謹此	敬請禔安、敬頌崇祺	姪、姪女	謹上、拜上	安啓
	兄姊	○○哥、○○姊	賜鑒、尊鑒	敬啓者、謹啓者	敬此、謹此	敬祝安康、虔頌福祉	弟、妹	敬上、謹上	啓、大啓
	弟妹	○○弟、○○妹	惠鑒、如晤	茲啓者、啓者	耑此、草此	即候近佳、順頌時祺	愚兄、愚姊	手書、手啓	展啓
	夫	○○夫君、夫子	大鑒、偉鑒	敬啓者、謹啓者	專此、特此	祗祝近安、順祝旅安	妻、妹	斂衽、上言	啓、大啓
	妻	○○賢妻、妹	慧鑒、雅鑒	敬啓者、謹啓者	耑此、匆此	祗祝妝安、順祝闔安	夫、兄	再拜、頓首	展啓
	君舅、君姑	君舅、姑大人	尊前、尊鑒	敬稟者、謹稟者	專肅、肅此	敬請金安、恭請福安	媳、兒	稟上、敬叩	安啓
	弟婦	○○妹	慧鑒、惠鑒	茲啓者、啓者	專此、特此	順祝近安、順頌近祺	兄、姊	手啓、謹啓	展啓

	子	○○兒 / 吾兒	知之 / 收覽		此諭		父母	字 / 手示	啓
	女	○○女 / 吾女	覽悉 / 收閱		此諭		父母	字 / 示	啓
	姪兒 / 女	○○賢姪 / 姪女	青鑒 / 青覽		匆此 / 草此	順問近佳 / 即詢近綏	伯叔	手書 / 手泐	啓
	嫂	○○嫂	賜鑒 / 尊鑒	敬啓者 / 謹啓者	敬此 / 謹此奉達	敬祝安康 / 虔祝懿安	弟妹	敬上 / 謹上	啓
	媳	○○賢媳	如晤 / 親覽		手此 / 草此	即問近佳 / 即詢近好	愚舅 / 愚姑	手書 / 手啓	啓
	孫男 / 女	○○吾孫 / 孫女	知悉 / 收悉		此諭		祖父母	字 / 示	啓
親戚	外祖父 / 母	外祖父 / 母大人	尊前 / 尊右	敬肅者 / 謹肅者	耑肅 / 肅此	虔頌崇祺 / 敬頌福綏	外孫男 / 外孫女	拜上 / 敬上	安啓
	姑丈 / 母	姑丈 / 母大人	尊前 / 尊右	敬肅者 / 謹肅者	耑肅 / 肅此	虔頌崇祺 / 敬頌福綏	內姪 / 內姪女	拜上 / 敬上	安啓
	舅父 / 母	舅父 / 母大人	尊前 / 尊右	敬肅者 / 謹肅者	耑肅 / 肅此	虔頌崇祺 / 敬頌福綏	外甥 / 外甥女	拜上 / 敬上	安啓
	姨丈 / 母	姨丈 / 母大人	尊前 / 尊右	敬肅者 / 謹肅者	耑肅 / 肅此	虔頌崇祺 / 敬頌福綏	姨甥 / 姨甥女	拜上 / 敬上	安啓

岳父 岳母	岳父 岳母 大人	尊前 尊右	敬肅者 謹肅者	耑肅 肅此	敬請崇安 敬頌福綏	子壻 壻	拜上 敬上	安啓
親家	親翁 親母	惠鑒 左右	敬啓者 謹啓者	耑此 謹此	順請儷安 順祝安祉	姻愚弟 姻侍生	拜啓 敬啓	台啓 大啓
表伯父·母 表叔父·母	表伯叔父·母大人	賜鑒 侍右	敬肅者 謹肅者	耑肅 謹肅	敬請福安 祇頌崇祺	表姪 表姪女	拜上 謹上	安啓
表舅父 表舅母	表舅父 表舅母 大人	賜鑒 侍右	敬肅者 謹肅者	耑肅 謹肅	敬請福安 祇頌崇祺	表甥 表甥女	拜上 謹上	安啓
伯岳父 叔岳母	伯叔岳父母 大人	賜鑒 侍右	敬肅者 謹肅者	耑肅 謹肅	敬請福安 祇頌崇祺	姪壻	拜上 謹上	安啓
姻伯叔父·母	姻伯叔父·母大人	賜鑒 侍右	敬肅者 謹肅者	耑肅 謹肅	敬請福安 祇頌崇祺	姻愚姪 姻姪女	拜上 謹上	安啓
姊丈	○○姊丈 姊倩	台鑒 英鑒	敬啓者 謹啓者	專此布臆 謹此奉達	祇祝近安 虔頌近祺	內弟 姨妹	頓首 再拜	大啓 台啓
妹丈	○○妹丈 妹倩	台鑒 英鑒	敬啓者 謹啓者	專此布意 謹此奉達	祇祝近安 虔頌近祺	內兄 姨姊	頓首 再拜	大啓 台啓
表兄 表嫂	○○表兄 表嫂	台鑒 英鑒	敬啓者 謹啓者	專此布達 謹此奉達	祇祝近安 虔頌近祺	表弟 表妹	頓首 再拜	惠啓 台啓
表弟 表弟媳	○○表弟 表弟媳	台鑒 英鑒	敬啓者 謹啓者	專此布達 謹此奉達	祇祝近安 虔頌近祺	表兄 表姊	頓首 再拜	惠啓 台啓

內兄 / 內弟	○○內兄 / 內弟	台鑒 / 雅鑒	敬啓者 / 謹啓者	專此布達 / 謹此奉達	祇祝近安 / 虔頌近祺	愚妹婿 / 愚姊婿	頓首 / 再拜	大啓 / 台啓
襟兄 / 襟弟	○○襟兄 / 襟弟	台鑒 / 雅鑒	敬啓者 / 謹啓者	專此布達 / 謹此奉達	祇祝近安 / 虔頌近佳	姻愚弟 / 姻愚兄	頓首 / 再拜	大啓 / 台啓
外孫 / 外孫女	○○賢外孫 / 孫女	青覽 / 青鑒		手此 / 草此	即問近好 / 順問近佳	外祖 / 外祖母	手啓 / 手書	啓
內姪 / 內姪女	○○賢內姪 / 姪女	青覽 / 青鑒		手此 / 草此	即問近好 / 順問近佳	姑丈 / 姑母	手啓 / 手書	啓
外甥 / 外甥女	○○賢外甥 / 甥女	青覽 / 青鑒		手此 / 草此	即問近好 / 順問近佳	愚舅 / 愚舅母	手啓 / 手書	啓
姨甥 / 姨甥女	○○賢姨甥 / 甥女	青覽 / 青鑒		手此 / 草此	即問近好 / 順問近佳	愚	手啓 / 手書	啓
女婿	○○賢倩 / 婿	青覽 / 英鑒		手此 / 草此	即問近好 / 順問近佳	愚岳 / 愚岳母	手啓 / 手書	啓
表姪 / 表姪女	○○賢表姪 / 姪女	青覽 / 青鑒		手此 / 草此	即問近好 / 順問近佳	愚	手啓 / 手書	啓
表甥 / 表甥女	○○賢表甥 / 甥女	青覽 / 青鑒		手此 / 草此	即問近好 / 順問近佳	表舅父 / 表舅母	手啓 / 手書	啓
姻姪 / 姻姪女	○○賢姻姪 / 姪女	青覽 / 青鑒		手此 / 草此	即問近好 / 順問近佳	愚	手啓 / 手書	啓

類別	稱謂	稱呼	提稱語	啓事敬辭	結尾應酬語	申悃語	自稱	署名下敬辭	信封啓封詞
師生	太老師 師母	○○太夫子大人 太師母	崇鑒 賜鑒	敬肅者 敬陳者	耑肅 肅此上陳	恭叩崇安 敬頌崇祺	門下晚生	拜上 叩上	安啓 道啓
師生	師長	○○吾師 ○○公夫子	函丈 壇席	敬肅者 敬陳者	耑肅 肅此上陳	恭請誨安 敬請講安	受業 學生	拜上 敬叩上	安啓 道啓
師生	師父	○○吾師	尊前 尊鑒	敬肅者 敬陳者	耑肅 肅此上陳	恭請教安 祗頌崇祺	門徒 門生	拜上 敬叩上	安啓 道啓
師生	學生 門徒（男）	○○學弟 ○○賢棣	如面 如晤		手此 草此	順祝進步 即詢近佳	小兄 愚姊	手啓 手書	啓
師生	學生 門徒（女）	○○學妹 ○○女弟	惠覽 雅鑒		手此 草此	順祝進步 即詢近佳	小兄 愚姊	手啓 手書	啓
朋輩世交	父之友	○○老伯 伯母	尊鑒 尊右	敬啓者 謹啓者	耑肅 肅此	敬請崇安 恭請鈞安	愚姪 愚姪女	拜上 謹上	鈞啓
朋輩世交	父之友	○○老叔 叔母	尊鑒 尊右	敬啓者 謹啓者	耑肅 肅此	敬請崇安 恭請鈞安	愚姪 愚姪女	拜上 謹上	鈞啓
朋輩世交	世誼長輩	○○世伯 伯母	尊鑒 尊右	敬啓者 謹啓者	耑肅 肅此	敬請崇安 恭請鈞安	世愚姪 世姪女	拜上 謹上	鈞啓
朋輩世交	世誼長輩	○○世叔 叔母	尊鑒 尊右	敬啓者 謹啓者	耑肅 肅此	敬請崇安 恭請鈞安	世愚姪 世姪女	拜上 謹上	鈞啓
朋輩世交	世誼平輩	○○吾兄 姊	足下 惠鑒	敬啓者 謹啓者	耑此布達 特此布臆	順祝近安 順頌時綏	弟 妹	再拜 頓首	台啓 大啓

世誼平輩	○○吾弟 妹	英鑒 惠鑒	敬啓者 謹啓者	耑此布達 特此布臆	順祝近安 順頌時綏	兄 姊	再拜 頓首	台啓 大啓
世誼晚輩	○○世講 臺	雅鑒 惠鑒		耑此布達 特此布臆	順祝近安 順頌時綏	愚	敬啓 手啓	啓
同學	○○學兄 姊	文几 惠鑒	敬啓者 謹啓者	耑此布達 特此布臆	順祝近安 順頌時綏	學弟 學妹	再拜 頓首	台啓 大啓
同門生	○○師兄・弟 姊・妹	大鑒 惠鑒	敬啓者 謹啓者	耑此布達 特此布臆	順祝近安 順頌時綏	師弟・兄 妹・姊	再拜 頓首	台啓 大啓
朋友	○○仁兄 姊	偉鑒 惠鑒	敬啓者 謹啓者	耑此布達 特此布臆	順祝近安 順頌時綏	弟 妹	再拜 頓首	惠啓 大啓
朋友夫婦	○○吾兄 夫人	雙鑒	敬啓者 謹啓者	耑此布達 特此布臆	順祝儷安 虔頌儷祺	弟 妹	再拜 頓首	惠啓 親啓
各界								
政界長輩	○○公主任 公部長	勛鑒 鈞鑒	敬肅者 謹肅者	耑肅 謹肅	敬頌勛綏 祇頌勛祺	晚 後學	敬上 謹上	勛啓 鈞啓
軍界長輩	○○公將軍 公團長	麾下 幕下	敬肅者 謹肅者	耑肅 謹肅	敬請戎安 恭請麾安	晚 後學	敬上 謹上	勳啓 鈞啓
商界長輩	○○公董事長 公總經理	賜鑒 尊鑒	敬肅者 謹肅者	耑肅 謹肅	敬請崇安 恭頌崇祺	晚 後學	敬上 謹上	鈞啓 親啓
學界長輩	○○公校長 公廳長	道鑒 道席	敬肅者 謹肅者	耑肅 謹肅	敬請鐸安 恭頌崇祺	晚 後學	敬上 謹上	道啓 鈞啓

					方外					
	政界平輩	軍界平輩	商界平輩	學界平輩	和尚	尼姑	神父	牧師	修女	道士
	○○先生、女士	○○連長、○公營長	○○襄理、○公課長	○○教授、○公社長	○○上人、○○道人	○○老師太、○○師太	○○司鐸	○○牧師	○○修道	○○法師
	惠鑒、閣下	麾下、幕下	惠鑒、大鑒	左右、雅鑒	方丈、法鑒	法鑒	有道、道鑒	有道、道鑒	有道、道鑒	法鑒
	敬啓者、逕啓者	敬啓者、逕啓者	敬啓者、逕啓者	敬啓者、逕啓者	敬啓者、逕啓者	敬啓者、逕啓者	敬啓者、逕啓者	敬啓者、逕啓者	敬啓者、逕啓者	敬啓者、逕啓者
	專此布臆、特此布達	專此布臆、特此布達	專此布臆、特此布達	專此布臆、特此布達	專此布臆、特此布達	專此布臆、特此布達	專此布臆、特此布達	專此布臆、特此布達	專此布臆、特此布達	專此布臆、特此布達
	順頌勛綏、專候勛祺	順頌勛綏、專候勛祺	即祝時安、順頌籌祺	祇請著安、順頌文祺	敬祝道安、祇頌道祺	敬頌道綏、虔祝道安	祇祈主佑、敬祈神佑	敬祝神佑	敬祝神佑	敬祝道安、祇頌道祺
	弟、妹	弟、妹	弟、妹	弟、妹			弟、妹	弟、妹	弟、妹	
	拜、敬	拜、敬	拜、敬	拜、敬	拜、敬	拜、敬	拜、敬	拜、敬	拜、敬	拜、敬
	啓、啓	啓、啓	啓、啓	啓、啓	啓、啓	啓、啓	啓、啓	啓、啓	啓、啓	啓、啓
	台啓、大啓	台啓、大啓	台啓、大啓	台啓、大啓	道啓、惠啓	道啓	道啓	道啓	道啓、惠啓	道啓

其他

賀年					恭賀年禧 祇賀春釐				
賀男壽					祇祝嵩齡 恭賀千春				
賀女壽					祇祝耆禧 恭叩遐齡				
賀結婚					敬賀大禧 祇賀燕喜				
問疾長輩	〇〇世伯 伯母	崇鑒	敬肅者 謹肅者	專肅 專此奉候	虔祝痊安 敬祝豫安	晚	拜 敬	上 上	道啓 鈞啓
弔唁		禮鑒 苫次			敬請禮安 專唁素履				啓

【說明】

㈠上表稱謂欄中之『〇』及『〇〇』符號，均表示寫信時須寫對方之名字或別號。如係家族，可稱其排行，如『三哥』『二叔』之類。

㈡同欄內之『提稱語』『啓事敬辭』『結尾敬辭』『問候語』『署名下敬辭』『信封』多列有兩種用語，寫信時可任擇一種使用。

㈢表中用語，祇是『約定俗成』，爲世所習用而已，並非絕對不可移異。寫信時，可視對方之身分，當時之需要，以及彼此關係之深淺，慎加選擇，靈活運用，不必拘泥。在『其他類』中留有許多空白，亦爲此而設也。

第六節　實用書牘範例

（一）家書類

杜少陵春望詩云：『烽火連三月，家書抵萬金。』當烽火漫天、兵燹匝地之時，人命危賤，曾雞犬草芥之不若，此時若能獲得一封家書，可以知悉骨肉親人之生死存亡，其價值又何止萬金。卽在平時，由於雲山暌隔，團聚爲難，能藉寸楮以報平安，亦可以上紓父母之遠念，下慰兒女之孺慕。雖云電訊交通日益發達，或朝發夕至，或聲傳千里，究不抵信札之長短自如，經濟實惠。昔人云：『白雲深處是吾家。』（唐書狄仁傑傳：『仁傑薦授幷州法曹參軍，親在河陽，仁傑登太行山，反顧見白雲孤飛，謂左右曰：「吾親舍在其下。」瞻悵久之，雲移乃得去。』）蓋思家之情，固無間於古今也。

依照吾國之傳統，家書大致區爲四類：

一、幼輩稟長輩之書，謂之『家稟』。

二、平輩致平輩之書，謂之『家書』。

三、長輩諭幼輩之書，謂之『家訓』。

四、臨終遺留親人之書，謂之『遺書』。

四者名稱雖異，而籠統稱之，概謂之『家書』，或曰『家信』。

至家書之寫作，無論其爲文言語體，均須遵守以下三大原則：

一、**就寫作之態度言**：稟長輩之書須恭敬，戒輕佻，多用問候語爲宜。致平輩之書須誠懇，雖有勖勉或規勸，亦須詞微義婉，反覆開導，以免引起反感，而收到反效果。諭幼輩之書須和悅，多作積極的鼓勵與指導，少作消極的指斥或譴責。

二、**就寫作之方法言**：無論家稟、家書、家訓、遺書，應略去浮文客套，刻意雕琢，尤應戒絕。通篇須以質樸、眞摯，自然出之，縱然瑣碎，亦不妨事，並可藉此以保持家書之特有風格。蓋家書原非華國之鴻文，而家務事亦多瑣碎故也。此外，爲保持感情之純眞，可將文言白話混合行文。例如初以文言作書，至必要時，或力所難逮處，可雜以少許白話，絕無傷大雅。惟所當注意者，時下流行之俚語或口頭語，如『成績很菜』，『使我亂沒面子』，『拚命K書』，『此人好鮮』，『小氣巴拉』，『神經兮兮』，『可憐巴巴』，『雞婆』，『雞母皮』等。新潮派詞句如：『天空非常希臘』。『聳一個拉丁式的肩』。『我向她鞠一個躬，非常意大利式的』。『雲很芭蕾，女學生們很卻卻』。『我的憂鬱有一點傷風』。『隨地吐痰，也吐出一道虹來』。『美麗的火災』。『我將把靈魂嫁給舊金山』等。西化句法如：『我打算本星期天回家，假如可能的話』。『我現在決定離開你了，儘管我曾經愛過你』。『請你吃慢一點好不好，雖然你的嘴巴很大』。『幽靈般的心絃，彈出新的煙士皮里純（按煙士皮里純爲英文 inspiration 之音譯）』等。此類詞句，皆有欠莊重，萬萬不可入文。

三、**就所寫之字體言**：對尊長寫信，字體宜端正，儘量用正楷，行書亦可斟酌使用，但切忌過於潦草。對平輩幼輩行文，可以全用行書。又書寫工具，以毛筆爲最恭敬，鋼筆次之，原子筆又次之，但絕不可使用簽字筆及鉛筆，以免失禮。

㈠家稟

⑴子稟母

母親大人膝下：有關國慶之電諭拜悉。今日國慶雖是陰雨天，閱兵典禮至為壯觀，民衆情緒亦極為高昂，回國僑胞已達二萬人之衆。典禮後，兒即來慈湖，祭告

父靈。此間風雨中有寧靜，深思默念久之，深信上蒼必將保祐國家萬年長春。敬祝

大人福體康泰

兒經國跪稟　雙十節於慈湖

【說明】

此為民國六十七年十月十日蔣經國總統稟告其慈母蔣太夫人之電文，本當列入『電報』類，始合體例。茲以其性質內容與家書無異，特予選錄。電文措詞以簡潔為尚，故『啓事敬辭』與『開頭應酬語』、『結尾應酬語』均予省略。

※　※　※　※

⑵女稟父

父親大人膝前：拜別

尊顏，瞬將旬日，孺慕之心，無時或釋。女於前月廿五日安抵臺北，暫住姨母家，翌日即到校辦理入學及住校手續。開學後，又忙於購買教科用書，致稽稟候，罪戾實深，務祈

曲諒。班上同學，雖來自海內外各地，然均能親愛精誠，相互切磋，思家之情，得以稍紓。女此次參與

聯考，倖蒙錄取，其中甘苦，何敢遽忘。今後自當恪遵
慈訓，埋頭苦讀，冀能在學術上奠定深厚基礎，以便將來服務社會，造福人羣，抑所以報答
親恩於萬一也。校中生活情形，容後續稟。秋風多厲，伏望　起居珍重，努力加餐。專肅。恭叩
福　安

女慧君叩稟　十月一日

※　　※　　※　　※

(3)孫稟祖父母

祖父母大人尊前：敬稟者，遠隔
慈雲，曷勝戀戀，頃奉
手諭，循讀再三，敬諗
玉體雙安，
起居佳勝，欣喜莫名。韶華如箭，轉瞬又屆炎夏時節，學校即將舉行學期考試，試畢當即束裝返里，大
約在本月廿八日午後抵家，屆時又可恭聆
慈訓矣。恐勞
懸念，特先稟告。肅此。叩請
頤　安

孫偉仁謹稟　六月三日

湘煜姊囑筆叩安。弟妹統此，不另。

※　※　※　※

⑷姪女稟伯母

伯母大人慈鑒：久暌

懿範，馳慕良殷。頃聞下月五日爲韻嫻堂姊于歸吉辰，遙想

華堂啓瑞，冠蓋如雲，珠璧聯輝，喜氣洋溢，忻忭奚如。姪女以俗務羈身，不克趨前道賀，中心歉疚，

莫可言宣。附上奇士美化妝品一匣，聊表賀忱，敬乞

哂納。專肅奉賀

大喜。並祝

百　福

姪女祜美拜上　三月廿四日

※　※　※　※

⑸姪稟叔父

叔父大人尊鑒：前在香江曾肅寸稟，諒邀

慈鑒。姪已於昨日晚間抵達大阪，下榻上谷旅館，今晨即往松下株式會社接洽業務，一切尚稱順利，大

約五月杪始能返國。數月以來，家中多蒙
照拂，恩深東海，不知將何以圖報也。茲匯上美金二百元，以供侑酒，伏乞
哂收爲禱。肅此奉稟。敬請
金　安

姪漢傑叩啓　三月卅日

※　※　※　※

(二)家　書

(1)姊寄妹

芬妹：

昨天接到來信，知道一切。你本學期又得到嘉新水泥公司的獎學金，全家人都很高興，希望你能繼續保持這分榮譽，一直到畢業。

聽說你們學校附近又增加許多飲食攤，你一向嘴饞，媽和我都在躭心你會吃壞肚子。你一個人在外頭求學，生活起居，都必須靠自己照顧，身體如有不適，那就痲煩了。據我所知，攤子的衞生設備很差，是細菌繁殖的溫牀，你還是少去光顧爲妙。姊曾經有過慘痛的教訓，以致現在患了輕微的肝病，我不要你重蹈我的覆轍。

天氣轉涼了，早晚要多添些衣服，以免感冒，而煩勞

爸媽掛念。課餘有便，盼常來信。

爸媽和弟妹都很好，勿念。臨筆匆匆，不盡所懷。順祝

近好

姊湘靈手書　十一月廿九日

再者：媽非常盼望你能在元旦假期回家一趟。如無特別事故，務請如期抵家，並順便給媽買一件上好的旗袍料子，好讓她老人家驚喜一次。又及。

【說　明】

傳統莊重之書信，例用文言，鮮有以語體下筆者。然時移世異，人多忙碌，今人作書欲如曩時之精選美辭，雕琢曼藻，已非時力所許。故現代書信亦步公文之後塵而日趨簡化，例如昔日通行之『三擡』、『雙擡』、『單擡』，所以表示尊敬者，已隨時代之進步而悉遭淘汰，惟餘『平擡』、『挪擡』二種而已。不寧惟是，值此知識爆發、分科日細之時代，欲使人人具有雕龍繡虎之才，精通文字音韻之學，不特理想過高，抑且無此必要。緣是白話書信乃逐漸流行於今日，此乃時代之趨勢，非任何人所得而挽回者，聽其兩存，並行不悖可也。惟吾人所當注意者，即以語體文寫信，仍須注重格式，不宜作大幅度之變更。若變更過多，漫無規格，甚或稱呼錯誤，反卑爲尊，未有不僨事者，其庸有當乎。須知凡百學術，均應循軌漸進，徐圖變革，切忌盲目躁急，否定傳統，不獨書信爲然也。

今世報章雜誌雖盛行語體文，而公私函牘以至法令規章則仍以淺近文言爲尚。本書所有論述舉例均用文言者，蓋從衆之義耳。惟念青年學子於語體書信，或自我作古，或中西混用，甚且有茫然不知如何下筆者，故前書特以語體行文，藉示一例。

※　※　※　※

⑵弟　致　兄

大哥賜鑒：久未聆　教，渴念良殷，惟日以　起居安吉，
雙親康寧為祝。弟於本月初蒙王總經理厚愛，擢任本公司公共關係室主任，兩週以來，業務蒸蒸日上，
堪慰　遠念。近日天氣驟冷，甚難忍受，望稟知　母親，速將弟之棉袍等件付郵寄交，至為盼禱。專此
上陳，敬頌
近祺。並請
父母親大人均安
大嫂、弟妹、諸姪統此，不另。

弟彥倫謹啓　十一月十六日

※　※　※　※

⑶兄　致　弟

龍弟如面：不通音問，已數星期矣。遙想
旅祉增綏，諸事如恆，至以為頌。兄自前次通函之後，即盼吾　弟早日歸來，乃遷延至今，竟成虛願。
堂上望切倚閭，尤為懸系。韶光飛逝，轉眼即居歲闌，無論如何冗忙，亦須　抽身返家，上慰
親心，是所至囑。匆匆草此。即詢

近佳

兄仲偉手啓　十二月廿日

※　※　※　※

(4)妻寄夫

元龍夫子偉鑒：別後懷思，常縈魂夢，而一日三秋之感，黯然銷魂矣。頃展　華翰，如覩
光儀，藉悉
旅祺安吉，諸事順遂，懽忭之情，莫可名狀，惟有續禱上蒼，長相默佑耳。家中自
君姑（或母親）以下，均稱康健，芳亦勤修婦職，輯睦鄉鄰，希勿　掛念。惟是
夫子羈旅他鄉，風塵僕僕，蟾圓天上，不知幾回。
堂上慈幃，時切倚閭之望，庭前弱息，輒思膝下之依。伏祈　早定歸期，以敍天倫之樂，則慈孝兩全也。
千里神馳，無任企盼，千萬珍重，珍重千萬。耑此。敬請
旅安

妻令芳斂衽　三月十六日

※　※　※　※

(5)夫寄妻

小蘋妹妝次：自抵沙國，倏已兼旬，雖棲遲異域，遠隔重洋，而　卿之笑貌聲音，猶復時時呈現於腦海，

縈繞於耳畔，安得身如海燕，飛上妝臺，一覩玉人之面，以償苦憶之情。又思母親老邁，兒女嬌癡，家事無論鉅細，全賴卿一人獨立維持，興念及此，感慰交併。此間業務繁冗，終日辛勤，幸頑軀尙健，差可應付。獨夜闇誦卿臨別贈我『異域風光毋戀久，故園月亮好歸程』之句，輒爲之惻惻耳。所幸今番來此，爲時僅三月，一俟年終事畢，當卽星馳就道，決不稍留也。先此布意。順候

妝　安

夫少泉頓首　十月十五日

※　※　※　※

㈢家　訓　按家訓共擧五例，除第一例爲編者所擬外，其餘均係古人所作。

⑴父　諭　子

雄兒知悉：昨閱來書，知汝已以第一志願考入臺大法律系，老懷甚慰。就我所知，系中名師雲集，夙著聲譽，汝當珍惜寸陰，刻苦力學，以便將來保障民權，弘揚法治，爲一人人所尊敬之律師。平居在家則當孝順祖母，侍奉母親，戚族親長，務須尊重，淫朋賭友，切勿相交。早眠早起，門戶最要小心，勿怠勿惰，火燭更當謹愼。餘如飲食寒暖，亦宜留意。切記余言，勿違是囑。

父字　四月十二日

※　※　※　※

⑵戒兄子嚴敦書　馬援

吾欲汝曹聞人過失，如聞父母之名，耳可得聞，口不可得言也。好議論人長短，妄是非正法㊀，此吾所大惡也，寧死不願聞子孫有此行也。汝曹知吾惡之甚矣，所以復言者，施衿結褵㊁，申父母之戒，欲使汝曹不忘之耳。

龍伯高㊂敦厚周愼，口無擇言，謙約節儉，廉公有威，吾愛之重之，願汝曹效之。杜季良㊃豪俠好義，憂人之憂，樂人之樂，清濁無所失。父喪致客，數郡畢至，吾愛之重之，不願汝曹效也。效伯高不得，猶爲謹敕之士，所謂刻鵠不成尙類鶩者也。效季良不得，陷爲天下輕薄子，所謂畫虎不成反類狗者也。

訖今季良尙未可知，郡將下車㊄輒切齒，州郡以爲言，吾常爲寒心，是以不願子孫效也。

【作者】

馬援字文淵，東漢茂陵人。光武時累官拜伏波將軍，征交阯，立奇功，封新息侯，後討武陵五溪蠻，卒於軍，時年八十餘。見後漢書本傳。

【說明】

本篇選自後漢書馬援傳，爲戒子姪書之濫觴，其後踵武者甚多，遂自成一體。

【注釋】

㈠正法　謂當時之政治法制也。
㈡施衿結褵　古禮：女子嫁時，母親爲之施衿佩巾，結褵覆首，並致訓詞。
㈢龍伯高　名述，東漢人。
㈣杜季良　名保，東漢人。
㈤下車　官吏初到任曰下車。

※　※　※　※

(3)戒子書

諸葛亮

夫君子之行，靜以修身，儉以養德，非澹泊無以明志，非寧靜無以致遠。夫學欲靜也，才欲學也，非學無以廣才，非靜無以成學。慆慢則不能研精，險躁㈠則不能理性。年與時馳，意與日去，遂成枯落，多不接世，悲守窮廬，將復何及。

【作　者】

諸葛亮字孔明，東漢陽都人。少孤，避難荆州，躬耕隴畝。徐庶薦於劉備，備三顧茅廬，始得見，遂出爲佐輔。後備據蜀自立，以亮爲丞相。及卒，受遺詔輔後主。建興中，封武鄉侯，領益州牧，數出師伐魏，以疾卒於軍。有諸葛忠武集。

【注　釋】

㈠險躁　邪惡而性急也。

※　※　※　※

附戒外甥書

諸葛亮

夫志當存高遠，慕先賢，絕情欲，棄凝滯，使庶幾㈠之志，揭然有所存，惻然有所感。忍屈伸，去細碎，廣咨問，除嫌吝，雖有淹留，何損於美趣，何患於不濟。若志不彊㈡毅，意不慷慨，徒碌碌滯於俗，默默束於情，永竄伏於凡庸，不免於下流矣。

【說　明】

曾國藩嘗謂古人中最精於尺牘者，當推諸葛亮與王羲之，惜其文多亡佚，舉此兩篇，亦可作鼎臠之嘗焉。

【注　釋】

㈠庶幾　猶言賢者，本論語『回也其庶乎』語。

㈡彊毅　即強毅。

※　※　※　※

⑷戒子書

羊祜

吾少受先君之教，能言之年，便召以典文，年九歲，便誨以詩書，然尙猶無鄉人之稱，無清異之名。今之職位，謬恩之加耳，非吾力所能致也。吾不如先君遠矣，汝等復不如吾。諮度弘偉，恐汝兄弟未之能也，奇異獨達，察汝等將無分也。恭爲德首，愼爲行基，願汝等言則忠信，行則篤敬，無口許人以財，無傳不經之談，無聽毀譽之語。聞人之過，耳可得受，口不能宣，思而後動。若言行無信，身受大謗，自入刑論，豈復惜汝，恥及祖考。思及父言，纂及父教，各諷誦之。

【作者】

羊祜字叔子，晉南城人。博學能屬文，善談論，世以淸德聞。武帝時，官至尙書左僕射，後都督荆州諸軍事，甚得江漢間人心。旣卒，追贈太傅，有文集行世。

※ ※ ※ ※

(5)家訓

朱用純

黎明卽起，灑掃庭除，要內外整潔，旣昏便息，關鎖門戶，必親自檢點。一粥一飯，當思來處不易，半絲半縷，恆念物力維艱。宜未雨而綢繆㊀，毋臨渴而掘井。自奉必須儉約，宴客切勿留連。器具質而潔，瓦缶勝金玉，飮食約而精，園蔬愈珍饈。勿營華屋，勿謀良田。三姑六婆，實淫盜之媒，婢美妾嬌，非閨房之福。童僕勿用俊美，妻妾切忌豔妝。祖宗雖遠，祭祀不可不誠，子孫雖愚，經書不可不讀。居身務期儉約，敎子要有義方㊁。莫貪意外之財，莫飮過量之酒。與肩挑貿易，毋佔便宜，見窮苦親鄰，須加溫恤。刻薄成家，理無久享，倫常乖舛㊂，立見消亡。兄弟叔姪，須分多潤寡，長幼內外㊃，宜法肅辭嚴。聽婦言，乖骨肉，豈是丈夫，重貲財，薄父母，不成人子。嫁女擇佳壻，毋索重聘，娶媳求淑女，勿計厚奩。見富貴而生諂容者，最可恥，遇貧窮而作驕態者，賤莫甚。居家戒爭訟，訟則終凶，處世戒多言，言多必失。勿恃勢力而凌逼孤寡，毋貪口腹而恣殺牲禽。乖僻自是，悔誤必多，頹惰自甘，家道難成。狎暱惡少，久必受其累，屈志老成㈤，急則可相依。輕聽發言，安知非人之譖愬㈥，當忍耐三思，因事相爭，焉知非我之不是，須平心再想。施惠無念，受恩莫忘。凡事當留餘地，得意不宜再往。人有喜慶，不可生妒忌心，人有禍患，不可生喜幸心。善欲人見，不是眞善，惡恐人知，便是大惡。見色而起淫心，報在妻女，匿怨而用暗箭，禍延子孫。家門和順，雖饔飧不繼㈦，亦有餘歡，國課早完㈧，即囊橐無餘，自得至樂。讀書志在聖賢，非徒科第，爲官心存君國，豈計身家。守分安命，順時聽天，爲人若此，庶乎近焉。

【作　者】

朱用純字致一，明江蘇崑山人。父集璜，死於兵，慕晉王裒攀柏哭父之孝行，自號柏廬。入清不仕，康熙間卒，門人私諡孝定。所作朱子家訓又稱治家格言傳誦海內。

【注　釋】

㈠未雨綢繆　喻預先籌措。詩經豳風鴟鴞：『迨天之未陰雨，徹彼桑土，綢繆牖戶。』言鴟鴞趁天未有降陰雨之前，用嘴爪剝取桑根之嫩皮，以之纏結窗牖通氣之孔隙也。

㈡義方　義者事之宜，義方謂義之矩度。左傳隱公三年：『石碏諫曰：「臣聞愛子教之以義方，弗納於邪。」』

㈢乖舛　乖戾舛錯也。

㈣內外　謂男女也。古時男主外，女主內，故以外內別男女。

㈤屈志老成　謂謙從練達成人也。屈志，降志屈身，對人謙恭。老成，老諳世故，年長有德之人。

㈥安知非人之譖愬　謂安知其非浸潤之譖、膚受之愬乎。譖，毀謗。愬，誣訴。

㈦饔飧不繼　謂早餐晚飯不能繼續。

㈧國課早完　謂國家之賦稅應及早完納也。

※　※　※　※

㈣遺　書　按遺書共學五例，均為古人所作。

(1)臨終遺弟謨書　薛濬

吾以不造，幼丁艱酷，窮遊約處，屢絕簞瓢。晚生早孤，不聞詩禮，賴奉先人貽厥之訓，獲稟母氏聖善之規。負笈裹糧，不憚艱遠，從師就業，欲罷不能。砥行厲心，困而彌篤，服膺教義，爰至長成，自釋耒登朝㈠，於茲二十三年矣。雖官非聞達，而祿喜逮親，庶保期頤，得終色養。何圖精誠無感，禍酷薦臻。兄弟俱被奪情，苫廬靡申哀訴，是用扣心泣血，隕氣摧魂者也。繼而瘡巨釁深㈡，不勝荼毒，啓手啓足，幸及同歸，使夫死而有知，得從先人於地下矣，豈非至願哉。但念爾伶俜孤宦，遠在邊服㈢，顧此悢悢，如何可言。適已有書，冀得與汝面訣，忍死待汝，已歷一旬。汝既未來，便成今古，緬然永別，為恨何言。勉之哉，勉之哉。

【作　者】

薛濬字道頤，隋汾陰人。少孤，養母以孝聞。開皇初擢尙書虞部侍郎。帝聞其孝，賜母輿服几杖，四時珍味，當時榮之。及母卒，毀瘠過甚，上爲之改容。旋以不勝喪病而卒。

【注釋】

㈠釋耒登朝　謂棄農而仕也。

㈡瘡巨釁深　濬丁母艱，歸葬夏陽，時在隆冬，衰絰徒跣，冒犯霜雪，自京及鄉五百餘里，足凍墜指，瘡血流離。釁，裂縫也。

㈢遠在邊服　時薛謨在揚州爲晉王府兵曹參軍。

※　※　※　※

(2)上太夫人書　史可法

不肖男可法遺稟

母親大人：兒在宦途，一十八年，諸苦備嘗，不能有益於朝廷，徒致曠違定省，不忠不孝，何以立於天地之間。今以死殉城，不足贖罪。望　母親委之天數，勿復過悲。兒在九泉，死無所恨。得副將德威完兒後事，望　母親以親孫撫之。四月十九日不肖兒可法泣書。

【作者】

史可法字憲之，一字道鄰，明祥符人，崇禎元年進士。清兵入關，佔據燕京，福王卽位南京，可法以兵部尙書拜大學士。旋爲馬士英等所排斥，出而督師揚州，順治二年四月廿五日城陷被執，罵賊而死。揚民謳思，葬其袍笏衣冠於梅花嶺。史公無子，遺言以副將史德威爲嗣。

※　※　※　※

⑶與妻訣別書

林覺民

意映卿卿如晤：

吾今以此書與汝永別矣。吾爲此書時，尙爲世中一人，汝看此書時，吾已成爲陰間一鬼。吾作此書，淚珠和筆墨齊下，不能竟書而欲擱筆，又恐汝不察吾衷，謂吾忍舍汝而死，謂吾不知汝之不欲吾死也，故遂忍悲爲汝言之。

吾至愛汝，即此愛汝一念，使吾勇於就死也。吾自遇汝以來，常願天下有情人都成眷屬。然徧地腥羶，滿街狼犬，稱心快意，幾家能够，司馬青衫㈠，吾不能學太上之忘情也。語云：『仁者老吾老以及人之老，幼吾幼以及人之幼。』吾充吾愛汝之心，助天下人愛其所愛，所以敢先汝而死，不顧汝也。汝體吾此心，於啼泣之餘，亦以天下人爲念，當亦樂犧牲吾身與汝自身之福利，爲天下人謀永福也，汝其勿悲。

汝憶否四五年前某夕，吾嘗語曰：『與其使我先死也，無寧汝先吾而死。』汝初聞言而怒，後經吾婉解，雖不謂吾言爲是，而亦無辭相答。吾之意蓋謂以汝之弱，必不能禁失吾之悲，吾先死，留苦與汝，吾心不忍，故寧請汝先死，吾擔悲也。嗟夫，誰知吾卒先汝而死乎。

吾眞眞不忍忘汝也。回憶後街之屋，入門穿廊，過前後廳，又三四折有小廳，廳旁一屋爲吾與汝雙棲之所。初婚三四個月，適冬之望日前後，窗外疏梅篩月影，依稀掩映，吾與汝攜手低低切切，何事不語，何情不訴。及今思之，空餘淚痕。又回憶六七年前，吾之逃家復歸也，汝泣告我：『望今後有遠行，必以告妾，妾願隨君行。』吾亦既許汝矣。前十餘日回家，卽欲乘便以此行之事語汝，及與汝對，又不能啓口，且以汝之有身也，更恐不勝悲，故惟日日呼酒買醉。嗟夫，當時余心之悲，蓋不能以寸管形容之。

吾誠願與汝相守以死，第以今日事勢觀之，天災可以死，盜賊可以死，瓜分之日可以死，奸官汚吏虐民可以死，吾輩處今日之中國，無時無地不可以死。到那時使吾眼睜睜看汝死，或使汝眼睜睜看我死，吾能之乎，抑汝能之乎。卽可不死，而離散不相見，徒使兩地眼成穿而骨化石。試問古來幾曾見破鏡重圓㊀，則較死尤苦也，將奈之何。今日吾與汝幸雙健，天下人不當死而死，與不當離而離者，不可數計，鍾情如我輩者，能忍之乎。此吾所以敢率性就死，不顧汝也。吾今死無餘憾，國事成不成，自有同志者在。依新已五歲，轉眼成人，汝其善撫之，使之肖我。汝腹中之物，吾疑其女也，女必像汝，吾心甚慰。或又是男，則亦教其以父志爲志，則我死後，尙有二意洞在也，甚幸甚幸。吾家日後當甚貧，貧無所苦，清靜過日而已。吾今與汝無言矣，吾居九泉之下，遙聞汝哭聲，當哭相和也。吾平日不信有鬼，今則又望其眞有。今人又言心電感應有道，吾亦望其言是實，則吾之死，吾靈尙依依傍汝也，汝不必以無侶悲。

吾平生未嘗以吾所志語汝，是吾不是處。然語之又恐汝日日爲吾擔憂。吾犧牲百死而不辭，而使汝擔憂，的的非吾所思。吾愛汝至，所以爲汝體者惟恐未盡。汝幸而偶我，又何不幸而生今日之中國，吾幸而得汝，又何不幸而生今日之中國，卒不忍獨善其身。嗟夫，紙短情長，所未盡者，尚有萬千，汝可以模擬得之。而今不能見汝矣，汝不能舍我，其時時於夢中得我乎。一慟。

家中諸母皆通文，有不解處，望請其指教，當盡吾意爲幸。

辛未㊂三月念六夜四鼓意洞手書

【作　者】

林覺民字意洞，號抖飛，清福建閩縣人。幼年體弱性慧，目灼灼如流星。年十四入高等學堂，醉心平等自由之說。十九歲以父命成婚，伉儷情深。翌年東渡日本入慶應大學文科，陰結志士，倡言革命。民國紀元前一年贊助黃興謀起義。黃興嘗曰：『意洞來，天賚我也，運籌帷幄，不可一日無君。』其倚重若此。三月二十九日圍攻兩廣總督署，被逮，當時報載獲一斷髮西裝之美少年，蓋卽覺民也。就義之日，面不改色，俯仰自若，時年二十五耳。遺體葬黃花岡。此書係赴義前之絕筆，作於香港。

【注　釋】

㊀司馬青衫　白居易琵琶行：『座中泣下誰最多，江州司馬青衫溼。』因白氏作此詩時正作江州司馬。

㊁破鏡重圓　喩夫妻散而後合。古今詩話載：陳時徐德言尙樂昌公主。陳政衰，德言謂妻曰：『國破必入權豪家。』乃破鏡各分其半，約他日以正月望日賣於都市。及陳亡，妻爲楊素所得。德言至京，有蒼頭賣半鏡者，德言出半鏡合之。題曰：『鏡與人俱去，鏡歸人不歸。無復嫦娥影，空留明月輝。』樂昌得詩，悲泣不食，素知之，乃召德言至，還其妻。

㊂辛未　係辛亥之筆誤，姑存其眞，足見寫信時心緒。

※　※　※　※

⑷赴義前別父書　方聲洞

父親大人膝下：跪稟者，此爲兒最後親筆之稟，此稟果到家，則兒已不在人世者久矣。兒死不足惜，第此次之事，未曾稟告大人，實爲大罪，故臨死特將其就死之原因，爲大人陳之。

竊自滿洲人入關以來，凌辱我漢人無所不至。迄於今日，外患逼迫，瓜分之禍，已在目前。滿洲政府猶不願實心改良政治，以圖強盛，僅以預備立憲之空名，炫惑內外之觀聽，必欲斷送漢人土地於外人，然後始大快於其心。是以滿政府一日不去，中國一日不免於危亡，故欲保全國土，必自驅滿始，此固人人所共知也。兒蓄此志已久，祇以時機未至，故隱忍未發。邇者海內外諸同志共謀起義，以撲滅滿政府，以救祖國，祖國之存亡，在此一舉。事敗則中國不免於亡，四萬萬人皆死，不特兒一人。如事成，則四萬萬人皆生，兒雖死亦樂也。祇以大人愛兒者，故臨死不敢不爲稟告，但望大人以國事爲心，勿傷兒之死，則幸甚矣。

夫男兒在世，不能建功立業，以強祖國，使同胞享幸福，雖奮鬥而死，亦大樂也。且爲祖國而死，亦義所應爾也。兒刻已念有六歲矣，對於家庭，本有應盡之責任，祇以國家不能保，則身家亦不能保，卽爲身家計，亦不能不於死中求生也。兒今日竭力驅滿，盡國家之責任者，亦卽所謂保身家也。他日革命成功，我家之人，皆爲中華新國民，而子孫萬世，亦可以長保無虞，則兒雖死，亦瞑目地下矣。惟從此以往，一切家事，均不能爲大人分憂，甚爲抱憾，幸有壽兒及諸孫在，則兒或可稍安於地下也。惟祈大人得信後，切不可過於傷心，以礙福體，則兒罪更大矣，幸諒之。茲附上致穎媳信一通，俟其到漢時面交，並祈得書時，卽遣人赴日本接其歸國，因彼一人在東，無人照料，種種不妥也。如能早歸，以盡子媳之職，或能輕兒不孝之罪。臨死不盡所言，惟祈大人善保玉體，以慰兒於地下。旭孫將成，乞善導其愛國精神，以爲將來報仇也。臨書不勝企禱之至。敬請

萬福金安

兒聲洞赴義前一日稟於廣州

【作者】

方聲洞，黃花岡七十二烈士之一。

※　※　※　※

(5)與妻書

吳樾

人之生死亦大矣哉，蓋生有必勝於死，然後可以生，死必有勝於生，然後可以死。可以生則生，可以死則死，此之謂知命，此之謂英雄，昧昧者何能焉。生不知其所以生，死不知其所以死，以爲生有生人之樂，而死則無之，故欲生惡死之情，自往來於胸中而不去，則此輩之生若秋蟬，死如朝菌者，可無足怪矣。若夫號稱知命之英雄，向人則曰：『我不流血誰流血。』此卽我不死誰死之代名詞耳。及至可

以流血之日，而彼則曰：『我留此身，將有所待。』待之又久，而此身或病死，或他故而死，吾知其將死之際，未有不心灰意冷，勃發天良，直悔前言之不踐，與其今日死，不如昔日之不生也，然悔之何及，徒益悲傷耳。此吾之所為有鑒於此，而不敢不從速自圖焉。亦以內顧藐躬，素非強壯，且多愁善病，焉能久活人間。與其悔之他時，不如圖之此日，抑或者蒼天有報，償我名譽於千秋，則我身之可以腐滅者，自歸於腐滅，而不可以腐滅者，自不腐滅耳。夫可以腐滅者體質，而不可以腐滅者精靈，體質為小我，精靈為大我，吾非昧昧者比，能不權其大小輕重以從事乎。而況奴隸以生，何如不奴隸而死。以吾一身而為我漢族倡不奴隸之首，其功不亦偉耶。此吾為一己計，固不得不出此，卽為吾漢族計，亦不得不出此。

吾決矣，子將何如。古人有言曰：『人固有一死，死有重於泰山，有輕於鴻毛。』㊀子卽不為漢族計，亦獨不為己計乎。子自思身材之短小，體氣之柔弱，精神之欠乏，飲食之簡少，且衞生之不講，心境之不寬，勞苦之不耐，疾病之時至，非較吾尤甚乎。吾竊不遜，若子能壽年一百，吾卽能壽年一百一十，吾今自思，不過得壽四五十，子當可作比例觀。且子多壽有何所用，雖如彭祖㊁，亦不過飲食衣服較多於人，而況子非其比，勢不得不為一己計。則當捐現在有限之歲月，而求將來之無限尊榮。且也，以個人性命之犧牲，而為鐵血強權之首倡，此為一己之計，卽所以為漢族計也，非一舉而數得乎。子其三復思之，如以吾言為然，則請為子畫善死之策，如以為否，則請留此書，於臨死之日，再一閱之，以證吾之見地如何。某白。

【作　者】

吳樾，淸桐城人，素主種族革命。光緒間派載澤等五大臣出洋考察憲政，樾慮立憲成，淸祚或不可拔，乃於載澤等登車時，擲彈擊之，不中，自斃。

【注　釋】

㈠人固有一死三句　漢司馬遷語，見漢書司馬遷傳，

㈡彭祖　上古顓頊玄孫，姓籛，名鏗，善導引行氣，堯時封於大彭，至殷末已七百六十七歲而不衰。見神仙傳。

※　※　※　※

（二）通　候　類

人生存在社會上，固不能遺落世事，離羣索居，而必須交際應酬，互相存問，藉以聯絡感情，增進交誼。語云，世事不如意者十常八九，若平時與人不相往來，一旦有難，始求助於人，其效果如何，可以不問而知。故勤於通候，廣結善緣，乃爲人處世所不可忽略之重要課題。昔人謂『千里送鵝毛，禮輕情意重』，移以語此，尤爲恰當。至吳梅村所云『不好詣人貪客過，慣遲作答愛書來』，乃名士作風，不可爲法。

一般通候信札，因無重要事情作骨幹，極易流於空泛或俗套，故看似容易，實則甚難。如何化腐朽爲神奇，變無情爲有情，則端視作者之用心耳。吾人以爲一篇上好之通候信，在態度方面，既不可過分卑屈，亦不可傲氣凌人，應注意切合對方身分，站穩自己立場，凡交淺言深，或交深言淺，均非所宜。

在用辭方面，當婉轉周密，切實得體，最好能有深情摯意洋溢於字裏行間，使受之者色然心喜，回味無窮。

(1)候業師㈠

夫子大人函丈：憶別
絳帳，歲華頻更，雲山遠隔，立雪無從，回首
春風，彌深神往。敬維
道履綏和，
崇祺休暢，爲無量頌。生於民國六十五年自母校畢業後，即應彰化縣花壇國民中學之聘，濫竽國文教席㈡，敝校遠離鬧市，景色宜人，黌舍寬敞，學風淳良，實爲讀書教學之理想環境。惟當年在校之時，因年事尚輕，不知奮勉，蹉跎歲月，一旦登上講壇，頗有力不從心之憾，然後知古人所謂『書到用時方恨少』、『教然後知困』云云㈢，誠體會有得之言也。雖然，生尚能秉承
訓誨，努力進修，庶幾無辱於
師門，無負於學子。講餘有便，仍乞
教語時頒，俾益庸愚，無任盼禱之至。肅此。敬請
崇　安

受業　張同塵拜上　九月十八日

師母大人前祈代叱名請　安

【說　明】

『夫子大人』爲男學生對五十歲以上男教師之稱呼，若以『大人』二字稍嫌陳腐，可改爲『某公吾師』。例如業師爲屈萬里字翼鵬先生，可稱『翼公吾師』，不知其字號，則逕稱『萬公吾師』。

又無論男學生或女學生對五十歲以下之男教師與各級年齡之女教師，均可稱『某某吾師』。例如男性業師爲劉師培字光漢，可稱『光漢吾師』或『師培吾師』。若業師爲單名則將『吾』字去掉女性業師爲揚宗珍筆名孟瑤，可稱『孟瑤吾師』或『宗珍吾師』。

【注　釋】

㈠濫竽　喻能力不足，不能稱職也。韓非子內儲說：『齊宣王使人吹竽必三百人，南郭處士請爲王吹竽，宣王悅之，廩食以數百人，宣王死，湣王立，好一一聽之，處士逃。』

㈡教然後知困　語見禮記學記。

※　※　※　※

⑵候　業　師㈠

文月吾師壇席：睽違門牆，屈指經年，每憶芝顏，輒深嚮往，恭維

潭祉安泰，
教壇吉祥，式符所頌。回首四年芸窗㈠，多蒙
循循善誘，
殷殷啓導，然後於古典文學之欣賞，現代小說散文之創作，乃能略有所窺。公餘之暇，信手塗鴉，今積稿已有二十篇矣。茲付郵寄上，敬請
揮其椽筆㈡，曲加
斧正，曷勝企幸。耑肅奉懇。祇頌
教祺

生裴夢蓮敬叩 五月六日

小女安琪侍叩。

【注釋】

㈠芸窗　讀書之處。芸香可避蠹，古人藏書多用之，故稱讀書之處曰芸窗。

㈡椽筆　猶言大手筆。晉書王珣傳：『珣夢人以大筆如椽以短木附於梁上以承屋瓦者與之，既覺，語人曰：「此當有大手筆事。」俄而帝崩，哀冊謚議，皆珣所草。』

※　※　※　※

⑶候友人

文強吾兄左右：久暌
英采，恆切馳思，未能一見爲悵。近聞
貴公司聲譽鵲起㈠，遠播西海，前途未可限量，引企
吉暉，曷勝抃躍。弟畢業後，嘗一度厠身杏壇，謬充教席。嗣參加高等文官考試，幸蒙錄取，奉分發基隆港務局服務。承乏以來㈡，倏經十載，勞人草草，無善可陳。每誦黃山谷『桃李春風一杯酒，江湖夜雨十年燈』之句㈢，輒爲之棖觸百端㈣，不能自已。以視
足下鵬程聿展，扶搖直上㈤，其相去爲何如耶。如因風便，敬乞　惠我數行，以慰蓬衷。專候。並祝
潭第安吉

弟杜鵬聲頓首　四月一日

【注　釋】

㈠鵲起　謂遠引之速也。太平御覽引莊子：『鵲上高城之垝，而巢於高榆之顛，城壞巢折，陵風而起。故君子之居世也，得時則蟻行，失時則鵲起。』今統稱乘時而起曰鵲起，爲興盛之意。

㈡承乏　在位或任職之謙辭。左傳成公二年：『韓厥曰：「敢告不敏，攝官承乏。」』謂官員適缺乏，以己攝代而承之。

㈢桃李春風二句　見黃庭堅寄黃幾復詩。

㈣棖觸　感觸也。李商隱戲題樞言草閣詩：『君時臥棖觸，勸客白玉盃。』

㈤扶搖　旋風也。莊子逍遙遊篇：『鵬之徙於南冥也，水擊三千里，摶扶搖而上者九萬里，去以六月息者也。』今謂事業發達或仕途得意曰扶搖直上。

※　※　※　※

(4) 候同學

玲玉學姊慧鑒：不覿芳儀，瞬息數載，每誦屋梁落月之詩，輒增一日三秋之感。正切停雲㊀，而朵雲忽降㊁，欣悉榮膺金融事業人員特種考試榜首，引領南天，彌殷燕賀，將來造福社會，光耀門楣，當可預卜。妹歸國半年，卽奉父母之命，與國立東京大學文學院副敎授岡崎龜太郎博士結婚，自是洗盡鉛華，主持中饋㊂。尤其自小犬武雄降生後，益形忙碌，終日與奶瓶尿布爲伍，略無進修時間，幾何其不成爲面目可憎、言語乏味之黃臉婦耶㊃。昔所學者，早已拋諸腦後矣。言念及此，又不禁爽然自失。吾姊學業事業，兩有成就，頗令我東洋婦女羨慕不已。依敝國舊例，女子結婚之後，卽須步入廚房，不得與男子一爭長短，世上不平之事，寧有踰於此者，未諳尊意以爲然否。因風寄意，不盡所懷。專泐覆候。順頌

夏祺

妹 桑野美雪（くわのみゆき）謹上 六月廿一日 於東京

【注釋】

㊀停雲　思慕之意。陶潛停雲詩序：『停雲，思親友也。』

㊁朶雲　唐書韋陟傳：『陟封郇公，常以五采箋爲書記，使侍妾主之。其裁答授意而已，皆有楷法，陟惟署名，自謂所書陟字，若五朶雲，時人慕之，號郇公五雲體。』今因謂書札曰朶雲。

㊂主中饋　婦人在家，主飲食之事，曰主中饋。周易家人卦：『无攸遂，在中饋，貞吉。』孔穎達疏：『婦人之道，巽順爲常，无所必遂，其所職主，在於家中饋食供祭而已。』俗稱婦職爲主持中饋，男子未娶曰中饋猶虛，均本此。

㊃面目可憎二句　宋黃庭堅云：『三日不讀書，便覺面目可憎，言語乏味。』

※　※　※　※

(5)候同事

鶴亭仁兄足下：分袂半載，如隔三秋，辰維

公私迪吉，

動定綏和，定符所頌。弟離職回里之後，本擬出國深造，奈因二親年邁，必須弟在家侍奉，以致事與願違，昔日之雄圖壯志，業已消磨殆盡，今後惟有再覓一職，以維家計，而遣餘生，如是而已。

兄臺近況若何，鴻鱗有便，還希

德音時頒，不我遐棄，無任欣幸之至。耑此奉候。卽頌

勛　綏

弟江平謹啓　十一月卅日

※　※　※　※

⑹候女友

玉嬙小姐雅鑒：既

惠錦箋，復

頒玉屑㈠，有詞皆豔，無字不香，靈筆慧心，足冠儕輩。而一種纏綿淒楚之情，時流露於行間字裏，令

人不忍卒讀，如

卿者可以怨矣。嘯秋風塵潦倒，湖海飄零，浮生碌碌㈡，知己茫茫，無江淹賦別之才㈢，有杜牧傷春之

恨㈣，一誦此詩，百感交集，孰能作太上之忘情耶㈤。春風多便，仍乞時

播佳音，慰我長想，勿使消息渺如黃鶴也。順錄近作楊花落一首，並希

吟正。專此。祇頌

文祺

嘯秋敬上　二月十六日午夜

附　楊花落

何處飄零覓斷魂。荒砧月笛水邊村。

無端悵望懷宣武㈥。底事蕭條出玉門㈦。

眉黛銷殘應有恨。瑤琴捶碎已無恩㈧。

長亭記得垂垂別㈨。一段柔情似夢痕。

【注　釋】

㈠玉屑　指詩。宋魏慶之編詩人玉屑二十卷，宋人詩話略具於此。

㈡浮生　人生世上，虛浮無定，故曰浮生。李白春夜宴從弟桃李園序：『浮生若夢，爲歡幾何，古人秉燭夜遊，良有以也。』

㈢江淹賦別　梁江淹作別賦，鋪陳別離之苦，分述顯貴，任俠、從軍、出使、遊宦、夫婦、方外、情侶各類之人，無不以別離爲難堪之事。詳見文選。

㈣杜牧傷春　唐詩紀事：『杜牧佐宣城幕，遊湖州，刺史張水嬉，令牧閒行閱奇麗，得垂髫者十餘歲。後十四年牧刺湖州，其人已嫁生子矣。乃悵而爲詩曰：「自是尋春去較遲，不須惆悵怨芳時，狂風落盡深紅色，綠葉成陰子滿枝。」』蓋綠葉成陰以喻年華已逝，子滿枝以喻兒女成行也。

㈤太上忘情　言聖人寂然不動情，若遺忘者。太上，謂人之最上者，指聖人。晉書王衍傳：『衍嘗喪幼子，山簡弔之，衍悲不自勝。簡曰：「孩抱中物，何至於此。」衍曰：「聖人忘情，最下不及於情，情之所鍾，正在我輩。」』

㈥宣武　卽宣武侯，晉桓溫之諡號，世稱桓宣武。世說言語篇：『桓公北征，經金城，見前爲琅邪時種柳，皆已十圍，慨然曰：「樹猶如此，人何以堪。」攀枝執條，泫然流淚。』

㈦玉門　關塞名，在今甘肅敦煌縣西南，陽關之西北，爲古代通往西域要塞之一。王之渙出塞詩：『羌笛何須怨楊柳，春風不度玉門關。』

㈧瑤琴摧碎　春秋楚人伯牙，師事成連，善鼓琴，與鍾子期善。伯牙鼓琴，志在泰山，子期聽之，曰：『善哉乎鼓琴，巍巍乎若泰山。』既而志在流水，子期又曰：『善哉乎鼓琴，湯湯乎若流水。』子期死，伯牙破琴絕絃，終身不復鼓琴，以爲世無復有知音者。事見呂氏春秋本味篇。

㈨長亭　送別之地。白帖：『十里一長亭，五里一短亭。』

※　※　※　※

(7)候男友

吾摯愛之明哥鑒：一病經旬，恍如隔世。妹於心傷淚盡之餘，披肝瀝血，而成此書。天涯海角，棲託何鄉，冷月昏燈，相思無路。哥不知妹之生死，妹不審哥之存亡，水闊魚沈，教從何處通款曲耶㈠。此書之能入哥目與否，杳不可必，然妹固不能自已也。浮雲一別，忽忽半年矣，哥此去殊出意外，臨行並無一言相慰，雖恨我良深，抑何其速耶。妹不能禁哥之不恨我，哥果恨我，妹且樂甚，蓋恨我愈甚，即愛我愈深。妹無狀，不能永得哥之愛，亦不敢再冀哥之愛，妹前此之罪戾，或轉因哥之恨我，冥冥中為之消滅，故妹深望哥之能恨我也。自今以往，妹其無意於人世矣，當剪此三千煩惱之絲，皈依佛門，木魚貝葉㈡，伴我餘生，於願已足。哥才氣過人，青雲直上㈢，當可預卜。臨書惝怳㈣，不知所云。專此布臆。伏維

珍重

蜀鵑再拜　三月十九日

【注釋】

㈠款曲　猶言酬應。後漢書光武帝紀：『文叔少時謹信，與人不款曲，惟直柔耳。』

㈡木魚貝葉　木魚，佛家法器，為團圓之魚鱗形，誦經禮佛時叩之。貝葉，即佛經，以印度人多用貝多羅樹之葉書寫經

文故也。

㈢青雲直上　出人頭地之喻。史記范雎傳：『須賈頓首言死罪曰：「賈不意君能自致於青雲之上。」』

㈣惝怳　失意不悅貌。文選潘岳寡婦賦：『怛驚悟兮無聞，超惝怳兮慟懷。』

※　※　※　※

(三) 謀職類

在此人浮於事之社會中，欲謀一職業，固非易易，欲謀一稱心如意之職業，尤難上加難。加以吾國民性保守，數千年之傳統觀念深印腦海，牢不可破。欲其師法毛遂（戰國趙惠文王九年，秦侵趙，平原君奉使求救合縱於楚，約門下食客文武具備者二十人偕，而獨缺一人，毛遂乃自贊請從，完成使命。見史記平原君傳。），自衒自賣，實難以啓齒。其實若毛遂其人者，在今日之美日以至西歐各國，比比皆是，甚且蔚為風尚。蓋工商社會，人人忙碌，訪賢求能之事，已不復可見。而青年初入社會，才華未露，經驗尤缺，欲人三顧，寧非奢求。故處今之世，惟有突破傳統，面對現實，儘量的表現自己，適當的推銷自己，始能大展鴻圖，一舒偉抱。若乃閉門固守，一味矜持，或憤世嫉俗，自命清高，則其侘傺不偶，憔悴終身，可不卜而知也。

寫謀職信札，應謹守不卑不亢之原則。蓋過於謙卑，則自貶身價，予人以碌碌無能之不良觀感，固非所宜。過於高傲，則又狂妄恣肆，予人以輕佻浮夸之惡劣印象，亦非其道。吾前所謂『儘量的表現自己，適當的推銷自己』者，卽不卑不亢之意也。今略舉一二，以供參考。

(1)謀敎職㈠

惠公校長賜鑒：士林碩望，久切心儀，學府騰聲，時殷清慕。春風廣被，樹桃李以千行，化雨均沾，奠邦基於百載。是以中臺子弟㈠，無不競列

門牆，冀荷

裁成，而南北俊彥，亦以躋身

貴校，共宣木鐸爲榮。葵藿之傾㈡，蓋非一日矣。茲有懇者，晚今夏卽將畢業國立臺灣大學中國文學系，在校期間，尙知恪遵師訓，刻苦勵學，且已修完教育學分，課餘之暇，或擔任家庭教師，或參與臺大醫院社會服務工作，教學經驗雖不如人，而自信教學熱忱則有過之。敢乞

賜予機會，俾能實現多年來服務桑梓㈢、作育英才之願望。隨函附呈簡歷表一份，請

察閱。如蒙

俯允，曷勝心感。耑肅奉懇，祇頌

鐸　祺。佇候

德　音

晚葛彤芳 圖章 拜上三月二日

【說　明】

假設校長姓名爲王惠民，又是男性，則如此函所稱『惠公校長』。若校長爲女性，其姓名爲邵夢蘭，則稱『邵校長』或『夢蘭校長』。以下所有稱呼皆準此，不另說明。

【注　釋】

㈠中臺　謂臺中地區。按臺灣地區可稱三臺，臺北基隆地區爲北臺，臺中彰化地區爲中臺，臺南高雄地區爲南臺。

㈡葵藿之傾　葵藿向日而傾，因以喻嚮往之殷。文選曹植求通親親表：『若葵藿之傾葉，太陽雖不爲之迴光，然終向之者，誠也，臣願自比葵藿。』

㈢桑梓　詩經小雅小弁：『維桑與梓，必恭敬止。』屈萬里釋義引王建立曰：『桑以養生，梓以送死，此桑梓必恭之義也。』後人因以桑梓爲鄉里之稱。

※　※　※　※

⑵謀教職㈠

新竹商業學校公鑒：敬啓者，頃閱中央日報，藉悉貴校徵聘英語教師，因不揣冒昧，願效毛遂之自薦。鄙人今夏甫自臺灣大學外國語文學系畢業，四年之中，尚知兢兢業業，不敢自逸。中間曾利用寒暑假之便，協助舍親所經營之裕臺貿易公司處理商業書牘，於商用英文，亦略知一二，並非門外。如蒙界以英文教師之職，自信必不致貽笑方家也。茲隨函附上簡歷、證件、自傳及拙譯各一份，敬希卓裁示復爲荷。

陶瑾 圖章 敬啓 八月二日

【說明】

謀職信札乃有求於人，故字體須工整，簽名之下，須加蓋私章，以示鄭重其事。蓋予人之第一印象，最爲重要，若草率從事，必失敗無疑。至於普通信札，則尺度較寬，蓋章一項，可以省略。

※ ※ ※ ※

(3)謀教職㈡

恭甫吾師壇席：久未肅函，叩問
起居，疏懶之咎，固弗敢辭。茲值新年伊始，敬維
道隨時長，福與歲增，爲頌無量。生去年自臺大夜間部歷史系卒業後，即株守家園㊀，牛籌莫展㊁，諺云，畢業即失業，誠非虛言。家父母愛我至深，不忍相責，然於心實不能無歉焉。方今一般社會人士，率以有色眼光看夜間大學，甚者且存偏見，以爲夜大學生多在混文憑，求資格，於學術研究，略無興趣云云。或冷嘲，或熱諷，輕蔑醜詆，無所不用其極，完全否定夜間大學之功能與價值。天下不平之事，孰有甚於此者。以鄙見所及，夜大學生混文憑、求資格者固有，而殫精力學者亦頗不乏人，其在工商文教各界學用配合、嶄露頭角者㊂，尤不可勝數，此乃有目共睹之事實，豈容一筆抹殺。然而世人之成見如此，短期內恐尚無法消除也。消除之道，端賴當事者之努力自愛耳。生之所以甘心雌伏㊃，遲遲未作奮飛之計者，即有感於彼輩之偏見，傷我自尊。雖然，賦閒在家，仰給父母，權宜一時則可，以爲長久之計，則將貽笑鄉里，終非善策。素諗吾

師與省立基隆女中王校長既同學，又同鄉，交誼甚篤，用特函懇
賜書推薦，如蒙
玉成，俾得貢其所學，裨益後生，則感激無涯矣。肅此拜懇。敬請
誨　安

受業周凱湘謹叩　二月十五日

師母前祈代叱名請　安

【注　釋】

㈠株守　猶困守也。王禕詩：『乃知兔株守，殊勝虎穴探。』按韓非子五蠹篇云：『宋人有耕田者，田中有株，兔走觸株，折頸而死，因釋其耒而守株，冀復得兔。兔不可復得，而身為宋國笑。』即為王詩所本。

㈡半籌莫展　亦作一籌莫展，猶言束手無策。宋史蔡幼學傳：『多士盈庭，而一籌不吐。』

㈢嶄露頭角　猶言出人頭地。韓愈柳子厚墓誌銘：『雖少年，已自成人，能取進士第，嶄然見頭角。』

㈣雌伏　喻退藏無所作為也。後漢書趙典傳：『兄子溫，初為京兆郡丞，歎曰：「大丈夫當雄飛，安能雌伏。」遂棄官去。』

※　※　※　※

⑷謀商職

東原經理吾兄台鑒：不通音訊，又歷多時，遙想

鵬圖大展，駿業日隆，定符所祝。弟於去秋奉調金門，戍守前方，醉臥沙場，別饒佳趣。下月初旬服役期滿，即將解甲還鄉。惟念時下人浮於事，欲覓枝棲㊀，殊非易易，瞻望來日，汗不覺發背而沾衣也。素仰吾

兄交遊廣闊，遐邇景崇，無論人緣信譽，均非儕輩所能企及。倘蒙

不棄，力加吹植㊁，俾得餬口之地，免作浮浪之人㊂。至薪津多寡，職位高卑，概非所計。專此奉託，

靜候

佳音。並頌

籌祺

弟　趙世綱拜啓　五月四日於古寧頭

【注釋】

㊀枝棲　莊子逍遙遊篇：『鷦鷯巢於深林，不過一枝，偃鼠飲河，不過滿腹。』李義府詠烏詩：『上林無限樹，不借一枝棲。』今謂謀職曰覓一枝棲，本此。

㊁吹植　謂吹噓枯槁，培植生機。

㊂浮浪之人　謂飄泊不定、無所事事之人。詳見隋書食貨志。梅堯臣聞進士販茶詩：『浮浪書生亦貪利，史笥經箱爲盜囊。』

※　※　※　※

(5)謀職員

經理先生尊右：閱本日中國時報分類廣告，藉悉
貴公司急徵女會計一名，曷勝欣喜。鄙人畢業於臺北市私立金甌商職，曾有五年工作經驗，自信適合是
項職務，用敢貿然應徵，如幸蒙
錄用，對於待遇一節，可按
貴公司之規定給付，鄙人並無特別要求。茲將履歷表、畢業證書影印本及自傳等隨函寄呈
察閱，並希
賜覆為禱。專此。敬請
籌安

王白雪謹上 六月十九日

※ ※ ※ ※

(6)謀公職

延陵世伯崇鑒：久隔
芝儀，無緣拜謁，瞻望
德門㊀，輒深嚮慕。伏維

政躬康泰，
道履休嘉，爲頌爲祝。茲有懇者，姪曾於民國六十五年參加高等考試，謬蒙錄取，獲銀行行員任用資格，然至今已逾兩年，始終未得銓敍任用，長此以往，其將何以仰事俯蓄㈡，中心惶惶，誠非楮墨所能形容。
素知
世伯與金融界當軸諸公交誼甚篤㈢，用特恃　愛上瀆，敬乞
鼎力吹拂，俾得枝棲，以蘇涸鮒㈣，則感恩戴德，固不止小姪一人已也。耑肅奉懇。恭請
鈞　安

世姪　華鎭邦謹肅　六月十日

【注　釋】

㈠德門　有德之家也。

㈡仰事俯蓄　事父母、蓄妻子也。孟子梁惠王篇：『是故明君制民之產，必使仰足以事父母，俯足以畜妻子。』按畜蓄通叚字。

㈢當軸　謂掌權之人。漢書田千秋傳贊：『當軸處中，括囊不言。』

㈣涸鮒　喻潦倒之人。莊子外物篇：『莊周家貧，往貸粟於監河侯，監河侯曰：「諾，我將得邑金，將貸子三百金。」莊周忿然作色曰：周昨來，有中道而呼者，顧視車轍中有鮒魚焉，曰：君豈有斗升之水而活我哉。周曰：諾，我且南遊吳越之王，激西江之水而迎子可乎。鮒魚曰：吾得斗升之水然活耳，君乃言此，曾不如早索我枯魚之肆。」』

※ ※ ※ ※

(四) 薦聘類

薦聘類包括『推薦』與『延聘』兩項，雖均屬人事問題，而立場各有不同。

推薦是爲人謀事，如向學校校長推薦敎師，或向公司行號推薦職員等。寫此類信札須態度誠懇，言辭委婉，使受信人能欣然接受，對於被介紹人特有之才能或技藝，須加以適度之讚揚，以便對方作爲取捨之參考。在結構上，前段對受信人表示仰慕或問候之意。中段敍述被介紹人之學歷經歷，才能品行，及與推薦人之關係等。後段則表示謝意，並用盼望語氣請受信人給予答覆。

延聘是爲事請人，如延聘敎師、延攬專門人才及一般職員等。直接致書受聘人時，對關係疏遠者措辭須客氣，對關係親近者態度要誠摯，並說明對受信人才能之器重，希望對方能慨然應允。代人延聘之信札，須轉達延聘者之誠意，並稱揚其賢明，可以共事，使受信人不致有所瞻顧。至於託人延聘人才，則須扼要說明擔任某種工作人員所必備之資格、學識、能力，或其他條件，懸格以求，以便對方隨時代爲物色。

寫薦聘函須措辭得體，不卑不亢，尤須婉轉周至，異於一般純係應付人情之八行書，始能使受信人讀後爲之動容，不忍拂其心意。

(1)薦敎員(一)

浩公校長吾兄大鑒：久違
雅教，馳念良深，近維
校譽日隆，公私順吉，為頌。敬懇者，舍親王蘊蕙君，為臺灣大學夜間部中國文學系高材生，今夏卽將
畢業。伊雖就讀夜間部㊀，而成績極佳，每學期均名列前茅㊁，甚得系中師長之讚譽。課餘又勤於創作，
無論新舊文學，均所擅場㊂，其作品經常發表於校內外刊物中，十分膾炙人口㊃，獲致甚高評價，以與
日間部學生較，實不多讓。倘蒙
延攬為國文科教員，必能為
貴校爭榮譽，為學子所敬愛也。弟素不濫為推舉，以知之甚深，故恃　愛陳言。茲將伊之簡歷表、成績
單、自傳及近作三篇奉呈
詧核，如愜
尊意，卽希
示覆。專函拜懇。順請
教　安

弟徐興華敬啓　二月廿八日

【注　釋】

㊀伊　猶彼也。太倉州志：『吳語，指人曰伊。』今語體文亦用伊代女性之第三人稱。

㈡前茅　左傳宣公十二年：『前茅慮無。』杜預注引或曰：『時楚以茅爲旌識。』蓋軍行時旌識在前，故曰前茅。世謂考試得前列者曰名列前茅，本此。

㈢擅場　猶言專長，擅長。按文選張衡東都賦：『秦政利嘴長距，終得擅場。』李善注：『言秦以天下爲大場，喻七雄爲鬥雞，利喙長距者終擅一長也。』則爲壓倒全場之義，與今稱獨擅其技者稍異。

㈣膾炙　細切肉爲膾，燒肉爲炙。孟子盡心篇：『公孫丑問曰：「膾炙與羊棗孰美。」孟子曰：「膾炙哉。」』膾炙爲人所同嗜，故謂詩文之流行一時而爲衆人所稱美者，曰膾炙人口。

※　　※　　※　　※

⑵薦教員㈠

懷珍校長有道：暌違雅教，半載於茲，比維校務順遂，潭祉吉祥，爲頌。茲有世姪女黃嵐霞小姐，自臺灣師範大學地理系畢業後，即奉派苗栗縣三灣國中任敎，五年以來，深得學生之愛戴，同事之讚揚，實爲一不可多得之優良敎師。惟是校地處鄉僻，交通梗阻，又無宿舍以供憩息，對年輕女子而言，誠多不便。又渠㈠雖已過花信之年㈡，而猶小姑獨處㈢，長此以往，亦恐躭誤終身大事。爰特專函推薦，務懇推屋烏之愛㈣，勉分一席而成全之，則感同身受矣。可否之處，至祈卓裁惠覆爲幸。順頌

弟李公遠拜啓　七月十二日

敎祺

【注釋】

㈠渠　猶彼也，他也，伊也。見說文通訓定聲。

㈡花信之年　女子二十四歲之雅稱，蓋一年有二十四番花信風故也。

㈢小姑獨處　古樂府淸溪小姑曲：『開門白水，側近橋梁，小姑所居，獨處無郎。』按小姑爲東漢廣陵人，蔣子文之第三妹，後稱女子之未嫁者曰小姑獨處。李商隱無題詩：『神女生涯原是夢，小姑居處本無郎。』

㈣屋烏　推情、推愛之意。尚書大傳大戰：『愛人者，兼其屋上之烏。』杜甫贈射洪李四丈詩：『丈人屋上烏，人好烏亦好。』即本大傳意。

※　※　※　※

(3)薦公職

慕伊縣長吾兄勛鑒：正懷
芝宇㈠，喜見佳訊，敬譜
閣下以高票當選桃園縣縣長，引瞻
矞雲，莫名藻頌。傳云：『積善之家，必有餘慶。』㈡其此之謂乎。以吾
兄大材槃槃㈢，出宰一邑，自必遊刃有餘㈣，可爲預卜。邇來交接伊始，百端待理，賢勞可知。伏思

貴署佐治人員，值此新舊交替之際，進退必多。茲有學棣文彥國君，畢業東吳大學政治系，並於六十三年高考獲雋㈤，為人沈毅果決，毫無習氣，堪稱名實相副之青年才俊。渠甫於上月服役期滿，現伏處鄉曲，正謀發展。倘蒙

推情延攬，定能收指臂之效㈥，決不致食祿誤公也。

尊意如何，統祈

裁奪示知為禱㈦。特此函介。順祝

儷　安

弟袁　瓏頓首　元月廿五日

【注　釋】

㈠芝宇　對他人之美稱，已見前注。

㈡積善之家二句　語見周易坤卦。意謂積善之家必能澤及子孫也。

㈢槃槃　大貌。續晉陽秋：『時人語曰：「大才槃槃謝道安，江東獨步王文度，盛德日新郗嘉賓。」』

㈣遊刃有餘　善為其事之喻。莊子養生主篇：『庖丁為文惠君解牛，與文惠君曰：「臣之刀十九年矣，所解數千牛矣，而刀刃若新發於硎。彼節者有閒，而刀刃者無厚；以無厚入有閒，恢恢乎其於遊刃必有餘地矣。」』

㈤獲雋　雋，同俊，才出衆也。今美稱他人考試及格曰獲雋。

㈥指臂　喻輔佐。漢書賈誼傳：『令海內之勢，如身之使臂，臂之使指，莫不制從。』

㈦裁奪　謂斟酌事理而定其去取或可否也。

※　※　※　※

⑷薦女祕書

季倫總經理吾兄惠鑒：連月公私事務甚忙，以致久疏音訊，甚念甚念。近聞
貴公司有意丕展雄圖，擴張業務，所需幹部，勢必增多，不知已延攬齊備否。茲有舍親羊安琨小姐，係
河北省宛平縣人，現年二十三歲，畢業於國立臺灣大學商學系，文筆通暢，字跡娟秀，兼通英日兩國語
文，交際應對，尤所擅長，誠爲一不可多得之祕書人才。倘荷
延用，以爲佐理，於
貴公司業務之推展必大有裨益也。苟非知之甚深，弟決不敢輕於推介，務請
放心。至其言行思想，則由弟負完全責任。耑此布達，鵠候
佳音。並請
潭　安

弟明紹箕再拜　十一月三日

※　※　※　※

⑸聘祕書

元闓吾兄文几：前月在北，得於陳公處暢聆

偉論，無任欽遲。弟猥以菲才，此次角逐苗栗縣縣長，謬承地方父老兄弟之厚愛，倖獲當選，肩負重任，惶恐莫名，亟思高賢，賜予臂助。但以業務繁瑣，未敢逕函屈駕，故曾託陳公代達鄙忱，幸蒙不棄，慨然允諾，欣慰之至。茲者敝處諸務蝟集，公私文件，需辦甚殷。比想尊處移交手續，諒已蕆事㊀，務望

台旌早日蒞止㊁，一清留牘。引跂風前，曷深盼禱。專此。順祝

撰安

弟鍾家瑋拜啓 元月十日

【注釋】

㊀蕆事 猶言事已完畢。

㊁台旌 猶言文旆、大駕，對他人之敬稱。

※ ※ ※ ※

(6)託聘技術人員

孝章吾兄左右：握別半年，懷思靡已，遙維

潭祉休暢，

大業崇隆，至為虔祝。茲有託者，敝廠現急需一名技術人員，因思臺北為人才薈萃之區，較易羅致，一

特函請吾　兄代爲延訪，凡公私立大學院校機械系或電機系畢業，服完兵役，具有三年以上實際工作經驗者，方爲合格。月薪貳萬元，並免費供應單人宿舍。有瀆
清神，容後面謝。特此奉託，佇待
還雲。順頌
暑祺

弟　閔荷生謹啓　六月卅日

※　※　※　※

（五）請約類

請約類包括『請託』與『邀約』兩項。在社會羣體中，個人必須與他人來往，而文明社會之人類，除語言之接觸外，輒利用文字（即書牘）溝通彼此之感情，了解彼此之需要，請約類書札卽是解決此種需要之媒介。

仰面求人乃人世間最難堪之事，前述『謀職』與後列『借索』乃此中之尤者，『薦聘』次之，『請託』又次之。無論其爲謀職，爲借索，爲薦聘，爲請託，多少總須耗費他人之精神，故下筆須力求委婉，用詞尤須懇摯，始能博得對方之同情。如在信中雜以抱歉或感謝語氣，尤能收到意想不到之效果。

邀約一類之書信，如邀人遊山玩水，乃悠閒之事，詞句貴乎典雅，行文溶入情感則尤佳。至於其他期約，篇幅不妨短勁，可以開門見山，無須曲折鋪敍，但求順理成章，交代清楚卽可。

(1)託人照拂子女㈠

曼華學姊慧鑒：日昨竹君來舍，道及

台候勝常，

潭府迪吉，慰如遠頌。妹已於今秋轉入花蓮女子中學任教，本學期每週授課十八節，並兼一班導師，依然碌碌終日，無善可陳。茲有託者，小女淑瑾此次參與大學聯考，不幸名落孫山㈠，嗣轉考三專，僥倖錄取實踐家政專科學校兒童保育科，雖不理想，亦聊勝於無也。後日卽將北上註册，惟念此女嬌生慣養，從未遠離家門，人情世故，茫無所知，今一旦游學外鄉，爲父母者未免舐犢情深㈡，特令伊到北後，先行趨謁

台階，敬祈就近照拂，視如子姪，隨時教誨，嚴加督責。長勞

清神，容後圖報。耑此奉託。祇頌

秋　祺

妹許松國拜啓　九月廿一日

【注　釋】

㈠名落孫山　過庭錄：『孫山宋吳人，滑稽才子也，赴舉時，鄉人託以子偕往。榜發，鄉人子失意，山綴榜末先歸，鄉人問其子得失，山曰：「解名盡處是孫山，賢郞更在孫山外。」』後遂謂應試不第曰名落孫山。

㈡舐犢　後漢書楊彪傳：『彪子修爲曹操所殺，操見彪問曰：「公何瘦之甚。」對曰：「愧無日磾先見之明，猶懷老牛

舐犢之愛。」操爲之改容。』蓋以老牛之愛其犢，喻父母之愛其子也。

※ ※ ※ ※

⑵託人照拂子女㈠

蔚林姻兄台鑒：未修箋候，已數閱月矣，遙想

與居佳勝，

潭第安康，爲頌。弟蟄伏鄉閭，爲人作嫁㈠，僕僕終年㈡，乏善足紀，公餘之暇，惟與朋輩數人，時相過從，清談消遣而已。茲有懇者，小犬茂堂今夏畢業潮州高中，投考大學，慘遭滑鐵盧之敗㈢，又以體重過輕，免服兵役，株守家園，終非了局，故令其束裝北上，開創前程。惟年輕識淺，浮世人情，尚未歷練，深恐其誤入歧途，貽羞先人，特命到達後，趨謁

崇階，務乞

不吝教誨，時加鞭策，俾免隕越爲感。帶呈土產數種，略表微忱，並希

哂收。專此懇託。祇請

儷安

弟彭弁東謹啓 九月五日

【注釋】

㈠爲人作嫁 言徒爲他人辛勞也。秦韜玉貧女詩：『苦恨年年壓金線，爲他人作嫁衣裳。』

㈡僕僕　煩勞貌。孟子萬章篇：『子思以爲鼎肉使己僕僕爾亟拜也，非養君子之道也。』趙岐注：『僕僕，煩猥貌。』

㈢滑鐵盧　英名Waterloo，爲比利時之一小村，西元一八一五年，英將威靈頓合英德荷之師敗法帝拿破崙於此。

※　※　※　※

(3) 請人講演

德潤教授有道：儒林雅望，時切心儀，黌宇騰聲㈠，夙殷清慕，雖傾葵有志，而識荆無緣，仰企
高門，無任悵惘。本月廿日爲敝社成立十周年紀念，擬請
先生作兩小時有關復興中華文化之專題演講，倘蒙
不吝玉趾，賜以教言，俾後生得親　謦欬，則一席　麈論㈡，勝讀十年，豈惟社員之幸，實亦横舍之榮㈢。謹肅寸箋，佇候
還翰。敬頌
道綏

國立政治大學文學研究社敬啓　四月十二日

【注釋】

㈠黌宇　學府之別稱。後漢書儒林傳：『順帝感翟酺之言，乃更修黌宇。』

㈡麈論　對他人言論之美稱。晉書王衍傳：『衍既有盛才美貌，明悟若神，妙善玄言，惟談老莊爲事，每捉玉柄麈尾，與手同色。』按六朝名士清談時，輒取麈之尾爲拂子，所以指授聽衆也。

㈢橫舍　學府之別稱。後漢書朱浮傳：『先建太學，造立橫舍。』

※　※　※　※

⑷請爲子作媒

偉倫吾兄大鑒：不親

雅範，彈指經年㈠，値元旦之芳辰，卜

潭第之多吉。弟兩鬢已斑，依然案牘勞形，略無進益，良用慚惶。茲因豚兒兆麒年居而立㈡，而中饋猶虛㈢，雖多方物色㈣，迄無合適者。竊維時下年輕小姐擇壻，率以三高一厚爲條件㈤，風氣已成，寒門莽夫將永無雀屏中選之機會㈥。用特專函拜懇，請在鄉閭代爲留意，凡身家淸白，賦性賢淑者，卽可代爲撮合㈦。至貌之美醜，敎育程度之高低，皆非所計也。豚兒爲人木訥㈧，稟性內向，畢業於私立育達商職高級部，現任國泰人壽保險公司職員，附以奉

聞。恭賀

年禧

弟安道頓　二月六日

【注釋】

㈠彈指　佛家語，喻時間之短暫。宣和遺事：『窗外日光彈指過，席前花影座間移。』

㈡而立　三十歲之代辭。論語爲政篇：『子曰：「吾十有五而志於學，三十而立。」』按立，有所成也，言年三十而學有所成。

㈢中饋猶虛　尚未授室之意。已見前注。

㈣物色　後漢書嚴光傳：『帝思其賢，乃令以物色訪之。』章懷注：『以其形貌求之。』按物色本指狀貌言，引伸爲訪求之意。

㈤三高一厚　據近今社會學家統計，臺灣地區女性知識分子擇偶條件至苛，須具備三高一厚之男士，始稱合格。三高一厚云者，卽職業高尙，談吐高雅，個子高大，經濟基礎雄厚是也。

㈥雀屛　唐書竇后傳：『后父毅常曰：「此女有奇相，且識不凡，何可妄與人。」因畫二孔雀屛間，請婚者使射二矢，陰約中目則許之，射者閱數十，皆不合，高祖最後，射中各一目，遂歸於帝。』後因稱人許婚曰雀屛中選。

㈦撮合　謂作媒也，俗稱媒人曰撮合山。元曲中馬致遠陳摶高臥、喬夢符揚州夢、王實甫西廂記俱用此語。

㈧木訥　謂質樸遲鈍，無口才也。論語子路篇：『剛毅木訥，近仁。』

※　※　※　※

(5)請爲女覓壻

韻湘姻姊文席：別後思慕，無時或已，想同之也。近況如何，念念。小女崇貞自東吳大學經濟系畢業後，卽進入此間一家大工廠任職，因表現優異，今已升至出納課長，甚得廠主之信任。惟此女事業心甚重，不讓昂藏七尺男子㈠，故雖摽梅已過㈡，猶待字閨中㈢。妹夫婦二人時縈心懷，憂結無已，諺所謂皇帝不急，急殺太監，此情正復似之。又據某婚姻專家統計，謂臺灣地區之適婚者，女性多於男性數倍，情況相當嚴重，而且須待十年以後，始有緩和跡象云云。凡有女初長成之家長，獲悉此一消息，無不爲之憂心忡忡㊃，愚夫婦則其尤甚者也。素諗吾
姊喜作冰人㊄，成功者蓋以百數，敬祈
代爲留意，
惠予作伐㊅，但求品行優良，相貌端莊，有上進心者即可。至門第、籍貫、貧富、學歷等，則非所計也。專此拜懇，佇候
佳音。順頌
時綏

妹嚴樂熙謹啓 十一月廿四日

【注釋】

㊀昂藏 謂氣度非凡也。李白贈潘次御論錢少陽詩：『繡衣柱史何昂藏，鐵冠白筆橫秋霜。』

㊁摽梅 詩經召南有摽有梅篇，注謂摽，落也，言梅落則時已晚，女求男，恐不獲及時而嫁。故後人恆以摽梅喻女子當嫁之時。

㊂待字 禮記曲禮：『男子二十冠而字，女子許嫁笄而字。』字，表字也，表其取名之義，如孔子之子名鯉，字伯魚是也。後世遂謂女子許嫁之年曰字，或曰及笄。未許嫁曰待字，或曰未字。不許嫁曰不字。

㊃忡忡 憂貌。詩經召南草蟲：『未見君子，憂心忡忡。』

㊄冰人 晉書藝術傳：『索紞善占夢，孝廉令狐策夢立冰上，與冰下人語，造紞占之，紞曰：「冰上爲陽，冰下爲陰，陰陽事也。士如歸妻，迨冰未泮，婚姻事也。君在冰上與冰下人語，爲陽語陰，媒介事也。君當爲人作媒，冰泮而婚

成。」策曰：「老夫耄矣，不爲媒也。」會太守田豹因策爲子求鄉人張公徵女，仲春而成婚焉。』世因稱媒人曰冰人。

㈥作伐　詩經豳風伐柯：『伐柯如何，匪斧不克，娶妻如何，匪媒不得。』柯，斧柄也。伐柯，伐樹枝以爲斧柄也。世因謂爲人作媒曰作伐、伐柯、執柯。

※　※　※　※

⑹約友聚敍

伯平吾兄左右：彈指流光，迅如過翼，毋校一別，又逾四年，遙想公私多吉，爲頌。振宇兄已自美學成歸國，將在臺北工專電機科執敎，言論風采，不減當年，弟與暢談離愫，幾忘朝夕，樂何如之。茲訂於本月卅日（星期日）薄治樽酒，爲振宇兄洗塵㈠，屆時在北服務諸同學，亦相約來會。足下倘能撥冗光臨㈡，則闊別多年、相隔萬里之老友，得以晤談一室之中，實乃人生一大快事也。掃徑以待，無任翹企。專此奉邀，餘容面罄。順頌

撰祺

弟煥章拜啓　六月二十一日

【注　釋】

㈠洗塵　通俗編儀節：『凡公私值遠人初至，或設飲，或餽物，謂之洗塵。』俗稱接風。

㈡撥冗　謂撥開冗雜之事，如云撥冗駕臨，某事當撥冗爲之。意與抽暇或抽空相同。

※　※　※　※

(六)慶賀類

慶賀類書信之範圍甚廣，如壽誕、婚嫁、生育、升遷、當選、開張、移居、畢業、得學位等。喜慶之事，通常須親自前往道賀，既以表示一己之誠意，又可分沾對方之喜氣。確實不能抽身，始以書信代替，故在信中必須說明不能趨賀之理由，婉轉表達心中之歉意。

道賀之作，措辭須雅麗扼要，而又能合乎吉利之要求。故引據經典，固非所忌，套用成語，亦無大礙。惟有關個人失意之事，牢騷之語，切不可羼入信中，以免對方正當喜氣充閭之時，殺其風景，不但觸人霉頭，抑且有傷厚道，焚琴煮鶴，固君子所弗為也。

⑴賀新年

紹公世伯賜鑒：雲山間阻，恆企

光儀，疏叩起居，彌深罪戾。韶光荏苒，轉瞬又屆新春，祇維

履端集慶，泰祉增綏，柏葉椒花，香生瑞室，引睇德門，曷罄私頌。姪浪跡風塵，庸勞依舊。謹修

蕪牘，聊代趨登。恭賀

年禧

世姪葆元拜上　一月三日

※　※　※　※

⑵賀結婚

挹芬學姊吉席：紅葉浮香，綠衣送喜，忻悉月之十六日爲吾姊與張同塵博士合巹佳辰，卜昌期於五世，諧好合於百年，引瞻　吉宇，曷旣禱忱。祇以雲天遙隔，趨賀無從，至爲歉悵。附陳奩敬，聊表寸心，卽乞　莞納是幸。耑此恭賀

大喜。並候

儷　祉

妹何麗卿敬啓　七月十四日

※　※　※　※

⑶賀生日

孟揚吾兄左右：久闊

芝標，時深葭溯。頃聞月之廿四日恭逢

老伯

老伯母大人八旬雙慶，敬維　弧帨交輝，　椿萱並茂，爾昌爾熾，載歌天保之章，多福多壽，且效華封之祝。珠履爭趨於德宇，芝蘭競繞乎瑤階。引領風前，良殷抃手。無奈萍蹤遠託，不克摳衣晉觴，寸衷歉疚，尺素難宣。謹附菲儀，至祈轉呈

莞納，是所忭荷。專此布悃，恭叩

松齡。並候

侍福

弟馬幼威頓首　十月廿日

※　※　※　※

(4)賀升遷

靜公部長吾兄勛鑒：遠隔

鴻儀，喧傳鵲報，敬悉

喬木高遷，　榮膺新命，舉國上下，無不抃手載躍，豈惟儕輩之榮，抑亦邦家之幸。我

公才華卓懋，識度淹通，黃花珍晚節之香，志行作羣倫之表。行見　匡襄時局，宏濟艱難，剝復啓機，

實自此始。翹企

鴻暉，曷勝忭頌。專函奉賀。祇祝

勛安

弟文少白拜啓　九月二十八日

※　※　※　※

（七）唁慰類

唁，弔生也。段玉裁說文解字注：『弔生爲唁，別於弔死爲弔也。』所謂弔死唁生，即是對亡故者加以憑弔，對其在世親人表示關懷之意。慰，安也，對生病失意之親友以溫語相慰藉也。佛家有生老病死爲人類四大痛苦之論見大乘義章，世俗亦有人生不如意事十常八九之說，人生在世，苦樂相去懸絕，於此可見。

當親友遭遇不幸時，最需要他人之扶持慰藉，苟能及時行之，當能減輕其精神上與肉體上之痛苦，此種雪中送炭之舉，持較慶賀一類之錦上添花，更有意義，更能加深彼此之感情。此則吾人立身處世所不可忽略者也。

寫此類信件，開頭寒暄語可儘量省略，筆調上應充滿悼念或同情，不可加重哀傷之情緒，免致對方觸緒生悲，而失去唁慰之本意。此外，切忌對失意人述得意事，遣詞造句尤忌誇飾與生僻，導致雙方感情之隔閡。

(1)唁喪父

伯純學長禮鑒：花城揖別，兩易蟾圓，正馳系問，奉到　訃書，驚悉老伯大人遽捐館舍，老人星隕，曷勝愴悼。素譫學長純孝天成，猝遭大故，自必哀痛逾恆。惟念毀不滅性，古有明言，況窀穸未安，不獨責重承家，尤當勉襄大事。還望節哀順變，以禮制情，是所至禱。文婷因業務纏身，道途修阻，不克躬叩 靈階，至感歉仄。附呈楮敬一函，藉申哀悃，敬請 詧收代薦。肅此奉唁

孝履，諸希

葆衞。

毛文婷謹啓　八月六日

【說　明】

㊀平輩男女通信，非有親屬或特殊關係，不宜率以兄、弟、姊、妹相稱，儘量以其他稱呼代替，俾免滋生誤會。結尾署名，可用全名，如較密切，可只稱名。信中自稱亦宜用名，稱對方則稱『學長』、『閣下』、『先生』、『女士』。

㊁以上及以下所擬諸信中之術語、典故，多已見前，不另詮釋。

※　※　※　※

⑵唁喪母

琦芬學長苫次：頃奉 素簡，驚悉

伯母大人於本月三日棄養，萱樹凋零，莫名震悼，仰念 遺型，愴然雪涕。

學長孝思純篤，悲痛之情，必有萬難自已者。惟念

伯母大人徽音素著，令德孔彰，一笑歸眞，百年無憾。禮云：『守身爲大』，似不宜以過情之毀，上拂親心。尚祈 勉抑哀思，以當大事。正雄因社務鞅掌，未能躬親叩奠，悵歉良深。敬呈輓幛，乞薦

靈幃。祇候
素履，諸維
珍重。

彭正雄敬啓 九月十五日

※　※　※　※

⑶唁喪夫

筠姊禮鑒：浮雲一別，歲琯頻更，積思千重，終難相忘。昨由郵便，遞到訃音，驚聞小舫先生偶嬰末疾，遽爾溘逝，英年玉折，悼惋良深。吾姊伉儷情篤，頓失所天，離鸞之痛，自難言喻。惟此後上奉　君姑，下撫弱息，仔肩綦重，豈容推卸。尚望　勉收悲淚，隨時　攝衞，臨風切禱，莫罄軫懷。妹遠阻一方，未能親臨弔祭，曷勝悵歉。附呈奠敬，藉表微私。耑此奉慰。並請
禮　安

妹啓蓉謹上 十月廿四日

※　※　※　※

⑷唁喪妻

惠中經理吾兄禮席：遠違芳訊，正切葭思，訃告頒來，驚聞噩耗。悽含破鏡，恨抱斷絃，吾

兄鶺鴒情深，遽罹悼亡之痛，自必悲慟逾常，難效蒙莊之曠達也。尚祈制情順變，勉爲排遣，是所至禱。雲山遙隔，趨奠無從，良用悵仄，謹具楮敬，即乞代薦爲感。專此馳唁。諸希

珍衞

弟岳雲再拜　九月十九日

※　※　※　※

⑸慰病人

珍華學姊惠鑒：音塵罕接，夢寐爲勞。頃翠華姊來，始悉吾姊以肝炎進住榮民總醫院開刀治療，病況如何，至深惦念。吾姊長年勞累，性復憂鬱，清癯體質，寧能堪此。尙望屏除雜慮，靜心調養，吉人天相，必可早占勿藥，漸次復原。妹以道遠，未能趨省，殊深歉疚。懸懷如結，不盡欲言。匆函致慰。虔祝

痊安

妹黃霞敬上　九月卅日

※　※　※　※

（八）借索類

『借』與『索』爲相反字，立場迥然不同。『借』係指向人借貸金錢或借用物品，而『索』乃指索還財物。雖然，其有求於人則一。故寫此類書信，應特別重視措詞之妥貼，用字之適切，使對方能欣然接

受，而不忍峻拒。在『借』方面，詞語須婉轉，以表示誠意，尤其在向人借款時，務須說明正當用途，並約定歸還日期，以見信於對方。俚語云：『有借有還，再借不難。』借款之道，蓋莫外乎是。至於在『索』方面，首須注意不能以債權人自居，出語直率無禮，而傷害對方之自尊。應將自已不得已之苦衷，委婉陳述，使對方油然而生內疚，罄其所有以償之，因而達到『索』之目的。

(1)借款治母病

履公姻伯大人尊鑒：久違

鈞誨，瞻戀殊深，敬維

潭第康寧，福躬安吉，允洽所頌。敬懇者，家母體素羸弱，日前又突嬰胃疾，病勢危篤，呻吟牀蓐，因急送臺大醫院，醫囑須住院開刀診治，全部費用約十萬元。而家中本無積蓄，貴重物品雖典質一空，仍不足所需，用是闔宅徬徨，束手無策。敢懇

姻伯大人始終垂愛，慨借五萬元，俾得早日痊可，優游晚景。一年之後，當連同子金一併奉還。禱盼之私，難宣尺楮。專肅。敬請

崇　安

姻姪女雁翎拜上十月十七日

※　※　※　※

(2)借款經商

繩遠襄理吾兄左右：南北程暌，恆懷英采，雖音書往復，勞結未紓。比維鼎祉多康，式符鄙祝。茲有懇者，弟以長年寄人籬下，終非善策，近與友人合夥創辦新新臺化學工廠於新莊，生產多種女性化妝用品，經各界仕女試用，無不稱譽備至，益增弟等之信心。惟締造伊始，需款孔急，素荷知己存注，敢乞惠借十萬元，以資周轉。至利息若干，歸還期限，則悉聽卓裁。如蒙鼎諾，更望速頒，感泐雲情，曷有紀極，臨穎不勝惶切。專此奉懇，祗頌籌祺，鵠候回音。

弟牛思原敬啓　七月六日

※　※　※　※

(3)索舊欠

世洪仁兄大鑒：久未通訊，思念良殷，近維動定增祥爲頌。前歲商挪之款，早已屆期，未荷歸還，諒係貴人善忘之故。多年老友，區區之數，原

不應催促，無奈近日頻頻虧損，極感拮据，東移西補，時呈左支右絀之狀。用特專函布懇，敬乞如數籌擲，無任感荷。不情之請，

知我者當能諒之。臨書翹盼。順候

台　綏

弟尹慕伊再拜　八月九日

※　※　※　※

（九）允辭類

生活在此繁複之社會中，人與人間之承諾或推辭，均屬於一種技巧。運用得當，則可廣結善緣，玲瓏八面。運用不當，則將招人之怨，詈聲四起。欲藉書信表現此一技巧，尤須格外慎重。雖云運用之妙，存乎一心，若能時時加以自我訓練，多閱讀有關書籍，取人之長，補己之短，迨火候一到，出而應世，必能無往不利，而享左右逢源之樂。昔人所謂『世事洞明皆學問，人情練達即文章』，誠爲體會有得之言。

通常寫允諾之信，較易落筆，蓋此乃順水人情，既不必盤馬彎弓，更不必忸怩作態，可開門見山，使對方一目了然。惟在表達時，切不可失之浮誇，或在字裏行間流露出施捨者之驕態，因而引起對方之反感。故下筆時，必須周全顧及，以免產生『言者無心，讀者有意』之尷尬情況。

至辭卻之信，則極難落筆，既是拒絕，必然拂逆對方之心意，其內心不快，自無待言，蓋『得之則

喜，失之則憂』，固夫人情之常也。爲免發生誤會，或使對方不快之情減至最低程度，在措詞方面須懇摯委婉，在語氣間不妨含蓄，隱隱道出，務使對方體諒自己之力絀，而非故意刁難。語云：『誠於中，形於外』，只要態度誠懇，立場站穩，問心無愧，則無論對方如何責難，均可以度外置之也。

⑴允代謀敎職

元鈞仁弟如握：三月廿三日來書誦悉，所囑向李校長推薦，冀得一席，庶不致作浮浪之人，殊堪同情。玆繕就介紹書一通，隨函附發，望卽持函逕謁李校長，以免書疏往返，遷延時日。接洽結果如何，並希見告，以慰遠念。匆復。卽詢

近佳

孫德潤手啓 三月廿七日

※　※　※　※

⑵允就祕書

南公縣長勛鑒：昨奉手諭，飭司箋記，自維庸疏，識見淺陋，恐不足仰贊高深，上襄明德。旣承不遺，宷及菲才，誼當勉竭駑鈍，以報知遇。此間移交手續，已告蕆事，

日內擬卽束裝就道，趨詣
崇階，面聆
教益。先此肅復。敬頌
勛綏
職古應芬拜上 九月二十五日

※ ※ ※ ※

⑶允借款

東寧吾兄台鑒：十載知交，心心相印，塵勞羈絆，良覿多疏。東瀛歸後，曾詣
潭居，未挹
清芬，曷勝悵惋。旋辱
枉駕，有疏擁篲，惶歉奚如。昨誦
琅函，敬譎
動定嘉豫，頗慰寸衷。緩急囑籌，誼不容辭，惟是年來石油危機，波及全球，對外貿易，獨力難支，
經濟問題，甚形艱困。承
示之數，一時措集殊難，勉爲爬羅，僅能得半，先行緘上，至祈
詧收，自愧綆短，統希

鑒宥。耑此奉覆。敬候

秋　祺

弟葉孤芳謹啓　九月六日

※　※　※　※

(4)辭不能薦

照娥小姐慧鑒：風雨如晦，忽奉
玉音，藉悉今夏畢業臺灣大學商學系，曷勝忭頌。愚比年以來，除上班外，輒深居簡出，極少應酬，人
際關係，疏略已久。承
委本應效勞，奈愚與陳董事長本無深交，又未嘗銜杯酒之歡，率爾推介，不免唐突，躊躇再四，仍希另
請高明，從速進行。雖然，以
君品學兩優，華實並茂，不患無機緣湊合，尚容徐圖之。有負　雅命，良用歉然。知承
綺注，特函奉覆，至祈
惠予曲諒是幸。順候
夏　祺

華必強手啓　八月十六日

※　※　※　※

(5)復無法延攬

邦佐委員有道：四月十九日

華翰敬悉，承

介唐維中先生來縣工作，至深感篆。經交主管單位辦理，茲據簽報，以目前尚無懸缺，不需進用新人，已予存記，俟爾後有適當機會，必優先安置等語。唐先生事未能遵

囑辦理，殊感歉然，諒

知我者必能　恕我也。專復。祇頌

道　綏

弟凌劍青敬啓　四月廿三日

※　※　※　※

（十）稱　謝　類

『投桃報李』爲吾國社會傳統之習俗，他人有恩於我，若無一語以稱謝，則有悖人情，日久將見棄於社會，他日重遭困厄，必無人肯一伸援手矣。書信是以文字代替語言之交際工具，稱謝之書信，遂成爲社會上應用範圍最廣泛之一類。

在稱謝書信中，大略可分爲答謝、道謝、謝贈等三項，三者性質大體相似，可涵蓋人、事、物，皆

因受信人有德於己而引起。答謝與道謝是感謝對方在事情上之協助，或感謝對方對自己之關懷，如謝友人賀母壽、賀升遷、唁喪母、謝推薦等。謝贈則用於感謝對方餽贈之情意。撰寫此類書信，須以極誠懇之態度，將感恩圖報之心意充分表露於楮墨間，使對方隱然有當之無愧、不虛此舉之感。

⑴謝人探病

公明吾兄
嘉陵大嫂同鑒：此次猥以微疾，住院治療，辱承
關愛，移 玉存問， 寵錫多珍，隆情摯誼，至深銘篆。茲賤軀就痊，已於日昨出院上班，恐勞
廑系，特此奉
聞，並申謝悃。祗候
儷 安

弟江海澄敬啓 十二月五日

※ ※ ※ ※

⑵謝賀當選

彥文女士惠鑒：稚偉猥以菲材，謬膺衆寄，迺承
寵賀，感愧交縈。惟獎飾之彌殷，懍負荷之綦重。今後自當勉竭駑駘，為民服務，以報各方之厚愛，選
民之支持。尚祈

箴言時頒，俾資遵循，實所企幸。專函申謝。並頌

近 綏

弟趙 剛拜啓 十二月十六日

※ ※ ※ ※

(3)謝賀升遷

含章處長吾兄大鑒：頃奉

華翰，備蒙獎飾，隆情稠疊，拜 嘉之餘，感愧交幷。茂倫識淺才疏，汲深綆短，謬當大任，惶悚莫名。

尚祈時 惠教言，以匡不逮，不勝感禱之至。專此復謝。並頌

時 綏

順請老伯大人安康，恕不另箋。

弟王茂倫謹啓 十一月十五日

※ ※ ※ ※

(4)謝推薦

康平吾兄英鑒：弟遭逢不幸，命途多乖，壯志空懷，修名莫立，常謂渺渺此身，抑復何樂，長棄溝渠，

固其宜也。乃蒙

足下蔭廣喬松，不遺小草，齒牙噓植，樂道津津。使三匝之烏，棲枝有託，涸轍之鮒，得慶甦生，其爲
感泐，實越等倫。公餘多暇，當躬趨
德宇，拜謝
宏施。肅先修牘，謹達微忱。臨穎神往，不盡欲言。祇祝
儷安

弟杜宇再拜 三月十日

※ ※ ※ ※

(5)謝借款

鳳儀姊雅鑒：一昨馳書告急，方以不情瑣瀆，深自汗顏。接奉
還雲，渥蒙如數通融，且殷殷慰藉，足見
風誼獨高，古道彌隆，自顧何人，獲此
厚愛，五中銘泐，感沁心脾。一俟源頭稍活，必儘先珠還，決不失誤。臨楮馳誠，先鳴感悃。敬候
儷祉

妹穎君謹啓 十月廿五日

※ ※ ※ ※

(6)謝餽蘋果

師母大人尊鑒：久違
慈顏，時深孺慕。此次因公赴花，以事羈歘未躬候，正感不安，乃蒙
澤惠下逮，賜貺蘋果，拜領之餘，曷勝感篆。天候祁寒，伏望
珍攝玉體，是所禱幸。肅函奉謝。祗叩
崇　安

學生黃　霞拜上二月三日

※　※　※　※

（十一）以詩代書

(1)節婦吟㊀　張　籍

君知妾有夫。贈妾雙明珠。感君纏綿意。繫在紅羅襦。妾家高樓連苑起。良人執戟明光裏㊁。
知君用心如日月。事夫誓擬同生死。還君明珠雙淚垂。恨不相逢未嫁時。

【注　釋】

㊀節婦吟　唐汝詢唐詩解：『容齋三筆云：張籍在他鎮幕府，李師道以書幣辟之，籍卻而不納，而作節婦吟詩以寄之。繫珠於襦，心許之矣。以良人貴顯而不可背，是以卻之。然還珠之際，涕泣流連，悔恨無及，彼婦之節，不幾岌岌乎。夫女以珠誘而動心，士以幣徵而折節，司業（籍歷官至國子司業）之識，淺矣哉。』王文濡云：『此張籍卻李師道聘，託言節婦

吟，通首用比體，而本意已明，妙絕。』

㈡明光　漢有明光殿，在未央宮西，以金玉珠璣爲簾箔，晝夜光明。見三秦記。此借以爲皇宮之稱。

※　※　※　※

⑵近試上張水部㈠　朱慶餘

洞房昨夜停紅燭。待曉堂前拜舅姑㈡。
妝罷低聲問夫壻。畫眉深淺入時無㈢。

【說明】

以上二首爲比興體之香奩詩。前首乃作者婉辭李師道之徵辟，因對方盛情可感，不忍峻拒，以普通信札出之，甚難下筆，故代之以詩。且以節婦自況，謂己早已出仕，不能再應他聘，亦猶烈女不事二夫也。末二句『還君明珠雙淚垂，恨不相逢未嫁時』，膾炙人口，千古傳誦。

後首乃作者在進士考期將近時，將舊作送呈張籍，請加品評，蓋以張氏在京任水部郎中，詩名籍甚，且有可能作同考官也。作者自比新娘，將張氏比作新郎，主考官比作公婆，其詩篇得失比作畫眉深淺，請問張氏，能否獲得主考官之喜愛。風流蘊藉，令人解頤。自是張氏爲之揄揚，遂令登第。

【注釋】

㈠近試上張水部　一作閨意。全唐詩話：『慶餘遇水部郎中張籍，知音，索慶餘新舊篇二十六章，置之懷袖而推贊之，時人以籍重名，皆繕錄諷詠，遂登科。慶餘作閨意一篇以獻，籍酬之曰：「越女新妝出鏡心，自知明豔更沈吟，齊紈未足時人貴，一曲菱歌敵萬金。」由是朱之詩名流於海內矣。』

㈡舅姑　妻稱夫之父曰舅，夫之母曰姑。見爾雅釋親。

㈢畫眉　以黛飾眉也。漢張敞為京兆尹，無威儀，嘗因為婦畫眉，而被有司所奏，武帝問之，敞曰：『臣聞閨房之私，有甚於畫眉者。』帝愛其能，不忍備責。見漢書本傳。

※　　※　　※　　※

(3)下第後上永崇高侍郎　　高蟾

天上碧桃和露種。日邊紅杏倚雲栽。
芙蓉生在秋江上。不向東風怨未開。

【說　明】

此為比興體之詠物詩。常人應試落第，多歸咎考官，獨高蟾此詩，將新科進士比作碧桃、紅杏，沐受朝廷栽培之恩澤，欣欣向榮。自己則比作秋江芙蓉，雖未蒙東風吹拂，卻心平氣和，毫無怨尤，深得詩人溫柔敦厚之旨。

※　　※　　※　　※

(4)古樂府　　仲燭亭

託買吳綾束。何須問短長。
妾身君慣抱。尺寸細思量。

【說明】

此亦比興體之香奩詩。袁枚隨園詩話載：仲燭亭在杭州，袁枚屢爲薦館，最後將薦往蕪湖，札問需脩金若干，仲不答，但寄古樂府云云。此詩將男女比作朋友，家境比作身腰，須多少薪津始能維持家計，比作須多少吳綾始能裁製新裝，袁枚自然十分清楚，仲氏難以啓齒，而請袁枚仔細思量，代爲作主。託喻閨情，何等風趣。

※　※　※　※

（十二）以詞代書

金縷曲二首　顧貞觀

寄吳漢槎寧古塔㈠，以詞代書，時丙辰冬寓京師千佛寺冰雪中作。

季子㈡平安否。便歸來，生平萬事，那堪回首。行路悠悠誰慰藉㈢，母老家貧子幼。記不起從前杯酒。魑魅㈣搏人應見慣，總輸他覆雨翻雲手㈤。冰與雪，周旋久。淚痕莫滴牛衣透㈥。數天涯，依然骨肉㈦，幾家能彀。比似紅顏多命薄，更不如今還有㈧。祇絕塞苦寒難受。廿載包胥承一諾㈨，盼烏頭馬角終相救㈩。置此札，君懷袖(十一)。

我亦飄零久。十年來，深恩負盡，死生師友。宿昔齊名非忝竊，試看杜陵消瘦(十二)，曾不減夜郎僝僽(十三)。薄命長辭知己別(十四)，問人生到此淒涼否。千萬恨，爲兄剖(十五)。兄生辛未吾丁丑(十六)，共些時冰霜摧折，早衰蒲柳(十七)。詞賦從今須少作，留取心魂相守。但願得河清人壽(十八)。歸日急翻行戍稿，把空名料理傳身後(十九)。言不盡，觀頓首。

【說 明】

此二詞爲清顧貞觀最著名之作，自云『以詞代書』，故兼有抒情文、應用文性質。其友吳兆騫以事戍吉林之寧古塔，居塞外十餘年，貞觀救之不得，賦金縷曲以寄，納蘭性德見之泣下，遂爲營救，兆騫得生還，風義著稱於世。第一首就吳兆騫身上著筆，前片傷其周旋於冰雪，後片致意慰藉，謂雖在天涯，依然骨肉，自不須作牛衣之泣。末歸到包胥一諾，望性德救援。第二首由作者說起，前片自陳衷曲，言行者居者，一樣淒涼。後片自憐早衰，相期珍重，他日歸來，猶有文名堪以傳後也。陳廷焯白雨齋詞話謂：『此詞只如家常說話，而痛快淋漓，宛轉反覆，兩人心迹，一一如見，雖非正聲，亦千秋絕調也。』又謂：『二詞純以性情結撰而成，悲之深，慰之至，丁寧告戒，無一字不從肺腑流出，可以泣鬼神矣。』

【注 釋】

㈠寄吳漢槎寧古塔　吳漢槎名兆騫，清江蘇吳江人，順治舉人。少有儁才，名動一時。以科場事發，覆試，戰慄不能終卷，乃遣戍寧古塔。（今吉林寧安縣治）顧貞觀與交最篤，作此二詞寄之。納蘭性德讀之感泣，爲言於其父大學士明珠，兆騫始得放歸。

㈡季子　指漢槎。春秋吳王壽夢少子季札，有賢名，封於延陵，因號延陵季子。漢槎姓吳，故借以爲稱。

㈢行路悠悠誰慰藉　悠悠，謂路長時久。慰藉，猶慰勞也。後漢書隗囂傳：『所以慰藉之良厚。』李賢注：『慰，安也。藉，薦也。言安慰而薦藉之。』

㈣魑魅　亦作螭魅，山中怪物爲人害者。左傳文公十八年：『投諸四裔，以禦魑魅。』杜預注：『山林異氣所生爲人害者。』杜甫天末懷李白詩：『魑魅喜人過。』時白流夜郎，乃魑魅之地。此亦指寧古塔言。

㊄輸他覆雨翻雲手　輸，負也，如俗云輸贏，即勝負之義。杜甫貧交行：『翻手作雲覆手雨。』言一翻覆手間，雲雨已判，喻人情之反覆無常也。此處意謂魑魅搏人，尚不及人情反覆、世態炎涼之可畏也。

㊅淚痕莫滴牛衣透　漢書王章傳：『初，章爲諸生，疾病，無被，臥牛衣中與妻訣，涕泣。其妻怒呵之曰：「仲卿，今不自激昂，乃反涕泣，何鄙也。」及爲京兆，欲上封事，妻又止之曰：「人當知足，獨不念牛衣中涕泣時耶。」』顏師古注：『牛衣，編草使煖，以被牛體，蓋蓑衣之類。』此莫滴牛衣，亦勸勿悲哭之意。

㊆數天涯依然骨肉　天涯，猶言天邊，喻遙遠也。骨肉，喻至親，如父母妻子。此言漢槎遠在戍地，猶能骨肉團聚也。

按漢槎寄顧舍人書曾述其妻與一男兩女同在戍所。

㊇比似紅顏多命薄更不如今還有　言才士坎坷，正似美人薄命，古往今來，如此者多矣。況更不如君之今日者，仍大有人在。此亦強爲寬解之辭。

㊈廿載包胥承一諾　春秋時楚大夫申包胥與伍員子胥爲友。員出奔，謂包胥曰：『我必覆楚。』包胥曰：『我必復之。』後員以吳師入郢，包胥乞師於秦，卒復楚。此云承一諾，蓋作者請納蘭性德援救漢槎，已諾之也。顧氏寄此詞，在康熙十五年，時漢槎遣戍已十八年，『廿載』蓋舉成數也。

㊉盼烏頭馬角終相救　風俗通：『燕太子丹質於秦，求歸，秦王曰：「待烏頭白，馬生角，當放子歸。」』此處意謂無論如何困難，如何不可能，終須設法相救。

⑪置此札君懷袖　札，書札。古詩十九首：『客從遠方來，遺我一書札，上言長相思，下言久離別。置書懷袖中，三歲字不滅。』

㈡杜陵　謂杜甫。甫居杜陵，自稱杜陵布衣。此處作者借以自比。

㈢夜郎僝僽　夜郎，指李白。白以唐永王璘事，流放夜郎（今貴州桐梓縣），此處借比漢槎遣戍寧古塔。僝僽，憂苦之意。

㈣薄命長辭知己別　薄命長辭，作者自謂其妻逝去。（集中有悼亡詞）知己別，謂漢槎遣戍寧古塔。

㈤剖　剖白。

㈥兄生辛未吾丁丑　漢槎生於明崇禎四年辛未（西元一六三一年），作者生於崇禎十年丁丑（西元一六三七年），少於漢槎六歲。

㈦早衰蒲柳　蒲柳，卽水楊。世以其零落最早，故每用以喻人之早衰。晉書顧悅之傳：『悅之與簡文同年，而髮早白，帝問其故，對曰：「松柏之姿，經霜猶茂，蒲柳常質，望秋先零。」』

㈧河清人壽　河指黃河。黃河水常混濁，清甚僅見，故古以黃河清爲祥瑞太平之徵。文選李康運命論：『黃河清而聖人生。』李善注：『黃河千年一清，清則聖人生於時也。』左傳襄公八年：『俟河之清，人壽幾何。』言河清無日，人壽易盡也。此處但願河清人壽，卽希望時世清平、人亦健存之意。

㈨把空名料理傳身後　意謂生前榮華富貴無分，惟有藉著作而傳虛名於身後。晉書文苑傳：『張翰任心自適，不求當世，或謂曰：「獨不爲身後聲名計耶。」答曰：「使我有身後名，不如卽時一杯酒。」』

附　名人短簡

自齊遺文種書

范　蠡

吾聞天有四時，春生冬伐，人有盛衰，泰終必否，知進退存亡而不失其正，惟賢人乎。蠡雖不才，明知進退。高鳥已散，良弓將藏，狡兔已盡，良犬就烹。夫越王爲人，長頸鳥喙，鷹視狼步，可與共患難，而不可共處樂，可與履危，不可與安。子若不去，將害于子明矣。

【作　者】

范蠡，字少伯，楚三戶人，與文種同事句踐。句踐滅吳稱霸後，蠡卽辭去，適齊，變姓名爲鴟夷子皮，治產致數千萬。齊人聞其賢，以爲相。尋又辭去，止於陶，自號陶朱公。

【說　明】

范蠡旣辭句踐，浮海出齊，遺文種書，勸其及時引退，種遂稱疾不朝。或讒種且作亂，句踐乃賜種劍自殺。按種字伯禽，楚鄒人，事越爲大夫。越之報吳，種謀居多。卒爲句踐所忌，賜死。

國文閱卷經驗談

——寫在今年高普考前夕

成惕軒著

這篇文字係以國文與考試爲內容。不過講國文的部分多；同時國文部分不講那些浩博繁富的文學理論，祇就平日閱卷的經驗所得，提出一些在作文上應該注意的問題，這是我要先加表白的。

提到考試，大家都會公認他是一種選拔人才最公平而合理的方法。中國是一個實行考試最早的國家，遠在唐虞時代，所謂「詢事考言」，所謂「敷奏以言，明試以功」，即已開始具有考試用人的觀念。從西漢文帝親策賢良到現在，已經有了二千一百五十年；即退一步從隋煬帝大業二年正式創立進士科說起，到今天也有一千三百七十九年。儘管過去的考試制度，由於種種關係，或科目趨於固定，或方式涉及煩苛，不免予人以抨擊的藉口，但其本身所表現的精神，是絕對無私的，是完全平等的，截至今日爲止，還没有發現任何一種選拔人才的方法，比考試制度更公平更合理的。　孫中山先生首創五權憲法，將考試列爲五權之一，眞可說是思深慮密，爲國家建立了良法善制，永垂無疆之庥。考試院自成立後，即於民國二十年舉行高等考試，並於二十二年舉行普通考試，五十多年來，除高普考試外，爲了適應現實需要，亦曾舉辦許多特種考試，對考試類科逐年均有增加，對考試技術也作了積極和不斷的改進。其中國文一科，爲各種考試普通科目之一，成績和其他科目一樣，採平均計算方法。唯獨司法官特種考試，在若干年前，應司法行政部（今爲法務部）之請，將國文定爲六十分及格，其理由是寫起訴書和判決書，需要清晰通暢的文字；換句話說，就是國文未達六十分標準，其他各科目的成績，縱然平均超過六十分，亦硬性規定不予及格。國文竟這樣地握有否決權，不僅對應考人平添精神上的威脅，也同樣對閱卷者增加精神上的負擔。固然這是政府法令所規定，閱卷者衹有本其職分，謹愼從事，不敢掉以輕心；但對那些因國文數分之差而告落第的人，卻仍不能不表示惋惜之意。

以上講的是考試部分，下面我想就一般國文的通病及對作文應該注意的問題，略貢一得之愚，藉供應考人參考。

從我四十年來的閱卷經驗中，發現一般作文的缺點，大致如下：

㈠文不對題：所謂「下筆千言，離題萬里」，東拼西湊，不知所云。甚至有極少數的人，臨場茫然，根本不針對題目，祇默寫一遍　國父遺囑，草草交卷，令人看了啼笑皆非。

㈡誤解詞意：如將「教然後知困」解釋爲「上教室就要睡覺」，並加以發揮。又如將「士大夫要放下虛矯的身段」，「矯」誤作「驕」，且專從「驕」字大發議論。

㈢似是而非：理路不清，模稜兩可。說他對，細按之根本不對，說他完全不對，卻又似乎有一點點對。一知半解，似通非通，這種文字是叫人看了最易生厭的。

(四)詞多意少：反反復復，了無新意，說一遍又說一遍，空話廢話和不必要的話太多。將一份試卷從頭到尾，密密麻麻的整個寫滿，正如古人所說：「博士買驢，書券三紙，不見驢字」。

(五)造句不通：如「古代及現代之先賢先聖」，「唐朝唐太宗時」，「昔者古之聖君」，「住在大都市中，往往容易染著奢侈的態度」，「文字是建立國體的大綱」，「再從根本的根基向外延申」，「取決於人民之民心向背」，「學問是學無止境的」，「誠良有以也」……，五花八門，千奇百怪，不一而足。

(六)杜撰故事：過去有所謂「唐代康熙字典」的笑話，現在竟發現了比這還出奇的笑話。如「漢朝史可法作資治通鑑」，「清朝張飛作正氣歌」，「司馬遷寫台灣通史」，「諸葛和孔明二人」……，對中國朝代先後和歷史上的著名人物，其觀念之紊亂，印象之迷糊，除閱者拍案驚奇和掩卷太息外，你看還能說什麼！

(七)亂改成語：如「稻高一尺，茅高一丈」，「覆巢之下無完蛋」，最怪異的是將「國家興亡，匹夫有責」竟寫成了「國家興亡，皮膚有責」。至於引用古書，如「詩經上說凡事豫則立」，「孟子曰民爲邦本」……，其訛誤失實，信口開河，那更是司空見慣了。

(八)別字滿紙：如「即」寫成「既」，「乃」寫成「仍」，「裨益」寫成「俾益」，「健全」寫成「建全」，「強盛」寫成「強勝」，「名言」寫成「銘言」，「捍衛」寫成「悍衛」，「濫竽」寫成「濫竿」，「辭采」寫成「辭菜」，或以形誤，或以音訛，層見迭出，不勝枚舉。

㈨文白夾雜：從前有人講文章體制，認爲駢散可以兼行，但這屬於文言文範圍，不宜應用到文白夾雜這一問題上去。年來有許多試卷，都是文白兼用，時而文言，時而白話，不新不舊，不古不今，令人看了殊有頗不自在的感覺。

在這裡要特別一提的，我不獨不反對白話文，還認爲有些文章須用白話來寫；但我也愛好文言作品，最好文言與白話分途並進，各適其用，各盡其功。我之所謂文言，絶非專指那些殷盤周誥，宋豔班香，祇是希望能寫粱啟超式的文言，有情感，有內容，不蔓不支，易讀易懂而已。

前面祇從缺點中舉例，自然不應以偏概全，將其中的佳卷通通抹煞。但我們若再追問何以有此缺點，便又牽涉到學制、師資和社會風尚等等問題，那已超越本文範圍，祇好暫置不論了。

這裡，我且談談學文的入手工夫和臨文時應該對那些地方加以注意。我認爲學文的入手工夫，第一是要多讀書。杜甫曾說：「讀書破萬卷，下筆如有神」，這是指的廣義的書。書讀得越多越好，不僅僅是古書，就是現代的人文科學、社會科學乃至自然科學的書，能多涉獵些，對寫作方面都是多多少少有著幫助的。第二是要多讀古人的好文章，這就屬於狹義的文學了。揚子雲說：「讀千賦則善賦矣」，因爲能多讀古人的範作，可以明瞭他那起承轉合的結構，可以體會他那抑揚高下的音節，可以了解他對長篇大論和小題短幅的經營，刻意揣摩，並加背誦，等到自己寫作的時侯，自能得心應手，運用自如。古人說「熟能生巧」，又說：「聲入心通」，就是這個道理。第三是要有良師益友的指導和切磋，這裡面天包括著許多問題，如方法的研究、作品的修改等等，同時還要策勵自己，勤於寫作。

其次談到臨文時應該注意的地方，說來說去，總不外乎㈠相題㈡立意㈢布局㈣修辭那幾個項目。書經上說：「辭尚體要」，所謂「體要」，就是要立言得體，譬如寫一篇敘述性的遊記，自然不能用議論文的體裁；同樣，寫一篇有關財政或經濟的文章，你又何必侈談文學和哲學。所以相題的工作，非常重要。認清題目之後，便應環繞著題目把自己的意思表達出來。蘇東坡說：「文章以立意爲宗」，決沒有意思貧乏或見解平凡，單靠詞藻的舖陳，能把文章寫好的。但光有好的意思，而不知道全盤的布置，合理的安排，上下顛倒，前後壅隔，譬如蓋房子儘管材料結實，設備豪華，但廚房與書房併在一起，或有了樓而沒有樓梯，那又如何算得是一棟良好的建築物。故布局在寫作上也是很重要的一環，不可忽視。至於修辭，就是一篇文章內的造句，要做到字字妥帖，絕無瑕疵，將題中應有之義，表現得具體而正確。劉彥和在文心雕龍裡說：「因字而生句，積句而成章，積章乃成篇。篇之彪炳，章無疵也。章之明靡，句無玷也。句之清英，字不妄也」。古人有「用字如鑄鼎」之說，我以爲這是練習作文的基本工夫，平時應多多致力於此。

關於造句鍊字的重要，我且舉出一個故事來說明。據宋人筆記所載（如夢溪筆談、捫蝨新話等）：汴京東華門外，有奔馬踐死一犬，由五人各紀其事：㈠「馬逸，有黃犬遇蹄而斃」（穆修）。㈡「有犬死奔馬之下」（張景）。㈢「逸馬殺犬於道」（歐陽修）。㈣「適有奔馬踐死一犬」（沈存中）。㈤「馬逸，有犬死於其下」（或人）。同樣一件事，計用五種方式描述，我曾仔細加以比較，覺得還是歐陽修的句子最好。爲什麼？因爲他用的字最少，少到祇有六個字，卻把這件瑣屑的事，寫得清清楚楚，令人一目了然，眞做到了「增之一分則太長，減之一分則太短」的地步。

要之，文字是人類傳達意念的工具，它的功用也就在能表達你的意思和別人能看懂你所表達的意思。孔子說：「辭達而已矣」，辭達二字，看起來很簡單，其實眞能做到辭達的境地，便很了不起，也就可以說是極盡爲文之能事了。

我願更進一步的引些古人作品，來說明一篇好的文章，必須分別具有：

甲、無不析之理

六朝人中有關名理方面的論著，像嵇康聲無哀糸論、范縝神滅論等，眞是研精究極，妙契玄微。其餘歷代許多作家論學論政之作，莫不祛疑解惑鞭辟入裡，使眞理愈辨而愈明。即使寫翻案文章，像柳宗元的桐葉封弟辨，王安石的讀孟嘗君傳，也都能振振有辭，自圓其說。

乙、無不明之事

如周禮考工記裡所述古代工匠情形，太史公史記所寫各種人物列傳以及韓愈雜著中的畫記等，將許多人的職掌、性格、形態、神情，都表現在行間字裡，歷歷如繪，栩栩如生，如用章實齋「傳人適如其人，述事適如其事」那兩句話來贊美他，實可當之無愧。

丙、無不達之情

世謂讀武侯出師表而不感動者，其人必不忠；讀李密陳情表而不感動者，其人必不孝。他的道理，即在作者能以眞摯的情感，發爲懇切的篇章，每一句話乃至每一個字，都從肺腑中流出，使百世下讀之，如聞其聲，如見其人，因而發生共鳴的作用。現在，我又要把話題轉到考試方面，希望每位應考人，都能在作文時注意下列各點：

㈠戒抄襲：

黄山谷說：「文章絶忌隨人後。」「隨人後」尚且不可，何況抄襲。清代科場，曾發生過不少「槍手代作」的舞弊案件，貽譏士林，懸爲厲禁。今天如臨場抄襲他人作品，一字不遺，試問與乞靈「槍手」何異！若干年前，也曾偶有這類情事，結果自然是前程自誤，名落孫山。這是一種行險僥倖的心理，投機取巧的行爲，應爲吾人所深戒。

㈡忌貪多：

歐陽永叔曾經說過：「文貴於達而已，繁與省各有當也。」顧亭林在論文章繁簡中，也說明了爲文不當以篇幅長短定其優劣。像蘇子瞻的上神宗皇帝書，王介甫的上仁宗皇帝言事書，均洋洋萬言；而司馬子長的孔子世家贊，韓退之在雜說中對龍和馬的描寫，卻都只寥寥百字，兩者各有所長，俱不失爲上乘之作。但這是就一般文章來講的，若在風簷角勝之時，縱屬倚馬奇才，亦當注意精心結撰，毋使篇幅過冗，漫無剪裁，致增「瑕瑜雜陳」、「泥沙俱下」之累。前清對應試文章的字數，曾有嚴格規定。順治初年，定爲四百五十字；康熙年間，改爲五百五十字，後又增爲六百字。這種死板板的規定，自然未必合理，但爲了防止應試者的遠離題旨，大放厥詞，也實有其不得已的原因在。今天一切情況不同，當然無法採用前清那樣限制作文字數的規定，但一篇論時政或論業務的文章，能寫到一千二百字或一千五百字，也就相當的夠了。

㈢善運用：

試場和戰場一樣，運用之妙，存乎一心。我想臨文之時，諸位不妨自揣：①凡文思敏捷，下筆如流者，可以多多利用「併意」的辦法。所謂「併意」，就是於許多可以發揮的意思中，擷取其中重點加以發揮，而將次要和不要的意思悉予摒除，也就是一般所說的「割愛」。「割愛」很難，一定要懂得執簡馭繁的道理，當機立斷。古人每在行文首段以「擇其犖犖大者言之」或在結尾以「其他各端不具論」等語句，藉資點明，亦是執簡馭繁之一法。②若思路艱澀、筆性遲鈍者，則宜著重反正虛實的運用。換言之，就是針對和環繞著題中主旨，由反面側面說到正面，或由正面推及反面側面。「烘托陪襯」，盡是法門；「取譬引喻」，初無拘限。像韓退之所作的「爭臣論」，以「或問」與「或曰」方式，展開議論，一層轉進一層，源頭既濬，活水方來，自不患其篇幅之不廣了。

㈣愼稱引：

凡引用古書或成語，對書名及作者姓氏，記憶不清，最好用「古人說」或「古人有言」等字樣來代替，千萬不要嚮壁虛造，自作聰明，在上面亂加「子曰」「詩云」，致使張冠字戴，以訛傳訛，成爲一時的笑柄。

㈤具草稿：

爲文先起草稿，實具若干好處：如清稿時，可將草稿中的錯字加以改正；又草稿未臻妥洽的地方，亦可於清稿時作文字上的修飾潤色。現行各種考試所定國文科目，大抵爲論文及公文各一考試時間有的長達三小時，短的也有兩小時。如以三小時計：用一點四十分鐘起論文稿，二十分鐘起公文稿，留下一點鐘作爲謄寫之用，時間綽綽有餘，不會感到窘迫。過去曾親赴試場巡視，看到有些應考人進場纔過一小時，甚至不到一小時，便即匆匆交卷而去。我很覺奇怪，難道他們眞有曹子建。禰正平的本領，能夠七步成章、文不加點嗎？爲什麼不利用這些寶貴時間，多多的構思，好好的寫作，把國文作得更理想一點。

㈥練書法：

一般應考人，對書法多不注意。依試卷字跡所顯示，約可分爲下列五型：①塗鴉型。黑沉沉的一大堆，壓在紙上，幾乎每行都有塗改，殊欠雅觀。②奔馬型。縱橫馳騁，有如天馬行空，不可羈勒。或大或小，或高或低，任意所之，了無規格。③橫蟹型。明明試卷上印有方格，他偏要破格橫行，突出格外，不受拘束。④浮蟻型。與橫蟹型恰恰相反，他寫的字祇占方格的二分之一乃至三分之一，筆劃又特別的細，很不容易看清楚。⑤畫蛇型。此取畫蛇添足之義，除家具寫作傢俱外，對一些習用的字隨便加上一筆，如脊字寫成賫，豫字寫成豫，皆字寫成皆，根本沒有這個字。總而言之，連篇累牘，潦草不堪，大筆一揮，敷衍了事。當然其中並非絕無書法秀美的人，祇是少得直如片羽吉光，鳳毛麟角。這裡所要求的書法，絕不是要做到銀鉤鐵畫，踵美鍾王，祇是希望將試卷寫得乾乾淨淨，整整齊齊，看了令人相當爽目。台灣目前祇有國立師範大學，特重書法課程，其他各院校，未聞注意及此。宋賢程明道，作字時甚敬，人問其故，答以「即此是學」。所謂「即此是學」，也就是代表著一種「敬事」的精神。今天雖是科技萬能時代，但一般行政人員，字如果寫得清秀一點，就個人的修養來說，可以培養藝術氣氛；就公務的處理來說（部分的），可以提高工作效率，那又有什麼不好呢？由於書法過分被忽視，不覺「慨乎言之」，並盼望有關方面能予以及時改進。

這篇文字，實在寫得太瑣碎，太拉雜，但就眞實性來講，卻是我的經驗之談。如果準備應考的人因閱此文而能得到一點點效果，那我就感到收穫已多，歡喜無量了。

錄自《成惕軒先生紀念集》